◆ 本书是国家社科基金青年项目"英国对台湾贸易政策解密档案整理汇编(1949—1979)"(18CSS034)的阶段性成果

大连大学历史学青年博士文丛

主编：姜德福

英国对台湾的贸易政策研究

(1949—1965)

宋良 著

中国社会科学出版社

图书在版编目（CIP）数据

英国对台湾的贸易政策研究：1949－1965／宋良著．—北京：中国社会科学出版社，2019.5

（大连大学历史学青年博士文丛）

ISBN 978－7－5203－4074－8

Ⅰ.①英… Ⅱ.①宋… Ⅲ.①对华政策—贸易政策—研究—英国—1949－1965 ②对外贸易—贸易史—研究—台湾—1949－1965 Ⅳ.①F755.618.2②F752.858

中国版本图书馆CIP数据核字（2019）第032358号

出 版 人	赵剑英
责任编辑	孔继萍
责任校对	石春梅
责任印制	李寡寡

出　　版	中国社会科学出版社
社　　址	北京鼓楼西大街甲158号
邮　　编	100720
网　　址	http://www.csspw.cn
发 行 部	010－84083685
门 市 部	010－84029450
经　　销	新华书店及其他书店
印　　刷	北京君升印刷有限公司
装　　订	廊坊市广阳区广增装订厂
版　　次	2019年5月第1版
印　　次	2019年5月第1次印刷
开　　本	710×1000　1/16
印　　张	14.5
插　　页	2
字　　数	231千字
定　　价	65.00元

凡购买中国社会科学出版社图书，如有质量问题请与本社营销中心联系调换
电话：010－84083683
版权所有　侵权必究

序

大连大学历史学科是一个相对年轻的学科。说其年轻，一是说大连大学的历史学学科建设起步较晚，直至进入 21 世纪方才迈出了踯躅前行的脚步，二是说大连大学历史学科的师资队伍较为年轻，现有教师队伍中近一半的人年龄在 40 岁以下。这些青年教师来自北京大学、南京大学、南开大学、山东大学、北京师范大学、华东师范大学等国内知名高校，都具有博士学位，有着良好的教育背景与学术素养。在大连大学这座年轻的校园里，他们迅速成长起来，成为教学科研工作的一支生力军。在他们当中有多人获得大连大学教师讲课大赛奖励，获得"连大最美教师"等光荣称号，历史学科承担的国家社科基金项目中一半以上是由青年教师主持的项目。这些青年教师在繁忙的教学工作之余，笔耕不辍，在各自的研究领域中不断探索，其求真知、为真学的刻苦精神尤为可嘉。为扶持青年教师成长，我们专门设立了青年博士出版基金，资助青年博士出版学术著作，于是有了这套"大连大学历史学青年博士文丛"。值此文丛出版之际，作此短序以为记。

姜德福

2017 年 10 月于连大校园

目　　录

绪　论 …………………………………………………………（1）
　　一　选题的根据和意义 ……………………………………（1）
　　二　国内外研究现状 ………………………………………（3）
　　三　创新之处与主要内容 …………………………………（11）

第一章　英国对台湾贸易管制政策的缘起（1949—1953）……（15）
　　第一节　朝鲜战争与英国对华贸易管制政策 ……………（15）
　　第二节　英国单独放松对台湾的贸易管制程度 …………（35）
　　第三节　英台贸易发展的可行性分析 ……………………（49）
　　小　结 ………………………………………………………（57）

第二章　英国对台湾贸易信贷政策的开端（1954—1957）……（60）
　　第一节　第一次台海危机与英台关系的变化 ……………（60）
　　第二节　英国废除"中国差别"与对台实行贸易信贷政策 …（78）
　　第三节　信贷政策的影响及英台贸易 ……………………（90）
　　小　结 ………………………………………………………（97）

第三章　英国对台湾贸易信贷政策的逐步放宽（1958—1962）…（100）
　　第一节　英国议员蒂林访台及各方反应 …………………（100）
　　第二节　英国政府关于涉台问题的三项原则 ……………（107）
　　第三节　英国两次放宽对台信贷政策 ……………………（126）
　　第四节　英台贸易的显著发展 ……………………………（151）

小　结 …………………………………………………………（168）

第四章　英国对台湾贸易管制政策的质变（1963—1965） ………（171）
　　第一节　英台贸易发展的有利条件 ……………………………（171）
　　第二节　英国允许对台湾出口防御性的军用商品 ……………（179）
　　第三节　英台贸易的全面发展 …………………………………（194）
　　小　结 …………………………………………………………（198）

结　语 ………………………………………………………………（201）

参考文献 ……………………………………………………………（204）

附录一　"朝鲜清单" ………………………………………………（214）

附录二　《访台主要部门的政策通知》……………………………（217）

附录三　1958年台湾糖业公司与英国公司正在洽谈的
　　　　贸易项目 …………………………………………………（219）

附录四　英国政府第50/60号《对台政策的部门通知》…………（221）

附录五　英国政府第68/60号《对台政策的部门通知》…………（224）

后　记 ………………………………………………………………（226）

绪　　论

一　选题的根据和意义

对于英国与台湾地区的比较，英国外交部曾在其政府档案中如此描述："岛屿地域狭小，地处海洋贸易要塞，但自然资源匮乏，主要依靠人民的辛勤劳作和适应能力，生产商品用于出口，来支付大量的进口贸易。这一描述适合英国，也同时适合台湾岛。"[①] 因此，从自然条件来看，英国和台湾地区都有着发展进出口贸易的内在需求，甚至这是双方赖以生存的重要方式。但是，在全球冷战的格局下，英国与台湾地区的贸易已经不仅是经济问题，更是涉及多方因素的国际政治问题，本书在时段选择上以中、美关系为参考，即着眼于此。

第二次世界大战结束之后，国际格局逐渐形成以美国和苏联为首的两大阵营，双方在军事、政治、经济、文化等领域进行着不同程度的对抗和竞争。其中，在经济领域，1950 年 1 月 9 日，美英等西方阵营国家在巴黎秘密成立"对共产党国家出口管制统筹委员会"（简称"巴统"，英文缩写为 COCOM），将军用物资、工业产品等出口项目分门别类地对苏联集团进行出口控制。以"巴统"为标志，东西方两大阵营之间的经济贸易被冷战的政治因素所约束。

在冷战的背景下，1950 年爆发的朝鲜战争加剧了东西方阵营的对立局面。在这场区域性的热战中，台湾地区由于其特殊的地理位置，战略意义尤为突出。美国将台湾地区当作两大阵营对抗的桥头堡，是对中国大陆进行岛链封锁的重要部分。因此，美国于 1952 年与台湾当局签订

[①] From Tamsui to Board of Trade, March 9, 1965, FCN1151/1, FO371/181061, pp. 7-14.

《共同防御条约》，将其纳入西方阵营，开始对其实行大规模的军事援助，并辅以经济支持。相反，为防止共产主义势力的进一步扩张，美国对中国大陆进行政治和经济上的遏制，同时要求英国给予支持和配合。然而，作为曾经的"日不落"帝国，英国有着自己的考虑。一方面，面对实力衰退的现实，英国需要与西方阵营的执牛耳者——美国保持着全球范围的特殊伙伴关系；另一方面，战后的英国仍然控制着世界20%的土地和人口，在英联邦国家中具有举足轻重的地位。在这样的形势下，英国政府采取收缩战略，力图巩固自身的基本利益和国际地位，积极发展亟待振兴的国内经济。在英中关系上，尽管双方分属不同阵营，但英国在中国大陆有着长期经营的巨额资产和商业往来，并在种种因素考虑之下，于1950年1月决定与中华人民共和国建交，并在北京设立临时代办处。值得玩味的是，英国也同时保留着此前在台湾地区设立的英国驻淡水领事馆，负责处理商业和旅行证件事宜，定期向英国政府汇报台湾地区的动态，并与台湾当局进行信息沟通。如此，英国不仅在中国大陆保持着"门内留只脚"的外交传统，与台湾也并未完全关闭沟通的大门。但在国共争端及台海危机中，英国始终秉持"中立原则"，以便置身事外。

对于英国来说，既要与美国保持特殊的利益关系，又看重在华利益并承认中国政府，这让其在如何对待与台湾当局的关系以及对台湾贸易政策的制定上，不得不综合考虑多方面因素。最初，在"中立原则"的指导下，英国对中国大陆和台湾地区采取了同等程度的贸易管制措施，这让同属西方阵营的台湾当局颇有"大水冲了龙王庙"的感慨，也让支持台湾当局的美国政府十分不满，更让不放过任何贸易机会的英国商人无法理解。随着朝鲜战争的爆发和持续，根据国际和地区局势的变化，英国开始逐步调整对台湾的贸易管制政策。朝战结束后，台湾又先后经历了两次台海危机，对于这样一个并不太平的地区，英国对台湾的贸易政策在很大程度上取决于台湾自身的政治前景，而这又与美国以及中国大陆息息相关。因此，英国政府在讨论是否需要改变对台湾的贸易政策以及如何改变这一政策的过程中，必须充分考虑到各方的心态及影响。如果对台湾的贸易政策太过苛刻，那么会让本国商人以及台湾当局背后的支持者美国政府不满，也不利于英国与台湾地区之间的进出口贸易；

如果放宽对台贸易政策，势必会让中国大陆不满，担心影响更为重要的英中贸易，甚至危及香港地区，同时也担心美国将其误解为英国对华政策的某种改变。因此，在变数颇多的台海局势中，英国是否需要改变对台湾的贸易政策？改变到什么程度？如何操作才能让纷争最小化、本国利益最大化？这是有着悠久外交传统的英国需要根据时局变化不断考虑的问题。而这一过程充分体现了英国政府如何在保持美英同盟关系和维护本国经济利益之间不断尝试，从而达到微妙的平衡。可以说，从1949年中华人民共和国成立，到1965年美国结束对台湾地区的经济援助，英国对台湾贸易政策的变化，经历了从最初的贸易管制到后来的贸易信贷，再到管制和信贷政策的逐步放宽。这个过程不仅映射出了美、英、中等多边关系的角力，更体现了冷战格局下政治和经济间的内在联系。

有鉴于此，本书通过梳理1949—1965年英国对台湾贸易政策的变化过程，分析其背后的动力及政策变化的影响，从而探寻在冷战背景下，英国如何在美国、中国大陆、台湾地区以及本国利益之间左右逢源，实现自身利益的最大化，同时也探究了国家（或地区）之间经济与政治的关系。这种探究不仅有利于了解英国的外交思维和传统，在一定程度上对于我国的外交策略也具有某种启示和借鉴意义。

二　国内外研究现状

1949—1965年的英国对台贸易政策属于冷战范畴，其间的经济政策都被打上了政治的烙印。因此，这一问题与经济冷战密切相关。关于经济冷战，国际史学界最早于20世纪60年代开始了相关研究，G.A.卡尔逊的《西方经济战：1947—1967》、A.萨顿的《西方技术和苏联经济发展1917—1965》，以及R.欧克肖特的《战略禁运：东西方贸易的阻碍》，是这一研究领域的奠基之作。[①] 到了20世纪80年代，随着美国和英国等

---

① Gunnar Adler-Karlsson, *Western Economic Warfare 1947 – 1967*: *A Study in Foreign Policy*, Stockholm: Almqvist & Wiksell, 1968; Anthony Sutton, *Western Technology and Soviet Economic Development*, 1917 – 1965, 3 Vols., Hoover Institution, Stanford, CA. 1968 – 1973; Robert Oaceshott, "The Strategic Embargo: An Obstacle to East-West Trade", *The World Today*, Vol. 19, No. 6 (June 1963), pp. 240 – 247. 参见崔丕《美国的冷战战略与巴黎统筹委员会、中国委员会（1945—1991）》，中华书局2005年版，第22页。

原始档案文献的解密，美日等国学者在经济遏制方面的研究成果丰硕，并且在亚洲冷战及"中国委员会"的研究中，也出现了许多重量之作。[1] 在90年代的经济冷战研究中，代表性著作莫过于美国学者马斯坦多诺的《经济遏制：巴统与东西方贸易的政治》[2]，书中详细论述了巴统在东西方贸易中的作用，同时谈及美国利用巴统和"中国委员会"对中国进行经济遏制。日本学者安原洋子的《美国的世界战略与巴统——转折关头的日本贸易政策》[3] 详细阐述了美国东西方贸易管制政策的起源和变化、巴统在1958年以前的主要活动，以及美国《出口管制法》的变迁。中国学者邵文光在其英文专著《中国、英国和商业界：1949—1957年的政治、商业关系》[4] 中，讨论了英国在中国的经济利益以及英中政治和商业关

---

[1] 此间的研究重点有美苏贸易关系、东西方能源贸易、北大西洋公约组织与东西方贸易管制之间的互动关系，比如，D. 巴肯的《西方安全和对东方的经济战略》（David Buchan, *Western Security and Economic Strategy toward the East*, London: International Institute for Strategic Studies, 1984. ）；H. E. 莫耶的《作为外交政策工具的出口管制》（Homer E. Moyer, *Export Control as Instruments of Foreign Policy: the History, Legal Issues and Policy Lessons of Three Recent Cases*, Lanharn, 1985. ）；J. W. 布鲁斯的《输油管道的政治：东西方能源贸易的政治经济背景》（Jentleson W. Bruce, *Pipe Politics: the Complex Political Economy of East-West Trade*, Cornell University Press, 1986. ）；G. 波斯奇的《东西方战略贸易：巴统与北大西洋公约联盟》（Grary Bertsch, *East-West Strategic Trade: COCOM and the Atlantic Alliance*, Paris, Atlantic Institute for International Affairs, 1983. ）、《东西方贸易管制和技术转让》（*Controlling East-West Trade and Technology Transfer: Power, Politics, and Policies*, Duke University Press, 1988. ）；A. 多柏森的《英美特殊关系的政治：1940—1987》（Alan Dobson, *the Politics of the Anglo-American Special Relationship, 1940 – 1987*, N. Y., 1988.）等等，这里不一一列举。关于亚洲冷战及中国委员会的研究成果，比如，N. B. 塔克的《战后美国对中日贸易的政策》（Nancy Bernkopf Tucker, "American Policy toward Sino-Japanese Trade in the Postwar Years: Politics and Prosperity", *Diplomatic History*, 8, Summer 1984. ）；安原洋子的《日本、共产党中国和亚洲的出口管制1948—1952年》（Yoko Yasuhara, Japan, "Communist China and Export Controls in Asia, 1948 – 1952", *Diplomatic History*, 10, Winter 1986. ）和《美国对共产党国家的禁运政策与对华贸易禁运1945—1950年》（安原洋子：《美国对共产党国家的禁运政策与对华贸易禁运，1945—1950年》，《国际政治》第70号，有斐阁，1982年版。）参见崔丕《美国的冷战战略与巴黎统筹委员会、中国委员会（1945—1991）》，第22—24页。

[2] Michael Mastanduno, *Economic Containment: COCOM and the Politics of East-West Trade*, New York: Cornel University Press, 1992.

[3] 安原洋子：《美国的世界战略与巴统——转折关头的日本贸易政策》，有信堂1992年版。参见崔丕《美国的冷战战略与巴黎统筹委员会、中国委员会（1945—1991）》，第25页。

[4] Shao Wenguang, *China, Britain and Businessmen: Political and Commercial Relations, 1949 – 1957*, London: Macmillan, 1991.

系，同时研究了朝鲜战争期间英美对香港和大陆的贸易管制，以及英国在东西方贸易和美国经济遏制战略中的地位等问题。在新世纪的经济冷战史研究中，学者们开始注重利用英美国家档案和社会主义国家新近解密的档案，在论述角度上也有所突破。比如，张曙光的《经济冷战：美国对华禁运和中苏同盟》[1] 将美国对华经济制裁与中苏同盟联系起来，开创性地探讨"文化因素"在冷战期间的国际关系发展中所起到的作用；伊恩·杰克逊的《经济冷战：美国、英国和东西方贸易，1948—1963》[2] 主要从英美分歧的角度对50年代东西方贸易禁运进行了研究；弗兰克·凯恩的《冷战经济战略：欧洲盟国对美国贸易禁运的反应》[3] 从盟国反应的角度，论述了美国贸易禁运政策的演变、巴统贸易管制下美国如何处理与西方盟国的关系，同时还研究了英国对于美国建立巴统的反应。此外，这一时期相关的论文也开始研究英国对华经济政策。[4]

尽管从20世纪60年代开始，国际史学界对于经济冷战的研究取得了很大进展，但如果以英国和台湾地区作为研究对象，相应的论著研究则为数不多。兰迪·罗恩在其博士论文《英国工党和远东集团在外交政策上的分歧：1951—1964》[5] 的第七章中讨论了1945—1953年，英国工党如何处理美国对华政策、中国加入联合国、与台湾地区的关系以及台湾政局的未来等问题，第八章论述了1954—1964年英国和美国对台湾政策

---

[1] Zhang Shuguang, *Economic Cold War: America's Embargo against China and the Sino-Soviet Alliance*, 1949 – 1963, California: Stanford University Press, 2001.

[2] Ian Jackson, *the Economic Cold War: America, Britain and East-West Trade*, 1948 – 1963, New York: Palgrave, 2001.

[3] Frank Cain, *Economic Statecraft during the Cold War: European Responses to the US Trade Embargo*, New York: Routledge, 2007.

[4] 例如：阿莎顿的《在门内留只脚：1945—1950年英国对华政策》(S. R. ASHTON, "Keeping a Foot in the Door: Britain's China Policy, 1945 – 1950", *Diplomacy and Statecraft*, pp. 79 – 94, 2004)；维克特·卡夫曼的《美国、英国和民航运输公司的纠纷》(Victor S. Kaufm, The United States, Britain and the CAT Controversy, *Journal of Contemporary History*, Vol. 40, No. 1 (Jan., 2005), pp. 95 – 113；大卫·克莱顿的《英国对华经济政策1949—1960》(David Clayton, British Foreign Economic Policy towards China 1949 – 1960, Department of History, University of York, UK. 2011.)

[5] Rand Rowan, *A Foreign Policy in Opposition: The British Labour Party and the Far East*, 1951 – 1964, (Doctoral Dissertation), Graduate Faculty of Texas Technology University, 1992.

的不同之处。彼得·洛在其撰写的《遏制东亚的冷战：英国对日本、中国和朝鲜的政策（1948—1953）》[①]一书中，以国别政治为主线，分别论述了1948—1953年的英中、英日、英朝关系，以及在中国、日本和朝鲜半岛问题上的英美冲突与合作。谈及英国对台湾的政策时，认为英国政府所面临的局面十分微妙，由于战后英国的经济情况和对国家利益的考虑，英国对台的政策犹豫不决。维克托·考夫曼在其著作《英美对华政策的争论与协同：1948—1972》[②]中以英美关系为出发点，讨论1948—1972年英美对华政策的异同点，以及个人因素在英国制定对中国大陆和对台湾政策过程中所起到的重要作用。该书偏重探讨台湾问题对英美特殊关系的影响，以及朝鲜战争和台海危机期间英美对华政策的分歧。史蒂文在《冷战中的异类：英国与台湾方面的意外关系（1950—1958）》[③]一书中，跳出了以往对亚洲冷战的美、中、苏大国关系的传统研究视角，直接从英台之间的关系入手，认为台湾不只是作为大国博弈的棋子而被动接受国际秩序的安排，台湾当局也积极发挥作用，是平衡国际势力的一支重要力量。当然，上述著作对于英台关系具有一定的参考价值，但其观点多以西方史学观为基础，且带有明显的主观色彩。

相对于政治、军事史的研究，国内对经济冷战史的研究起步较晚，成果也较少。改革开放后，这方面的学术成果才陆续出现，其关注点主要集中在三个方面：其一，冷战中美国对华经济战略及对华管制；其二，冷战中英国对华经济战略及对华管制；其三，冷战中美英对华战略的分歧与矛盾。

其一，冷战中美国对华经济战略及对华管制。

崔丕的《美国的冷战战略与巴黎统筹委员会、中国统筹委员会（1945—1994）》是一部运用多国档案研究美国的冷战战略与贸易管制的力作。作者认为美国和西欧国家对社会主义贸易管制政策呈现出"马鞍形"的发展态势。其中第三章、第四章、第五章详细论述了美国对华贸

[①] Peter Lowe, *Containing the Cold War in East Asia: British Policies Towards Japan, China and Korea*, 1948-1953. Manchester University Press, February 1997.

[②] Victors Kaufman, *Argument and Accord-Anglo-American Policies toward China*, 1948-1972, University Microfilms International, 1999.

[③] Steven Tang, *The Cold War's Odd Couple: The Unintended Partnership between the Republic of China and the UK*, 1950-1958, New York: I. B. Tauris, December 22, 2005.

易管制的发端、朝鲜战争期间美国推动巴统组织对华实行贸易禁运及专门针对亚洲的分支机构"中国委员会"的建立、1957年英国废除"中国差别"的过程等问题。①

此外，还有一些重要的单篇文章值得注意，如贾庆国的《五十年代中期美国内部在对华贸易政策问题上的讨论》一文认为朝鲜战争停战后，美国政府内部对于是否放宽对华贸易存在争议，来自各方面的压力以及对华策略的考虑一度使美国政府近于放宽对华贸易限制，但终未成行。②于群的《论美国对华经济遏制战略的制订与实施》研究了中华人民共和国建立初期（1949—1955）美国对华经济遏制战略的制订和实施。③ 林利民的《试析朝鲜战争期间美国对华全面经济战》对朝鲜战争前以及朝鲜战争发生后，美国对中国的经济战的前因后果及其内容作了较为详细的介绍。④ 崔丕的《艾森豪威尔政府的东西方贸易管制政策》指出在艾森豪威尔政府时期，美国缓和了对苏联、东欧各国的贸易管制，但对中国继续进行全面的贸易禁运政策，阻碍了中国现代化进程，而此政策使美国与西方盟国关系恶化，更使美国付出了沉重代价。⑤ 还有一些文章也涉及美国对华贸易政策。⑥ 此外，宿春娣的硕士论文《从有限贸易禁运

---

① 崔丕：《美国的冷战战略与巴黎统筹委员会、中国统筹委员会（1945—1994）》，中华书局2005年版。

② 贾庆国：《五十年代中期美国内部在对华贸易政策问题上的讨论》，《美国研究》1990年第1期。

③ 于群：《论美国对华经济遏制战略的制订与实施》，《东北师范大学学报》（哲学社会科学版）1996年第2期。

④ 林利民：《试析朝鲜战争期间美国对华全面经济战》，《世界历史》1998年第5期。

⑤ 崔丕：《艾森豪威尔政府的东西方贸易管制政策》，《东北师范大学学报》（哲学社会科学版）1999年第2期。

⑥ 崔丕：《美国对日经济复兴政策与中国》，《美国研究》1993年第4期；于群：《美国国家安全委员会152号文件的形成》，《历史研究》1996年第1期；陶文钊：《禁运与反禁运：五十年代中美关系中的一场严重斗争》，《中国社会科学》1997年第3期；宋德星：《试论美国对华全面贸易禁运政策对五十年代中日四次民间贸易协定的冲击》，《日本问题研究》1998年第1期；肖立辉：《朝鲜战争期间美国对华经济制裁》，载本书编委会《现代化进程中的政治与行政》下册，北京大学出版社1998年版，第1245—1260页；郭又新：《艾森豪威尔政府的对华禁运政策》，《东南亚研究》2003年第4期；江武芽：《试析美国对新中国经济禁运政策的确立及其影响》，《佳木斯大学社会科学学报》2005年第1期；刘早荣：《20世纪50年代初期日本与美国在对华贸易禁运上的分歧》，《理论月刊》2008年第4期。

到全面贸易禁运——美国对华贸易禁运政策初探（1949—1952）》和苏芳的硕士论文《冷战初期美国对华经济遏制政策的确立》也对此进行了专题研究。①

其二，冷战中英国对华经济战略及对华管制。

萨本仁、潘兴明的《20世纪的中英关系》中第七章、第八章、第九章对抗日战争后期、新中国成立初期及以后的中英关系进行了较为清晰的叙述。②王为民的《百年中英关系》第二编第三章、第三编第一章和第二章对20世纪40年代到70年代的中英关系也有叙述。③

孟庆龙的《论英国在冷战中对亚洲的政策》一文则指出英国对美国的冷战政策在一定程度上起到了抑制作用。④中华人民共和国成立初期及以后的中英关系，关于英国对华政策改变的文章有翟强的《新中国成立初期英国对华政策（1949—1954）》⑤，郑启荣、孙洁琬的《试论1949—1954年英国对华政策的演变及其动因》⑥，陈谦平的《上海解放前后英国对中共的政策》⑦，张淑华的《试论建国前夕英国的对华政策》⑧等。而李继高的硕士论文对20世纪50年代英国废除"中国差别"的原因、过程和影响进行了较为清晰的分析和论述，强调英国在对华贸易管制与缓和过程中起到了一定的作用。⑨还有一些学者关注了20世纪四五

---

① 宿春娣：《从有限贸易禁运到全面贸易禁运——美国对华贸易禁运政策初探（1949—1952）》，硕士学位论文，北京师范大学，2008年；苏芳：《冷战初期美国对华经济遏制政策的确立》，硕士学位论文，南开大学，2007年。
② 萨本仁、潘兴明：《20世纪的中英关系》，上海人民出版社1996年版。
③ 王为民：《百年中英关系》，世界知识出版社2006年版。
④ 孟庆龙：《论英国在冷战中对亚洲的政策》，《世界历史》1988年第1期。
⑤ 翟强：《新中国成立初期英国对华政策（1949—1954）》，《世界历史》1990年第6期。
⑥ 郑启荣、孙洁琬：《试论1949—1954年英国对华政策的演变及其动因》，《世界历史》1995年第6期。
⑦ 陈谦平：《上海解放前后英国对中共的政策》，《南京大学学报》（哲学·人文科学·社会科学）2000年第2期。
⑧ 张淑华：《试论建国前夕英国的对华政策》，《泰山学院学报》2003年第1期。
⑨ 李继高：《英国废除"中国差别"政策的原因、过程及其影响》，硕士学位论文，华东师范大学，2012年。

十年代间英国、美国、中国内地三方角力后对香港贸易政策的变化。①

其三，冷战中美英对华战略的分歧与矛盾。

重要的著作有石俊杰的《分歧与协调：英国对华政策比较研究1949—1969》和徐友珍的《分歧与协议：美英关系中的承认新中国问题（1949—1951）》。前文认为在冷战背景下，虽然英美在防御"中国共产主义的扩张"方面立场基本一致，但也存在一些分歧和矛盾，如对新中国的外交承认，朝鲜战争、对新中国的贸易管制、台湾地区地位和归宿、新中国的联合国席位……后文认为美英在对新中国承认上存在着实质性的分歧和冲突，而且其表现形式、分歧与协调发展的轨迹与结果也不同。对新中国承认的问题上，其表现在联合国的代表权问题、中国对台湾地区的领土主权问题和中国对日合约的签约问题。②

另外，还有一些单篇文章也论述了美英对华管制中的分歧和矛盾，如郭又新的《盟友间的争执——冷战初期美英在对华管制上的分歧》一文认为在国民党败退台湾后，美国政府开始策划用经济武器向中国共产党施压，英国能否对华进行贸易管制关系到美国这一战略能否成功。而基于对冷战的不同看法及不同的国家利益、国家安全战略，美英在贸易管制初期的矛盾斗争十分微妙。③ 石俊杰的《论新中国成立初年美英对华贸易管制的政策分歧与协调》认为中华人民共和国成立后，美英的共同目的都是力促中苏分裂，但基于不同的国家安全战略、国家利益，双方不可避免地产生分歧。但又由于美英为西方盟国的重要国家，为了联盟内部的利益，美英又不得不相互协调。因此，1949—1957年的美英对华

---

① 刘蜀永：《英国对香港的政策与中国的态度（1948—1952）》，《中国社会科学》1995年第2期；于群、程舒伟：《美国的香港政策（1942—1960）》，《历史研究》1997年第3期；王永华：《1950—1954年美英对香港禁运的历史考察》，《延安大学学报》（社科版）2006年第2期；叶张瑜：《中共第一代中央领导集体解决香港问题战略决策的历史考察》，《当代中国史研究》2007年第3期。

② 徐友珍：《分歧与协议：美英关系中的承认新中国问题（1949—1951）》，武汉大学出版社2007年版。

③ 郭又新：《盟友间的争执——冷战初期美英在对华管制上的分歧》，《东南亚研究》2003年第2期。

贸易管制政策显得微妙而复杂。① 学者赵学功则关注了朝鲜战争时期的美英关系②，原喜云的硕士论文对1949—1954年美英对华贸易政策进行了论述。③

如上所述，国内对英美对华贸易政策的管制及其异同研究较多，对英国在冷战时的亚洲政策也有涉及。然而纵观诸多研究成果，对20世纪五六十年代英国对台湾的政治政策和经济政策却研究甚少，大部分著作都蜻蜓点水一笔带过，未作深论。直到20世纪90年代，才有文章关注英国对台湾政策，值得注意的两篇文章是李世安的《战后英国在中国台湾问题上的两面政策》及《评朝鲜战争初期英国艾德礼政府的对台湾政策》。前文创建性地使用了《英国外交部档案》的部分记录，批评英国政府在台湾问题上阳奉阴违、出尔反尔，这种态度严重损害了中国人民的利益，导致中英关系长期处于停滞状态④；后文在《英国外交部档案》的基础上，利用《美国对外关系文件》、斯坦福大学图书馆的部分馆藏档案开展研究，认为战后英国对华政策有明显的两面性，但在朝鲜战争时期英国政府反对美国侵略台湾，认为将台湾地区归还中国是解决台海危机的唯一方法，作者认为英国的这一政策对于缓和远东紧张局势起了一定的作用。⑤ 2012年田建刚的硕士论文《20世纪50年代英国对台湾政策研究》第一次以专题形式论述了20世纪50年代英国对台湾政策演变的来龙去脉及其产生的影响。⑥ 台湾学者汪浩的专著《冷战中两面派：英国的台湾政策1946—1958》重点运用《英国外交部档案》《英国内阁文件》《美国对外关系文件》等解密文献，兼及中国大陆和台湾地区的学界研究

---

① 石俊杰：《论新中国成立初年美英对华贸易管制的政策分歧与协调》，《重庆大学学报》（社会科学版）2010年第2期。

② 赵学功：《朝鲜战争初期的英美关系（1950.6—1951.6）》，《美国研究》1994年第1期；赵学功：《朝鲜战争与英美关系》，《史学集刊》2004年第2期。

③ 原喜云：《建国初期美英对华贸易政策探析（1949—1954）》，硕士论文学位，山西大学，2006年。

④ 李世安：《战后英国在中国台湾问题上的两面政策》，《世界历史》1994年第6期。

⑤ 李世安：《评朝鲜战争初期英国艾德礼政府的对台湾政策》，《中国人民大学学报》1995年第2期。

⑥ 田建刚：《20世纪50年代英国对台湾政策研究》，硕士学位论文，湖南师范大学，2012年。

成果，以英国政府的更替为序，论述20世纪50年代英国对台政策的形成与发展过程。作者认为相对于美国对台政策的明确和坚定，英国则更显矛盾和暧昧，这是由英国政府各部门不同的政策重点、历任首相不同的信念和性格以及高层文官之间的争议等因素造成的。①

综上所述，学术界大部分研究成果集中在20世纪50年代时美国对华政策、贸易管制以及美国与巴统对华贸易禁运的起源和政策的制定与实施，而专注于研究英国与台湾地区关系的论著则相对薄弱。从材料使用上看，西方学者不同程度地利用了英美解密档案，如《美国对外关系文件》《英国外交部档案》《英国内阁文件》等，但未能使用中国大陆及台湾方面的一手材料进行佐证。国内专家则部分利用英美政府解密档案、高校图书馆馆藏资料等作为史料基础。从时间覆盖上看，学界大多侧重于考察20世纪50年代的英台关系或特定相关历史事件，对60年代及以后的研究仍有待加强。从研究内容上看，学界对英台政治关系的探讨逐渐深入，但始终未能触及经济层面。随着英、美、中国大陆及台湾地区解密档案的逐步开放，关于英台关系的研究可进行全方位的扩展与挖掘。

三 创新之处及主要内容

基于国内外研究状况和存在的不足，笔者利用美国、英国、台湾地区，以及中国大陆的政府解密档案和其他相关材料，在借鉴国内外学术界的研究成果基础上完成本书的撰写，其创新之处主要有以下三个方面：

其一，研究资料上，大量利用了多国多边档案，如美国对外关系文件（FRUS）、英国外交部档案（FO）、英国内阁文件（CAB）、美国国家安全委员会缩微胶卷（NSC）、美国国家第二档案馆档案，同时加入了中国外交部档案馆以及台湾"国史馆"、"中央研究院"近代史研究所等地的最新档案文献，以求从多边互证的角度，还原各方关于英国对台湾贸

---

① 汪浩：《冷战中两面派：英国的台湾政策1946—1958》，林添贵协译，台湾有鹿文化事业有限公司2014年版。

易政策的历史记录。

其二，研究时段与内容上，本书将研究下限从目前的20世纪50年代延长至60年代中期，以多边档案为史料基础，充分梳理1949—1965年的英台政治关系，以期以更广阔的历史视角，纵览英国对台各阶段所实行贸易政策的历史原貌。

其三，从结论来看，在冷战的格局下，国家或地区之间的贸易被赋予了新的含义，成为东西方阵营间进行较量的一种手段。因此本书不仅关注英台贸易本身，更将注意力放在不同阶段的国际大背景下。笔者认为，在多重因素的考虑下，英国不断调整对台湾的贸易政策，以符合当时的国际政治环境。这一政策同时受到政治因素和经济因素的影响，但在不同的国际局势下，二者对该政策的影响力有所不同，呈现出此消彼长的特点。总体来看，在地区危机情况下，政治因素起到决定性的作用；但在局势缓和时期，经济利益则逐渐彰显其影响力。

本书由绪论、正文、结语三个部分组成，正文分为四章，兹将主要内容概述如下：

第一章讨论1949—1953年英国对台湾贸易管制政策的缘起。在1951年6月前，英国对中国的贸易管制政策适用于整个中国（包括台湾地区），此为英国对台湾进行贸易管制政策的源头。朝鲜战争爆发后，英国一开始坚持对中国大陆和台湾地区一视同仁，不断强化对台湾的贸易管制程度，如"朝鲜清单"和对橡胶等的禁运。自1951年7月31日起，英国开始区别对待中国大陆和台湾地区，相较于对中国大陆实行更加严格的贸易管制，对台湾的贸易管制政策则保持不变，不再进行额外管制，同时解除对橡胶的禁运。到了1952年，英国开始讨论并逐步放松对台湾的贸易管制程度，并于10月20日决定，除军用物资之外的一切商品，只要数量合理且用于民用均可对台出口。

第二章讨论1953—1957年英国对台湾实行贸易信贷政策的开端。朝鲜战争结束后，第一次台海危机于1954年爆发，在紧张的台海局势下，英国对台湾的贸易管制政策仍然延续1952年的标准，这一时期双方的进出口贸易保持稳定。此间台湾地区在美援的支持下完成第一个四年计划（1953—1956），对英国频频示好，同时英国知名人士不断访台，于是英台关系走向缓和。更关键的是，1957年英国废除"中国差别"，放宽了对中国大陆的贸易管制政策。由此，为了平衡中国大陆与台湾地区的贸易，英国于1957年1月开始讨论改变对台湾的贸易政策。在英国出口信用保证局的牵头下，各政府部门经过8个月的讨论后，英国首次对台湾实行出口信贷政策，使得英台贸易进入新阶段。

第三章讨论1958—1962年英国对台湾贸易信贷政策的逐步放宽。1958年第二次台海危机的发生，让台湾问题再次成为国际上的焦点。在此敏感时刻，英国保守党议员蒂林于1958年1月高调访问台湾，希望通过贸易往来促进英台关系，却引发了严重的外交后果，使英国政府陷入尴尬被动的境地。因此，英国政府于1960年分别发布了《访台主要部门的政策通知》以及如何应对国民党相关人员的政策通知，从政治和外交的角度，禁止英国政府人员访台，并要求驻海外机构代表与台湾当局代表保持距离。但从贸易角度看，蒂林访台带回总价值达1000万美元的潜在订单，让有着重商主义传统的英国政府再次放宽对台湾的贸易政策。在这4年内，英国对台贸易管制政策仍保持不变，但贸易信贷政策却经历了两次重大的改变。1959年，英国将对台出口的年度最高支付额度从50万英镑提高到75万英镑，信贷期限仍为4年。1960年，英国将年度最高支付额度再次提高到100万英镑，信贷期限则延长至5年。英国政府还拟定发行《英国商人访台指南》，以便更好地指导英国商人与台湾进行贸易，但因政治因素的考虑最终未能发行，成为政府内部参考文件。在英国积极调整对台信贷政策的同时，台湾当局也于1960年9月颁布实施了"奖励投资条例"，为英国商人与台湾企业进行贸易往来提供政策便利。在双方的政策支持下，英台贸易得到显著发展。

第四章讨论1963—1965年英国对台湾贸易管制政策的质变。1965年，美国宣布停止对台湾当局实行经济援助，美国在台湾地区所占的市场份额相应减少，这为英国商品提供更大的市场空间。台湾当局未雨绸缪，积极发展与其他国家的贸易往来，包括英国。英国也予以积极回应，在对台湾出口的个案中，甚至提供了7年的信贷期限，以促成双边贸易，但这一趋势被英国外交部及时阻止，因此，英国对台湾信贷政策仍然保持不变。而自朝鲜战争爆发后，美国一直对台湾当局进行军事援助,其他欧洲国家并不禁止对台湾地区出口武器,这为英国提供了一定的参考。基于此,面临着逐渐增加的对台出口军用商品申请,英国政府决定允许对台湾出口防御性的军事用品。至此,英国对台出口的最后一个堡垒——军用商品的管制程度也逐渐放松,这让英国自1952年以来所坚持的禁止对台出口军用物资的禁运政策发生了根本性的变化,英台贸易进入了全面发展的新阶段。

第 一 章

英国对台湾贸易管制政策的缘起
（1949—1953）[*]

英国对台湾的贸易管制政策，缘起于英国对整个中国（包括台湾地区）的贸易管制政策。而英国之所以对中国实行贸易管制，其推动力源自美国。第二次世界大战期间，美国实行出口许可证制度，通过限制或禁止国内短缺物资与商品的出口以保证国家安全和外交目标的实现。战后随着东西方两大阵营的成立，双方在政治、经济、军事、文化等各领域进行不同程度的对抗和竞争。英国与美国保持着全球范围的特殊伙伴关系，当美国决定将贸易出口管制视作西方遏制苏联集团的一种重要的经济手段之时，英国从盟国的整体利益出发，理所当然地需要与美国保持一致，相应地对整个中国进行贸易管制，这一政策在朝鲜战争爆发后变得更加严厉。但是，从自身利益的角度出发，英国与有着长久贸易往来的中国以及其传统势力范围的东南亚都有着不可忽视的利益关系，同时也一直坚守自己的外交思维和传统。因此，英国不得不夹在有着特殊关系的盟友美国以及有着巨大现实利益关系的中国之间左右逢源，其心态微妙而复杂。

第一节 朝鲜战争与英国对华贸易管制政策

1949 年初，英国对整个中国（包括台湾地区）进行贸易管制，其主

---

[*] 此章修改后曾公开发表，见拙作《1949—1953 年英国对台湾的贸易管制政策》，《冷战国际史研究》第 17 辑，世界知识出版社 2014 年版，第 69—87 页。

要推动力来自美国。美国国家安全委员会于1949年初制定的第34/1号文件确认美国当时对华政策的首要目标是"防止新中国成为苏联的附庸",促使其成为一个独立的国家。[①] 3月3日,由杜鲁门总统(Harry Truman)批准的国家安全委员会第41号文件所讨论的美国对华贸易政策,继续延续了这一首要目标。文件认为,"如果美国与中国重建一般的经济关系,将对日本和西方世界都有好处。与此同时,中国与日本和西方的贸易关系可能导致中国共产党与克里姆林宫的重大冲突,从而产生一个'独立的中国共产主义政权'"。为了达到这一目的,美国应建立起一个"针对整个中国的出口管制体系,全面禁止对中国出口具有直接军事用途的物品,高度关注流向中国的重要工业、交通、通信设备以及其最终使用情况,主要目的是避免这些物资被重新出口到苏联、东欧和朝鲜"。对于管制商品的范围,文件认为,除了美国国务院的军火清单之外,对中国的贸易管制范围不应该超过"R程序"(R-Procedure,即许可证制度)下的"1A"清单,也可以限制得再窄一些。"1A"清单中的剩余部分和"1B"清单则进行谨慎的数量限制。[②] 这一政策表明美国开始着重在经济领域有所作为,希望通过对华贸易政策来分裂中苏关系。

对中国的出口政策形成了"R程序"的出口管制程序后,美国也希望其盟国能配合这一政策。实际上,对于即将进行政权更替的中国革命形势,英国政府已经予以高度关注并讨论和评估其在华利益。根据1958年12月9日英国内阁的备忘录记载,英国在华的主要经济利益有:在华商业财产和投资、中英贸易、船运、香港经济、东南亚经济和海外华人汇款。当时的中英贸易仍处于较低水平,英国希望扩大对华出口,并在广阔的中国市场留下立足之地。但是由于当时中国的政局未稳,让英国怀有诸多疑虑和担忧。比如,作为英国在华利益之一的英国船运业务,主要包括中国大陆、香港和东南亚的沿海船运,海洋运输,

---

① A Report to the National Security Council by the Executive Secretary on United States Policy toward China, January 11, 1949, National Security Council (hereafter NSC) 34/1.

② A Report to the National Security Council by the Executive Secretary on United States Policy Regarding Trade with China, February 28, 1949, NSC41. "1A"清单指军用物资,"1B"清单指具有战略意义的交通、通信设备等。

第一章　英国对台湾贸易管制政策的缘起(1949—1953)　　17

内河运输，以及英国轮船公司在华资产。一旦新中国政府不允许英国商船在上海等大陆港口、内地河流进行贸易，将对英国的船运产生很大的影响。再如，香港作为英国在亚洲的重要港口和贸易中心，其地位在远东地区非比寻常。英国担心，新中国政府可能会没收中国南部的全部港币票据，并占领公共设施和码头，如果新中国政府决定把香港作为经济冷战的前沿阵地，将会使香港的经济生活陷入瘫痪。又如，对于英国传统势力范围的东南亚地区，新中国政府可能会鼓励当地劳工干扰其经济，进一步影响马来亚等大米产地，进而对英国及其殖民地的粮食安全造成威胁，如受共产主义鼓励的劳工干扰经济、香港等地的难民问题。这些会进一步影响大米出产国，从而影响英国及其殖民地的粮食问题。① 1949 年 1 月 11 日，英国驻美参赞格雷夫斯（Hubert Graves）向美国国务院中国处主管石博思（Philip D. Sprouse）递交的报告也反映了相同的内容。②

尽管英国从自身利益出发，在对华政策上需要考虑诸多因素，但从冷战的战略格局来说，英美的共同目标都是阻止中国共产党力量的壮大，且双方在对华武器管制方面也保持一致。1949 年初，为了避免新中国政府接收台湾当局的战略物资，英国对中国实行全面的武器禁运，同时禁止其他国家通过香港向中国内地出口武器。由于美英都不希望台湾地区"被共产主义所占领"，且美国已经决定向台湾当局出口武器，因此如果英国收到来自台湾地区的武器购买申请，就会根据自身利益同意对台出售。③

1949 年 3 月 22 日，美国国务院根据国家安全委员会第 41 号文件的内容，向英国政府提出对华贸易管制方案，即"R 程序"，确保所有向欧洲和中国出口的货物都必须持有美国贸易委员会颁发的出口许可证。由贸易委员会从战略角度考虑颁发或取消各种出口货物的许可证，"1A"清

---

① C. P. （48）299, December 9, 1948, Cabinet（hereafter CAB）129/31, p. 8.
② Trade Policy of the United States toward Communist-Occupied China, January 10, 1949, *Foreign Relations of the United States*（hereafter FRUS）, 1949, Volume（hereafter Vol.）Ⅸ, p. 817.
③ Arms for China: from E. Bevin to Prime Minister, June 3, 1949, F8801, Foreign Office（hereafter FO）371/75880, p. 103.

单上的货物被禁止出口给苏联及东欧国家,"1B"清单上的货物出口数量则在监控之下。对中国,包括香港地区、台湾地区和中国大陆在内,均实行"R 程序",以避免囤积或再次出口给苏联及东欧国家。对此,英国的建议是,只要能保证这些货物都是用于和平目的且在合理的数量限制内,就同意对华出口,而那些不在"1A"和"1B"清单上的商品则可以随意进出口。①

英国外交部在分析局势之后,于 1949 年 4 月 5 日回复美国,同意对军火进行禁运,但不同意对其他物资实行许可证制度。具体来说,英国考虑到在华的大量固定资产难以撤出,新中国政府很可能直接接管这些产业而不加赔偿……英国并未掌握新中国经济命脉的诸多领域(如金融、农业、工业、交通、矿业等),因此即使限制对华贸易,其效果也并不明显。在综合考虑后,英国认为对中国实行许可证制度应该是"最后的措施",只有对中国急需的商品进行管制才有效,而且必须得到英国和其他重要出口国的一致同意,同时还要把许可证的控制范围扩大到中国之外的远东港口。比如,针对石油禁运,需要英国、美国和荷兰同时采取措施才有效果。显而易见,英国政府希望把贸易管制的范围集中在中国最需要的商品上(如军火),以尽可能地减少英国的损失。②

1949 年 5 月 31 日,英国驻美大使馆在发给美国国务院的备忘录中指出,尽管对于控制从英国直接出口到中国和朝鲜的这一要求,在行政操作上不会有困难,但只控制英国一方是没有效果的,需要更广泛地控制其他对华出口的国家。此外,在远东地区,中国香港、马来亚和新加坡等地与中国存在着密切的贸易关系,英国希望尽可能地避免干扰上述传统贸易,以维持当地经济的正常运转。最后,英国外交部认为需要继续对此进行详细的讨论。③

---

① Memorandum of Conversation by Mr. Stephen C. Brown of the Division of Commercial Policy, March 22, 1949, *FRUS*, 1949, Vol. IX, pp. 834 – 837.

② Memorandum from the British Embassy to the Department of State, April 5, 1949, *FRUS*, 1949, Vol. IX, pp. 837 – 840.

③ Memorandum from the British Embassy to the Department of State, May 31, 1949, *FRUS*, 1949, Vol. IX, pp. 847 – 849.

第一章 英国对台湾贸易管制政策的缘起(1949—1953)

1949年5月,苏联成功试爆原子弹,中国共产党极有可能在全国范围内取得政权,美国试图通过加强贸易管制来遏制苏联集团。之后数月间,美英一直就对中国的贸易管制问题进行磋商,但效果甚微。从5月3日到6月3日,英美在讨论如何根据美国国家安全委员会第41号文件实行对华贸易管制问题的过程中,英国的态度不冷不热,令人寻味。5月4日,美国贸易委员会咨询委员会建议,无论英国是否同意合作,都要把"R程序"迅速应用于中国内地、香港、澳门、朝鲜、韩国。但美国国务院表示,还是要进一步努力,等待英国的答复,如果英国近期内未能答复,则建议国务卿约谈英国大使。5月5日,英国大使馆表示将尽快回复,建议推迟讨论这一问题。5月13日,英国政府迟迟未能回复,美国国务院远东司(Office of Far Eastern Affairs)建议国务卿艾奇逊(Dean Acheson)与英国大使和英国外交大臣贝文(Ernest Bevin)面谈此事。5月27日,美国副国务卿杰姆斯·韦伯(James E. Webb)致电英国外交次长弗雷德里克·霍耶·米勒(Frederick R. Hoyer Millar),强调美国迫切希望英国予以配合。贝文表示,充分理解美国急切的心情,将会把美国的意见转达给伦敦。最后直到5月31日,英国驻美大使馆致电美国外交部,留下了关于英美合作对华贸易进行战略管制一事的备忘录。备忘录中并未明确表示英国政府是否决定同美国合作,但强调了两方面内容:(1)其他西欧国家也可能向中国出口商品,需要同时获得这些国家的配合;(2)要确保对同中国进行出口贸易的诸多中转港都进行足够的控制。英国愿意从技术层面探讨这一问题。对于这一回复,美国咨询委员会进行讨论后于6月3日一致认为,需要进一步努力寻求与英国的合作,并同意与英国就技术层面进行讨论。美国技术指导委员会(the Technical Steering Committee)会立刻考虑如何对中国实施"1A"和"1B"清单的贸易管制。[1]

在综合考虑各方面因素后,英国外交部于1949年7月26日正式答复美国国务院,表述了英国对这一问题的意见,主要内容有三点:(1)对

---

[1] Memorandum by the Director of the Office of Far Eastern Affairs (Butterworth), June 6, 1949, *FRUS*, 1949, Vol. IX, pp. 851–853.

于战略物资流入中国和朝鲜的现象，英国和美国感同身受并焦虑万分。如果比利时、法国、荷兰及其远东殖民地还有日本盟军总司令部能够同时确保对中国进行出口管制，那么英国会对美国的"1A"清单上的商品进行对华出口管制，同时限制香港和新加坡的转运；（2）目前不会控制"1B"清单的货物，因为这不仅在政治和行政上困难重重，效果也不明显。但英国会监视"1B"清单商品在中国的流向，并同美国交换情报，同时争取香港当局和新加坡政府的合作；（3）确保中国不进口超过民用需求的石油，这一点最为重要。如果英国、美国、荷兰都不与中国签署长期或大规模的石油供给合同，只提供短期的、正常的民用石油供给，将十分有利于维持西方阵营的利益。这一点目前英国的石油公司已经做到，希望美国和荷兰政府也能达成一致。①

美国对英国提出的回复方案表示很失望。1949年7月29日，美国国务卿艾奇逊向英国驻美大使道格拉斯（Lewis W. Douglas）发送的电报中毫不客气地指出：英国的回复"远远低于最低要求"。如果西方对特定商品的出口控制失败，则意味着放弃了保护西欧国家在中国和远东利益的最重要手段，那么西方国家在对中国的经济事务中则处于完全被动的姿态，这不仅会涉及所有的对华战略问题，还将严重影响西方国家共同致力于阻挡共产主义在亚洲的传播。美国认为，联合进行石油出口管制没有"任何象征性的价值"，因为只要通过私人公司之间的非正式协调就可以生效，而不用颁发出口许可证，更何况中国的石油进口在可预见的将来远远低于正常的民用需求。同时，对"1A"商品的控制是有必要的，以免这些商品通过中国被转运到苏联。但这还远远不够，美国质问英国"为什么无法限制部分向中国出口的'1B'商品？为什么不能再添加一个清单，要求持有许可证才能出口？"英国认为，由于向中国出口的"1B"商品并不像"1A"商品那样，立刻产生直接的军事威胁，根据"关税与贸易总协定"（GATT）的规定，这种做法是一种公开的贸易歧视。就亚洲而言，经济和政治上的策略与直接的军事策略同等重要。美国表示无

---

① The Ambassador in the United Kingdom (Douglas) to the Secretary of State, July 26, 1949, *FRUS*, 1949, Vol. Ⅸ, pp. 866 - 867.

第一章　英国对台湾贸易管制政策的缘起(1949—1953)　21

法理解,认为"还有什么'经济和行政上的困难'比团结一致的采取对策最大限度的保护我们的长远利益还重要?"①

直到 1949 年 10 月 11 日,中华人民共和国成立之后,美英双方才互相妥协达成协议,协议内容为:(1)英国将对中国内地、澳门、香港、新加坡、朝鲜限制"1A"清单商品的出口,以避免中国和朝鲜获得直接的军用物资,同时避免苏联及东欧国家通过转运获得此类物资。当然,这一行动的前提是法国、比利时、荷兰也在本国和远东领地对中国实行类似的贸易管制;(2)美英会寻求荷兰政府的合作,与主要的石油公司进行非官方协调,以免出口到中国和朝鲜的石油总量超过正常的民用需求,并禁止签署长期合同;(3)美英等国将会密切关注流向中国和朝鲜的"1B"清单商品并交换情报,英国目前不会对中国出口的"1B"商品颁发许可证。②

上述曲折的讨论过程显示,尽管美英双方最终就对华管制问题达成共识,但双方仍然存在三点分歧。其一,从贸易管制的目标来看,美国对华贸易管制的目标是,既希望确保中国与西方的贸易不会直接加强中国的军事力量,又希望对中国政府产生影响,阻碍共产主义在亚洲的传播。但英国认为第一个目标可以达到,而第二个则很困难。原因是,根据经验表明,中国一直将经济关系和政治关系分开考虑,不愿意因为商业利益而改变其坚持的政治原则。西方国家的对华贸易管制政策会被中国看作是经济制裁,而这种威胁还不如从纯粹的贸易角度强调西方国家的贸易谈判地位,更为有效。因此,英国认为,对中国强加贸易管制措施不会达到预期效果。其二,从具体管制商品的种类来看,除了对"1A"清单达成禁止对华出口的共识之外,对于"1B"清单,美国也建议英国进行出口管制,不仅有利于战略安全,还能获得政治上的谈判筹码,但英国本就对于通过贸易管制达到修改中国政治结盟的效果表示怀疑,况且体会到了同中国保持长期商贸金融关系的好处,不想阻止英中之间正

---

① The Secretary of State to the Ambassador in the United Kingdom (Douglas), July 29, 1949, *FRUS*, 1949, Vol. IX, pp. 867 – 868.

② The Secretary of State to Certain Diplomatic and Consular Officers, October 11, 1949, *FRUS*, 1949, Vol. IX, pp. 880 – 884.

常的商业联系而向中国公开地表示敌意，因此不同意对华禁运"1B"清单，而只同意禁止对华出口石油。英国政府的这一行为并不意味着英国是完全被动的，相反，英国认为同中国尽可能地保持长久的关系，以便有机会实行灵活的政策，来对中国施加影响和压力。[①] 其三，从贸易管制所覆盖的地域范围来看，台湾地区成为双方分歧的焦点。美国最初表示"除非有利于合作中的各方政府，否则不会对台湾当局禁运'1A'清单"，但遭到英国政府的强烈反对。英国认为"向台湾地区提供的物资最后极有可能都落入中国大陆手中，除非对整个中国都进行贸易管制，不然对华贸易管制的效果不大"[②]。同时表示，如果美国不改变这一想法，英国会在香港自动拦截来自美国的禁运货物。最后美国表示同意对整个中国实行禁运，包括台湾地区。[③] 此后，美国又表达出希望放松对台贸易管制的意图，英国对此表示遗憾，将对台贸易管制政策视作"我们与美国的唯一分歧"[④]。

1949年12月30日，美国国家安全委员会向杜鲁门总统提交了第48/2号文件，自此代替国家安全委员会第41号文件，成为美实行对华贸易管制政策的新纲领。相较于第41号文件，第48/2号文件的对华贸易政策更加严格。在第41号文件中，对于"1A"清单的商品出口还有例外程序，对中国禁运的商品范围可以比"1A"清单稍微窄一些，对于"1A"中少数不加以禁运的部分要严格地控制数量。然而，第48/2号文件明文规定：美国要尽一切所能，避免中国从非苏联的渠道获得直接的军用物资和设备（即"1A"商品）。对于"1B"清单的商品，出口数量则限制在正常民用的范围内，在维护美国国家利益的情况下，有必要的话将会

---

① The British Embassy to the Department of State, Control of Trade with China, September 12, 1949, *FRUS*, 1949, Vol. IX, pp. 875–878.

② Outward Saving Telegram from Foreign Office to Washington, November 23, 1949, No. 4017, FO371/75858, p. 96.

③ Memo by Department of State, December 30, 1949, FC1121/2, FO371/83364, p. 42.

④ Foreign Office to United States Embassy, February 18, 1950, FC1121/2D, FO371/83364, p. 13.

第一章 英国对台湾贸易管制政策的缘起(1949—1953) 23

加强约束。①

美国除了自身严格控制对华出口并敦促英国之外,还积极游说欧洲各国,促使欧洲经济合作组织(OEEC)的成员国讨论贸易管制的问题。1949年10月13日,美国、英国、法国、意大利、荷兰、比利时派出代表,瑞士派出观察员,在巴黎共同讨论与会各国对苏联和东欧的出口贸易管制问题,并希望制定一份共同的出口管制名单。会上英法联合提出了新的出口管制清单,除了电子设备仍在考虑之外,英法联合提出的新清单比美国的"1A"清单少48种商品。各国决定回去仔细讨论,在11月7日之前给出就英法所提清单的建议备忘录,以及转运和二次出口、未来执行贸易协议政策等问题,以便各国在11月14日再次集聚巴黎进行讨论。② 随后,约定于11月14日到23日召开的会议达成了令人满意的结果。参与六国代表(即美国、英国、法国、意大利、比利时、荷兰)一致同意采取多边行动的原则。丹麦和挪威只派遣观察员出席,并将会议内容传达给本国政府。会议通过了实行贸易管制的清单,其中对国际军需品清单(International Munitions List)和国际原子能清单的物资(International Atomic Energy List)实施禁运,对工业制品则分为三种国际贸易管制清单(International Security List)Ⅰ、Ⅱ、Ⅲ。对国际清单Ⅰ上的商品进行禁运;对国际清单Ⅱ上的商品出口数量进行限制;对国际清单Ⅲ上的商品则尚未达成一致,仍需进一步讨论。在11月的会议上,各与会国讨论了143种商品,其中国际清单Ⅰ有128种,国际清单Ⅱ有1种,其余14种商品则需进一步研究(即国际清单Ⅲ),美国还建议在国际清单Ⅰ中再添加35种商品。在1月份的会议上,与会国则共讨论了177种商品,还有电子和化学设备。会上决定国际清单Ⅰ上的商品增加到144种(其中12种来自美国的建议,6种来自国际清单Ⅲ,还有2种则从国际清单Ⅰ转移到国际清单Ⅱ上),国际清单Ⅱ扩充到6种(均从11月份的国

---

① A Report to the President by the National Security Council on the Position of the United States with Respect to Asia, December 30, 1949, NSC48/2.

② The Telegram from the Special Representative in Europe for the Economic Cooperation Administration (Harriman) to the Administrator of the Economic Cooperation Administration (Hoffman), October 15, 1949, *FRUS*, 1949, Vol. V, pp. 150–152.

际清单Ⅲ中转移而来），国际清单Ⅲ仍在待定的还有 27 种商品（11 月份的会议剩下 4 种，还有美国建议的 23 种）。① 至此，英国及英联邦国家对中国的贸易管制政策变得更加严格。

1950 年 6 月 25 日，朝鲜战争爆发。同一天，联合国安理会通过决议，禁止各成员国援助朝鲜政权，严禁向朝鲜出口任何商品。② 27 日早上，英国外交部收到美国政府的两份电报。第一份电报的主要内容是：美国政府在朝鲜战争爆发后已经发表公开宣言，在重述侵略的事实后，美国总统杜鲁门已命令美国海军和空军向韩国提供掩护和援助，认为此次侵略很明显是"苏联共产帝国主义指示下诉诸军事侵略和战争的手段"，"共产党对台湾地区的占领"将会直接威胁到太平洋地区安全和美国军队在这一地区承担的必要和合法的作用。总统已经命令第七舰队进驻台湾海峡来阻止对台湾地区的任何袭击，并呼吁台湾当局停止对中国大陆的所有海空行动，第七舰队将会监督其实施。第二份的主要内容是：美国在安理会提议，所有联合国成员国应对韩国进行援助以抵抗朝鲜侵略之必要。③

对于第一份声明，英国持保留意见。从本国利益以及中国巨大的潜在市场等角度考虑，英国不顾美国的反对，率先于 1950 年 1 月正式承认中华人民共和国政府，并终止与台湾当局的正式外事关系。朝鲜战争爆发后，美国认为从日本到菲律宾和印度尼西亚是一个岛链，而台湾地区则是其中一个楔子，如果放弃台湾，岛链将被切断，这是十分危险的，因此决定提升台湾地区的战略地位并派遣第七舰队入驻台湾海峡。④ 但是，对于美国改变对台政策的做法，英国谨慎并全面地分析其对中英关系、英国远东政策的影响。为避免波动和不安，内阁决定目前避免就台

---

① The Secretary of State to Certain Diplomatic Offices, April 26, 1950, *FRUS*, 1950, Vol. Ⅳ, pp. 87 – 92；The Deputy Special Representative in Europe for the Economic Cooperation Administration (Kate) to the Administrator of the Economic Cooperation Administration (Hoffman), Noverber 25, 1949, *FRUS*, 1949, Vol. Ⅴ, pp. 173 – 176.

② Editorial Note, June 25, 1950, *FRUS*, 1950, Vol. Ⅵ, pp. 639 – 640.

③ C. M. (50) 39th Conclusions, Minute 4, Korea, June 27, 1950, CAB128/17, pp. 89 – 90.

④ United States Minutes, Truman – Attlee Conversations, Second Meeting, December 5, 1950, *FRUS*, 1950, Vol. Ⅲ, p. 1736.

第一章　英国对台湾贸易管制政策的缘起(1949—1953)　　25

湾问题做任何声明。①

对于第二份声明，英国给予了积极支持。英国内阁于 1950 年 6 月 27 日立刻表示，政府应该支持该决议，对韩国进行援助以抵消所受到的军事袭击。英国有责任尽力保持与联合国其他成员国一致，来帮助韩国抵抗侵略。尽管如此，英国在对待朝鲜战争的态度上仍然相对谨慎。与美国不同的是，英国怀疑是否有必要公开指责朝鲜为苏联支持的"共产帝国主义"，以及是否有必要将"朝鲜的侵略与共产主义在亚洲其他地区的威胁相联系"。最后内阁认为：目前还不能确定朝鲜对韩国的侵略是来自莫斯科的指示，建议寻求将这一事件局限在朝鲜半岛，并将其看作朝鲜基于其自身动机进行的侵略行为，因为这样将会使苏联政府避免鼓励和支持朝鲜而不损害其形象。至于美国政府所建议的公开宣言将朝鲜事件与共产主义在亚洲其他地区的威胁相联系，将会对苏联政府形成巨大挑战，从而带来在安理会就已经发生的相关问题上的类似争议。美国在台湾地区的行动可能会给英中两国的关系造成困难，甚至激发中国政府对香港进行攻击或挑起动乱。内阁成员一致认为，美国政府决定组织军事行动明显是在故意采取对苏联冒险的行为。② 由此可见，考虑到台湾及香港等因素，英国不希望将朝鲜战争问题扩大化，但就朝鲜战争本身而言，英国毫无疑问地跟随美国，对韩国予以支持和援助。

1950 年 6 月 29 日，美国政府通知本国的主要两家石油公司③，暂停所有开往中国大陆港口的油轮。第二天，美国国务院要求英国立刻对中国和朝鲜进行出口管制。④ 7 月 4 日，英国内阁决定，禁止从英国向朝鲜

---

① C. M. (50) 42nd Conclusions, Minute 3, Korea-Parliamentary Debate, Economic Action, Formosa, July 4, 1950, CAB128/18, p. 115.

② C. M. (50) 39th Conclusions, Minute 4, Korea, June 27, 1950, CAB128/17, pp. 89 - 90.

③ 两家石油公司分别是德士古火油公司（Texas Co.）和标准真空石油公司（Standard-Vacuum Oil Company）均为在华投资较大的美国公司。

④ Memorandum of Telephone Conversation by the Deputy Director of the Office of Chinese Affairs (Freeman), June 29, 1950, FRUS, 1950, Vol. Ⅵ, p. 640.

出口,并请殖民部命令港英当局采取必要措施禁止从香港向朝鲜运送货物。① 同时,英国内阁讨论了由国务大臣肯尼斯·杨格(Kenneth Younger)递交的一份为支持在朝鲜的军事行动而可能采取经济行动的备忘录。备忘录认为:当局唯一可采取的实际行动是禁止从香港地区向朝鲜运送货物,这有利于加强港英当局的控制能力,因此,英国政府决定命令港英当局采取必要措施禁止从香港向朝鲜运送货物。此外,英国同意美国政府的要求,向英国壳牌石油公司(Shell Oil Company)施压,暂停其向中国大陆出口石油。

另外,杨格还建议,英国应即刻将对中国和朝鲜的出口管制程度与对苏联和东欧国家的战略出口管制程度置于同一水平,同时指示香港当局和新加坡采取同样的出口管制政策。内阁讨论认为,这些管制措施不能保证带来任何直接实际的效果。需要进行管制的唯一原因是,在目前形势下,如果不同美国合作并跟随其政策,在政治上和心理上会处于劣势,只要谴责中国政府就会消除这种战略上的劣势。但是在没有实际利益的情况下,此举会疏远中国,因此目前还不是英国采取行动的时刻。因此,内阁决定,尽管应该立即采取措施对朝鲜进行战略出口禁运,但此类措施目前不应运用于对中国的出口管制。英国政府命令香港当局和新加坡控制从该地区向任何目的地的战略物资出口,尤其阻止向朝鲜出口,同意暂时延缓英国、香港地区、新加坡向中国进行战略物资(即国际清单Ⅰ上的商品)的出口。②

对于 1950 年 7 月 4 日英国内阁决议关于暂缓禁止英国对华出口战略物资的行动,外交大臣贝文表示此举会惹怒盟友美国,并对此可能产生的外交后果表示不安。贝文认为内阁部长们早在 1949 年 7 月就已同意:如果荷兰、法国和比利时政府一致采取类似的行动,那么英国就应加入对中国进行战略出口管制的体制中。现在三国同意对华进行出口管制,而美国已注意到英国内阁早先的决定,因此会把英国暂缓实行对中

---

① C. M. (50) 42nd Conclusions, Minute 3, Korea-Parliamentary Debate, Economic Action, Formosa, July 4, 1950, CAB128/18, p. 114.

② C. M. (50) 42nd Conclusions, Minute 3, Korea-Parliamentary Debate, Economic Action, Formosa, July 4, 1950, CAB128/18, pp. 114 – 115.

第一章　英国对台湾贸易管制政策的缘起(1949—1953)　　27

国的出口管制行为看作是"背信弃义"。贝文表示，管制的实施不是明显的对华歧视，需要做的是把中国也列入实施出口许可证制度的国家行列中。英国财政部和贸易委员会（Board of Trade）① 表示不反对。7月10日，内阁决定：同意贸易委员会采取措施禁止英国向中国进行战略物资（即国际清单Ⅰ上的商品）的出口。② 7月14日，英国外交部在国内外压力下，尤其是在美国的影响下，决定从当日起对中国实施与对东欧国家相同程度的控制政策，其中特别指出包括台湾地区。英国防卫委员会（Defense Committee）讨论了从香港到中国内地的出口问题，在经过权衡利弊和风险后认为，对中国进行贸易管制最有利于英国的利益，因此授权香港当局和新加坡停止向中国出口战略物资（即国际清单Ⅰ）③，对中国的橡胶出口也由英国、马来亚、新加坡进行严格的控制。④ 7月17日，巴黎统筹委员会成员国一致同意，对朝鲜和中国的出口管制程度等同于苏联、东欧，即对中国实行国际清单Ⅰ的出口禁运和国际清单Ⅱ的数量控制。⑤

此外，英国政府还决定采取措施，禁止向中国出口石油。中国的三大石油供应商分别是美国加德士公司、标准真空公司，以及英国壳牌石油公司，其中美国已经决定暂停国内两大石油公司向中国提供石油。英国壳牌石油公司在1950年上半年出口到中国的石油总量只有2.6万吨，约占中国石油总需求的5%，占国内需求的不到10%。由于提供的数量很少，英国政府之前没有禁止向中国出口英国石油，只是限制其数量并保持在目前额度内。然而，随后的证据表明壳牌石油公司的石油部分被运往朝鲜。对此，美国政府强烈要求英国政府向壳牌石油公司施压，迫使

---

①　英国贸易委员会隶属于枢密院，成立于17世纪。19世纪时负责对英国及其殖民地的经济活动提供咨询。19世纪后半叶，还负责处理专利、商标、商船、农业、交通、能源等立法工作。1970年，贸易委员会与科技部合并，称为贸易工业部。

②　C. M. (50) 44th Conclusions, Minute 1, Korea-Strategic Export to China, July 10, 1950, CAB128/18, p. 127.

③　C. M. (50) 46th Conclusions, Minute 2, Korea, July 17, 1950, CAB128/18, pp. 145-147.

④　Memo: Trade with China through Hong Kong, April 30, 1951, FC1121/105, FO371/92276, p. 64.

⑤　The Ambassador in France (Bruce) to the Secretary of State, July 17, 1950, FRUS, 1950, Vol. Ⅵ, p. 650.

其暂停向中国出口石油。7月4日英国防卫委员会再次评估了英国石油公司的作用,认为应该采取措施,禁止英国石油运往中国。随后授权英国海军部截停了一艘去往天津的油轮,命令海军部抢先控制所有英国在香港地区存储的石油①,这实际上就中断了壳牌石油公司向中国提供石油的可能性。鉴于此,英国政府决定进一步干预壳牌石油公司向中国的石油出口,而这并不是公然地对中国进行贸易歧视。此外,为了减轻壳牌石油公司的合同责任,英国政府还准备把石油制品加入国际清单Ⅰ(即战略出口管制清单)中,并同时适用于香港地区和新加坡。自从朝鲜战争爆发之后,英国及其殖民地未向朝鲜和中国出口石油。② 美国政府对英国的决定表示欢迎,美国政府表示他们已经把航空汽油、添加剂、混合剂、润滑油列入国际清单Ⅰ当中,原则上也不反对英国把所有的石油制品列入国际清单Ⅰ。英国只要把石油制品加入国际清单Ⅰ中,就会有统一的政策来支持针对中国的具体行动,不用担心歧视中国的指责。③ 至此,美英在此问题上基本达成了协议。

值得注意的是,英国国防部(Ministry of Defence)通过实际出口案例,希望进一步增强英国对东欧和中国的贸易管制水平。1950年8月31日,国防大臣伊曼纽·欣韦尔(Emanuel Shinwell)提交给内阁的报告指出,已有证据表明英厂商从中国收到大量的订单咨询,要求进口超过正常民用数量的钢丝绳、铜线、军用无线装置、重载轮胎、电话装置和钢轨。按照目前的政策,这些货物可以不受限制地对华出口。鉴于此,英国国防部出口安全管制工作小组(Security Export Controls Working Party)准备了一份清单以限制对中国和苏联的出口数量,其中很多货物已经被美国禁运。同时工作小组表示,"最好能对所有的共产主义国家都进行管制,以避免这些物品通过其他国家流入朝鲜"④。

---

① C. M. (50) 46th Conclusions, Minute 2, Korea, July 17, 1950, CAB128/18, p. 145.

② Outward Telegram from Commonwealth Relations Office, July 19, 1950, FC1121/12, FO371/83364, p. 152.

③ Memorandum of Conversation, by the Officer in Charge of United Kingdom and Ireland Affairs (Jackson), July 18, 1950, *FRUS*, 1950, Vol. Ⅵ, pp. 651 – 654.

④ C. P. (50) 201, Restriction of Exports to Eastern Europe and China, Memorandum by the Minister of Defence, August 31, 1950, CAB129/42, pp. 1 – 4.

第一章　英国对台湾贸易管制政策的缘起(1949—1953)　　29

1950年9月4日，英国内阁对这一清单进行讨论。英国担心，若对中国和东欧国家采取这一管制，会对本国经济造成不利影响，尤其是目前还没有确保能从美国得到木材或其他原材料的援助。内阁决定请国防部出口安全管制工作小组准备一份报告，讨论是否对东欧和中国进一步进行贸易管制。① 9月11日，内阁讨论是否进一步对东欧和中国进行贸易管制，尽管供应大臣乔治·施特劳斯（George Strauss）提出了反对意见，认为英国出口这些机器和工具的目的地是波兰，而非苏联，更何况根据英国和波兰签署的贸易协定，政府不能干涉商品的运输，但考虑到美国可能继续施加压力，对苏联、中国及东欧国家进行事实上的经济封锁，且美国为了让英国跟随其政策软硬兼施，内阁最后决定：满足英联邦国家防务需要或北约成员国防务需要的货物不应出口，从而批准了这份额外的清单，对中国和苏联出口这些商品时进行数量上的控制以期更严格地制约朝鲜。② 清单上的45种商品作为国际清单Ⅰ和Ⅱ的补充，是只由英国采取的管制措施，主要通过行政手段来执行。由于这一清单是在朝鲜战争的背景下紧急提出的，因此又被称作"朝鲜清单"（Korean List）。③

1950年10月25日，中国派出军队直接参与朝鲜战争，给战争局势带来重大变化。联合国军总司令麦克阿瑟（Douglas MacArthur）在联合国报告中声称，"中国有组织地派出20多万人的军队在朝鲜抗击联合国军，这完全是一场新的战争"④。美国随后采取了更加严厉的经济政策，于11月28日禁止向中国政府出口所有"肯定清单"⑤上的货物，并确保巴统

---

① C. M. (50) 55th Conclusions, Minute 6, 7, Chinese Representations in the United Nations, Strategic Exports to Eastern Europe and China, September 4, CAB128/18, pp. 7 – 8.

② C. M. (50) 57th Conclusions, Minute 4, Strategic Exports to Eastern Europe and China, September 11, 1950, CAB128/18, p. 26.

③ 关于"朝鲜清单"的具体内容，见附录一。

④ C. M. (50) 78th Conclusions, Minute 1, Korea, November 29, 1950, CAB128/18, p. 177.

⑤ "肯定清单"（the Positive List）的物资并未做过具体分类，主要包括"1A"和"1B"所列物资，以及少数稀缺物资和之前划入 Class 2 清单的战略物资。参见 Report by the Ad Hoc Subcommittee of the Advisory Committee of the Secretary of Commerce, May 4, 1948, FRUS, 1948, Vol. Ⅳ, pp. 539 – 540; the Secretary of State to Certain Diplomatic Office, April 26, 1950, FRUS, 1950, Vol. Ⅳ, p. 88。

对中国采取与苏联和东欧同等程度的管制措施，还计划全面禁止对中国的进出口，冻结中国公民在美财产以及撤离美国在中国港口的船只。① 12月16日，美国国务院在给所有驻外办公室的电报中下达指令，监管美国管辖范围内的所有中国资产，禁止所有在美国注册的船只、飞机在中国港口、机场停泊或降落，贸易委员会继续全面禁止从美国运输最终输出地为中国的物资，而运往香港地区、澳门地区的物资也必须取得合法的许可证。②

除了加强对中国的贸易管制、采取更严苛的经济政策外，美国还敦促所有盟国配合采取行动，以期最大限度地达到对共产主义阵营的经济管制效果。1951年1月15日美国国家安全委员会通过了第101/1号文件，决定继续扩大对中国的政治和经济制裁，并迫使联合国其他成员国采取类似政策。③

英国作为紧随美国之后的重要盟友，在朝鲜战争刚发生时就同意派遣部分陆军奔赴朝鲜，这极大地巩固了英美关系。随着朝鲜战争的不断发展，国内着重讨论了是否派兵参加战争。④ 英国急切地想避免该地区任何敌对行动的扩大，内阁委任外交大臣贝文对朝鲜形势的发展保持密切关注。⑤ 1950年11月30日的内阁报告中指出，中国已经在朝鲜部署了大规模正规军，并且在中国东北集结了更大规模的储备军，有消息称苏联飞机正运往中国东北。面对严峻的形势，加强联合国军力量的问题不久就会被提上日程。贝文认为，如果联合国军与中国大规模交战，会产生军事、政治和经济的不良后果，将严重损害在西欧建立的防卫前景。这

---

① Memorandum by the Deputy Director of the Office of Chinese Affairs (Perkins) to the Assistant Secretary of State for Far Eastern Affairs (Rusk), November 28, 1950, *FRUS*, 1950, Vol. Ⅵ, p. 664.

② The Secretary of State to All Diplomatic offices, December 16, 1950, *FRUS*, 1950, Vol. Ⅵ, pp. 682 - 683. 此指令也同时发送给美国驻德国高级使团办公室、美国驻日政治顾问、美国驻联合国使团，以及美国驻中国香港、新加坡顾问大使。

③ A Report to the National Security Council by the Executive Secretary on U. S. Action to Counter Chinese Communist Aggression, January 15, 1951, NSC101/1.

④ C. M. (50) 50th Conclusions, Minute 3, Korea-Reinforcements, July 25, CAB128/18, p. 175.

⑤ C. M. (50) 71st Conclusions, Minute 3, China-intervention in Korea, Tibet, November 6, 1950, CAB128/18, p. 124.

第一章 英国对台湾贸易管制政策的缘起(1949—1953) 31

可能不仅要大量抽调用于防守欧洲的军队,而且由于主要原材料的缺乏将加重其经济困难,妨碍欧洲民主国家重整军备的计划。经过慎重的讨论,内阁决定在联合国对中国采取的大规模政治、经济和军事行动与美国进行配合。①

1951年2月1日,联合国第327次大会通过了关于中国入朝参战的第498(V)号决议,谴责中国为"侵略者",决定在2月16日成立联合国额外措施委员会(United Nation Additional Measures Committee),成员国有澳大利亚、比利时、巴西、缅甸、加拿大、埃及、法国、墨西哥、菲律宾、土耳其、英国、美国、委内瑞拉和南斯拉夫,负责针对中国参与朝鲜战争而应急采取额外措施。② 第二天,美国国务卿艾奇逊就给驻联合国美国代表团发去电报,提出了工作程序和框架,建议下设经济工作小组(sub-Committee on Economic Measures),专门研究如何对中国实施更加严厉的经济制裁措施,例如对中国实施全面禁运还是选择性禁运。③

与此同时,英国也在频繁地讨论对华贸易管制的政策问题。1951年1月23日,英国国防部出口安全管制工作小组在总结报告中专门研究了英国对中国的贸易政策。报告认为,从政治的角度来看,英国政府并不想单独针对中国进行直接公开的贸易限制,如果不可避免,则应该在联合国的建议下统一实行。目前英国对中国(包括台湾地区)的管制清单有:(1)对国防装备(包括民用飞机)和军需用品进行全面禁运;(2)对战争有重要作用的工业产品实行全面禁运,即国际清单 I (已经被西欧各国接受);(3)对国际清单 II 上的商品进行出口数量的限制;(4)对"朝鲜清单"的限制,作为避免朝鲜军队直接或间接从中国获得军用物资的紧急措施,如交通和通信设备等。至于美国近期提出的针对中国出口的全面禁运政策,当然能最有效地切断朝鲜来自共产主义阵营的军事补给,但会极大地削弱英国同中国的商业联系,从而失去一个巨大的潜在

---

① C. M. (50) 79th Conclusions, Minute 3, Korea, November 30, 1950, CAB128/18, p. 183.

② Notes from the Secretary of State to the United States Mission at the United Nations, February 5, 1951, *FRUS*, 1951, Vol. VII, Part 2, Korea and China (in two parts), pp. 1893 – 1894.

③ The Secretary of State to the United States Mission at the United Nations, February 17, *FRUS*, 1951, Vol. VII, Part 2, pp. 1916 – 1918.

市场。从政治策略的角度来说,这种绝对的措施是不可取的。英国多次表明态度,除非是联合国的决议,否则英国不愿意采取此类措施。① 至此,绝大部分具有战略意义的商品已经被包括在各种清单之内,除了少数原材料,如锡和橡胶。

随后,根据英国经济政策委员会(Economic Policy Committe)在1950年12月21日的指示,英国政府命令出口安全管制工作小组根据目前中国军队参与朝鲜战争的形势,对中国进行额外的贸易限制。② 工作小组经过调查发现,1951年1月到12月,中国所有的英镑账户已经被冻结,所有使用英镑进行支付的交易均已在英国的外汇管制之下。③ 工作小组在1951年2月24日的报告备忘录中认为,在战争中能够有效掣肘中国的方法,可能是进一步对中国进行贸易管制。除了最重要的商品已经被禁运之外,建议对剩余的战略物资,从原本的对华出口数量控制改成对华禁运。这一政策的好处是有利于战争局势,随着中国的参战,其进口的商品完全有可能被投入到朝鲜战场上。④

1951年3月19日,美国代表团在联合国额外措施委员会的筹备会议上,建议英国对中国采取最大限度的经济管制,号召联合国的所有成员国都效仿之。⑤ 英国的回复是,军事措施和经济措施应该同时进行,并指出"在任何情况下,只有在联合国额外措施委员会决定采取军事措施之后,英国才会开始讨论经济措施"⑥,这实际上是变相拒绝了美国的要求。

1951年4月4日,美国国家安全委员会起草了第104/2号文件,杜鲁门总统于4月12日予以批准。文件中增加了对西欧贸易政策的要求,

---

① E. P. C. (50) 32nd Meeting, East-West Trade, January 23, 1951, FO371/92277, p. 135.
② SECWP Report: Export of Strategic Goods to China, March 6, 1951, FC1121/146, FO137/92277, p. 132.
③ Treasury Minute by A. J. Philps, January 11, 1951, FC1121/22, FO371/92273, p. 11.
④ Export of Strategic Goods to China, March 6, 1951, FC1121/146, FO371/92277, p. 132.
⑤ Memorandum of Conversations Held on March 16 and 19, Prepared in the United States Mission at the United Nations, March 19, 1951, FRUS, 1951, Vol. Ⅶ, Part 2, pp. 1931 – 1936.
⑥ The Secretary of State to the United States Mission at the United Nations, March 26, 1951, FRUS, 1951, Vol. Ⅶ, Part 2, pp. 1942 – 1943.

第一章 英国对台湾贸易管制政策的缘起(1949—1953) 33

敦促西欧国家增加国际清单中管制物资的种类,希望他们承诺不再向苏联集团国家出口战略物资,否则美国会停止向西欧出口"1A"清单上的物资。① 随后同西欧商谈并在联合国中给各国施压,要求马上加强对中国的贸易管制政策。在美国的强大压力下,英国表示"如果和平解决朝鲜战争的努力失败,就对战略物资实行有选择的禁运"②。4月5日,英国国防大臣曼尼·欣韦尔(Manny Shinwell)向内阁报告称,有证据显示,朝鲜的军事形势将变得更加严峻,因为中国似乎正在组建更大规模的军队向三八线进发,他们可能即将发动反击,并有苏联飞机的支持。如果军事形势继续恶化,英国政府可能在压力之下采取紧急行动扩大事实上的对华战略出口管制禁运。③ 5月7日,英国贸易委员会主席哈特利·沙克罗斯(Hartley Shawcross)在内阁会议中指出,1951年第一季度英国对中国的出口有大幅度的增长,尤其是橡胶,这使英国政府受到了下议院的指责和美国的强大压力。虽然之前英国曾限制橡胶的对华出口数量,但仍在考虑进一步加强其出口管制的程度。然而,英国并未打算立刻宣布这一想法,而是顾虑到政治和经济上的后果:(1)如果不全面禁止橡胶出口到东欧国家,中国仍会从其他渠道进口橡胶,这对英镑区会产生严重的不利影响;(2)这一政策等同于对中国强制实行经济制裁,而英国是否应该单边实行此类制裁仍有待商榷,更明智的做法应是在联合国的名义下实行集体制裁。④ 5月10日,在权衡各方利弊之后,尽管面临马来亚等地的强烈反对,英国政府仍然决意全面禁止马来亚、新加坡和英联邦各国向中国出口橡胶。当然,英国会购买他

---

① Report to the President on United States Policies And Programs in The Economic Field Which May Affect the War Potential of the Soviet Bloc, February 9, 1951, *FRUS*, 1951, Vol. I, pp. 1026 – 1034.

② The United States Representative at the United Nations (Austin) to the Secretary of State, April 17, 1951, *FRUS*, 1951, Vol. VII, Part 2, pp. 1964 – 1967.

③ C. M. (51) 24th Conclusions, Minute 2, Additional Measures Against China-Detention of a Tanker in Hong Kong, United Nations Action, April 5, 1951, CAB128/19, p. 195.

④ C. M. (51) 34th Conclusions, Minute 2, Strategic Exports to China, May 7, 1951, CAB128/19, p. 10.

们与中国已签署合同中的橡胶。①

1951年5月18日，联合国大会通过了第500（V）号决议，建议成员国禁止向中国和朝鲜当局控制下的地区运送武器、弹药和战争装备、原子能材料、石油、有战略价值的运输工具，以及对生产武器、弹药和战争装备有用的物资；确定从本国出口的商品中属于禁运范围的种类并使禁运生效；在本国的管辖范围内尽力避免其他国家逃避禁运的行为；要与其他国家互相配合以达到禁运的目的。② 至此，直到1951年5月末，英国对中国（包括台湾地区）的出口贸易管制清单可以总结如下：（1）对国防和军需材料（包括民航）进行全面禁运；（2）对国际清单Ⅰ进行完全禁运；（3）对国际清单Ⅱ上的商品进行数量控制；（4）对"朝鲜清单"的出口控制；（5）对橡胶进行禁运。

总之，从1949—1951年5月，随着新中国政权的建立，以及美苏冷战格局的形成，以美国为首的西方阵营将贸易管制视作是对东方阵营进行经济遏制的重要方式。在盟友美国的软硬兼施下，英国对中国采取了出口许可证制度。由于中国市场对于英国十分重要，英国采取了灵活务实的外交政策并与中华人民共和国建交，英美双方从不同的出发点进行考虑，在对华管制政策的讨论中矛盾重重，然而同盟关系更具战略意义，因此双方最终仍达成一致。朝鲜战争的爆发及中国的参战，让台湾地区成为国际政治的一个焦点。中国参战后，英国毫无疑问会对中国采取更加严格的贸易管制政策，但英国从实际利益考虑更看重中国大陆，美国从战略利益考虑更重视台湾地区，因此英国索性对中国大陆和台湾地区采取同等程度的贸易管制，以免引起美国或中国的强烈不满，由此产生了英国对于同属西方阵营的台湾当局也进行贸易管制的奇特现象。这一现象一直持续到1951年5月之后，英国才开始逐渐考虑台湾地区的特殊性。

---

① C. M.（51）35th Conclusions, Minute 4, 8, Strategic Exports to China, Korea-reply to Mr. Acheson's Message, May 10, 1951, CAB128/19, p. 17.

② Resolution 500（V）, Adopted by the United Nations General Assembly, May 18, 1951, *FRUS*, 1951, Vol. Ⅶ, Part 2, pp. 1988 – 1989.

第二节　英国单独放松对台湾的贸易管制程度

对于贸易管制政策，英国一直对中国大陆和台湾地区一视同仁，采取相同的贸易管制程度。当英美讨论继续强化对中国的贸易管制政策时，英国才发现强化对台湾的贸易管制并不合理，甚至与美国的做法截然相反。但这一惯例并非一夕之间就能改变，而是需要英政府各部门进行长时间的论证和利弊分析。

根据英国外交部的记载，1951年6月1日，英国对台湾地区的战略资源出口政策仍旧与中国大陆相同，即对于国际清单Ⅰ实行完全禁运，对国际清单Ⅱ实行数量限制，对国际清单Ⅲ进行观察。[①] 但此前，英国国防部出口安全管制工作小组于1951年5月22日所召开的关于东西方贸易会议上，英国政府内部开始注意并提到了台湾的特殊性。出口安全管制工作小组认为，目前英国对台湾地区的战略资源出口等同于对中国大陆的政策，但这种统一的对待方式并不符合美国的对台政策，甚至经常在对台武器供应问题上与美国相左。尽管事实上英国对台湾出口战略物资的许可证申请甚少，但政府各部门必须明确英国对台政策，因为这一问题可能在联合国或同美国的沟通中被提及。与会代表普遍认为，贸易管制的目的是避免战略物资落入敌方之手，因此对台湾的贸易管制政策不一定要与中国大陆平行。在决策上，英国禁止向台湾出口武器和其他战争物资，但这并不妨碍对中国大陆禁运的大量战略物资出口到台湾。另外，台湾地区被中国大陆收复的可能性也直接影响到对台湾的出口政策。根据当时的局势，台湾当局具有一定的抵抗能力。如果将来英国想扩大对台湾的出口，会考虑到两个重要的因素：（1）同台湾尽量维持最大额

[①] Export of Strategic Materials to Formosa, June 1, 1951, FC1121/262, FO371/92282, p. 63. 具体的禁运清单见 Outward Telegram from the Secretary of State for the Colonies, June 15, 1951, No. 753, FC1121/294A, FO 371/92284, pp. 7–10. 其中，由于港英当局与英国政府的对华贸易管制政策一致，因此，档案中的这份清单即是英国政府对整个中国（包括台湾地区）的贸易管制清单。

度的贸易关系，避免台湾完全处于美国的保护之下；（2）尽可能地赚取外汇。因此，没有理由限制英国同台湾的贸易，当然武器和战争物资除外。会议建议除了武器和战争物资，以及具有重要战略意义的战略物资之外，对台湾的战略出口应该考虑其优点，即赚取硬通货（经济上的利益）。①

1951年6月1日，英国外交部远东司（Foreign Office Far Eastern Department）同意，只要不对台出口武器和战略物资，可以发展与台湾地区的贸易。但同时提醒，台湾地区现在是一个国际焦点，为了避免被中国大陆宣传成英国政府支持蒋介石当局，要避免任何偏袒台湾当局的行为。对于出口安全管制工作小组于5月22日提出的建议，英外交部主张英国的政策应该同美国保持一致，维持现有的政策，不应该再对台湾地区采取额外的、可能被用于中国内陆的管制措施。②

在英国外交部的发起下，关于是否要对台湾同样采取进一步贸易管制的问题，英国政府进行了广泛讨论，各部门均表示不应该对台湾采取更严格的贸易管制，只是考虑角度和支持程度略有不同。

1951年6月23日，英国贸易委员会建议维持现有的对台贸易管制政策，禁止出口国际清单Ⅰ上的商品。英国在1951年1月到3月的对台出口额只有6万英镑，而同期对香港的出口额则有600万英镑，因此对香港的影响更大一些。由于每月接受来自台湾的出口许可证申请很少，所以辨别出运往中国内陆、台湾和香港的船只并无难度。③英国驻淡水领事馆于7月5日向英国外交部表示，对台湾的贸易禁运就英国的贸易利益而言是不必要的，而台湾当局本身就是西方阵营禁运政策的执行者，这一政策也是不符合逻辑的。台湾地区的军事装备和设施几乎都由美国经济合作总署（Economic Cooperation Administration）和军事援助顾问团（Millitary Assistance Advisory Group）等机构设立项目进行提供，台湾与香港的贸易也基本上是满足民用需求。英国如果实施禁运，会进一步损害英国

---

① Minutes by Foreign Office, May 23, 1951, FC1121/262, FO371/92282, pp. 60 - 62.
② Export of Strategic Materials to Formosa, June 1, 1951, FC1121/262, FO371/92282, p. 63.
③ Export Control Policy towards Formosa, June 23, 1951, FC1121/267, FO371/92282, p. 82.

第一章　英国对台湾贸易管制政策的缘起(1949—1953)　　37

合法的贸易收入。①

　　港英当局的态度则更为彻底,认为不仅不应该增加对台湾的出口限制,还应该削减此前对台出口的限制政策,只保留对台湾控制军需清单,并不反对将国际清单Ⅰ上的商品出口到台湾。港英当局认为,从经济角度来看,由于禁运之后,香港对台出口量直线下降,如果能减少限制,自然会扭转出口下降的趋势;从政治的角度来看,对"共产党政权"的贸易管制没有理由付诸台湾当局。因此,港英当局建议只对台湾地区进行军需清单的限制。② 英国驻北京外交代表胡阶森(John Colvill Hutchison)针对港英当局的建议,表示同意其观点,即对台湾的出口管制范围仅仅是军需清单。胡阶森认为,此举并不会引起中华人民共和国政府的反对,因为后者正在极力忽视对华禁运所带来的影响,也不需要对英国出口政策的改变进行公开的声明。③

　　在政府各部门的一致同意下,英国开始将中国大陆和台湾地区区别对待,分别采取不同的贸易管制政策,先后于1951年7月6日和7日公布了对双方的政策。"禁运清单"(Prohibited List)包括了禁止对中国大陆出口的商品,不需要出口许可证。出于行政的需要,这份禁运清单被阐释成更具体的版本,即"行政禁运清单"(Administrative Embargo List),并不对外公布。"行政禁运清单"和"禁运清单"一样,分成几个部分,"特殊科学仪器"对应"禁运清单"中的第二类"原子能材料和设备","军事设备"对应"禁运清单"中的第一类"武器、弹药和军用器具"。④ 关于英国对台湾的出口禁运政策,根据7月3日英国殖民部向新加坡政府发送的电报可知,其禁运政策保持不变,即禁运的种类包括:(1)军需清单;(2)国际清单Ⅰ;(3)橡胶,其他的商品都要获得

---

① Tamsui to Foreign Office, July 5, 1951, No. 87, FC1121/282, FO371/92283, p. 66.
② Inward Telegram from Hong Kong to the Secretary of State for the Colonies, No. 695, June 26, 1951, FC1121/272, FO371/92283, pp. 6-7.
③ Peking to Foreign Office, July 2, 1951, No. 203, FC1121/278, FO371/92283, p. 27.
④ Outward Saving Telegram from Commonwealth Relation Office, July 6, 1951, No. 32, FC1121/286, FO371/92283, pp. 76-77.

许可证方能出口。① 至此，英国及英国联邦政府对台湾的贸易管制政策达到最严格的程度。

1951年7月30日，在英国经济政策委员会上，外交大臣赫伯特·莫里森（Herbert Morrison）表示，由殖民事务大臣杰姆斯·格里菲斯（James Griffiths）和贸易委员会主席沙克罗斯（Hartley Shawcross）及自己共同提倡的意见是合情合理的。② 会上，莫里森还口头陈述如下观点：（1）在联合国5月18日决议的影响下，经济政策委员会于6月12日通过决议专门针对中华人民共和国政府采取有限禁运，因此如果将这一政策同样适用于台湾当局是不合逻辑的；（2）目前台湾地区的贸易几乎都是同香港、日本、美国和中国大陆进行的，日本和美国当然不会对台湾加强贸易管制，除了美国之外西欧国家对此并不在意，因此英国不能冒险同美国政策产生分歧；（3）由于对中国大陆贸易的管制，香港已经被各种麻烦所困扰，如非必要英国不会对台湾进一步进行贸易管制，以免让香港的贸易情况雪上加霜。③ 此前，英国国防部曾于7月25日指出，有证据表明出口到台湾的货物被走私到内陆，而且这种秘密交易不仅包括橡胶，还涉及其他商品，并且仍在持续。④ 根据7月31日的经济政策委员会决定，综合考虑各种因素，英国政府决定对中国大陆所采取的进一步贸易管制政策不应用于台湾地区。⑤ 根据上文的分析，英国在1950年之后对中国大陆和台湾地区追加了橡胶禁运的政策，由此可得，7月31

---

① Outward Telegram from the Secretary of State for the Colonies, July 7, 1951, No. 677, FC1121/287, FO371/92283, p. 79. 此时"朝鲜清单"并未出现在管制政策之中，是因为"朝鲜清单"上的商品经过美英法三方的多次会谈，不断地被加入到国际清单Ⅰ和Ⅱ之中。到1951年1月23日，"朝鲜清单"上只剩18种商品，其余商品都已被列入国际清单Ⅰ和Ⅱ。因此，"朝鲜清单"上的商品数量不断缩小，到了1951年7月已经与国际清单Ⅰ和Ⅱ融合，因此不再出现"朝鲜清单"的字样。See E. P. C. (50) 32nd Meeting, Exports to China-Report by the Security Export Controls Working Party, January 23, 1951, FC1121/46, FO371/92277, pp. 135 – 140.

② 其建议是，在联合国决议的精神下，英国决定对中国大陆采取的进一步管制措施不应该同样适用于台湾地区。See Control of Trade with Formosa, July 25, 1951, FC1121/302, FO371/92284, pp. 28 – 29.

③ E. P. C. (51) 93rd meeting, Control of Trade with Formosa, July 30, 1951, FC1121/302, FO371/92284, pp. 32 – 33.

④ Ministry of Defence to Foreign Office, July 25, 1951, FC1121/302, FO371/92284, p. 39.

⑤ Minute: Control of Trade with Formosa, July 31, 1951, FO371/92284, p. 35.

日的经济政策委员会上已经取消了对台湾的橡胶禁运政策,即英国对台湾的禁运种类包括:(1)军需清单;(2)国际清单Ⅰ,同时对其他商品颁发许可证,进行数量上的控制。① 为防止走私到大陆,英国对台湾出口橡胶的数量仅限于满足台湾当地极少量的民用需求。②

值得一提的是,美国众议院于 1951 年 8 月 2 日通过了由民主党议员巴特尔(L. C. Battle)提出的《巴特尔法》(即共同防卫援助统制法,the Mutual Defence Assistance Control Bill),8 月 28 日参议院通过该法案,10 月 26 日,杜鲁门签署了《巴特尔法》。《巴特尔法》规定:"凡是向威胁美国安全的任何国家、国家集团输出本法所列禁运清单'1A'中物资的国家,美国将全面停止对该国的军事援助、经济援助和财政援助","凡是接受美国军事援助、经济援助、财政援助的国家,美国应该与其谈判未列入本法禁运清单'1A'中的物资的管制问题"。③ 美国把对外援助同贸易管制政策联系在一起,英国等西欧国家若想从美国方面获得援助就必须与之逐一商讨禁运清单"1A"中的商品,否则就有被取消军事、经济和财政援助的危险,这对西欧国家来说无疑是十分被动的。而在 1951 年间,正如之前预测的那样,英国国内经济正遭受着危机,食品和原材料储存大大下降,已经对国民经济产生不利影响。国防生产和原材料十分短缺,有必要大幅增加进口。④ 同时,英国的国民收支平衡严重恶化。比如,1951 年 7 月的第三季度财政赤字预计达 5 亿美元,但实际赤字可

---

① 1951 年 8 月,英法两国讨论了关于美国提议增加国际清单Ⅰ的种类问题(共 53 种),决定将美国建议的 34 种商品列入国际清单Ⅰ,而剩余的 19 种商品仍有待讨论。因此此时的国际清单Ⅰ所包含的商品种类较之前已经有所不同。See the Charge in France (Bonsal) to the Secretary of State, August 2, 1951, *FRUS*, 1951, Vol. Ⅰ, pp. 1146 – 1149. 关于国际清单Ⅰ的变化,可参见崔丕《美国的冷战战略与巴黎统筹委员会、中国委员会 (1945—1994)》,中华书局 1995 年版,第 144—145 页。

② Export of Repaired Aircraft Equipment to Formosa, June 11, 1952, FC1121/46, FO371/99312, p. 45.

③ A Program for the Denial of Strategic Goods to the Soviet Block, Mutual Defense Assistance Control Act of 1951, First Report to Congress, By W. A. Harriman, Oct. 15, 1952. 转引自崔丕《美国的冷战战略与巴黎统筹委员会、中国委员会 (1945—1994)》,中华书局 1995 年版,第 263—264 页。

④ C. M. (50) 87th Conclusions, Minute 2, Economic Affairs-coarse Grains, Electricity, External Trade, December 18, 1950, CAB128/18, p. 242.

能超过 6 亿美元。① 到了第四季度，形势进一步恶化，黄金和美元储备继续以比今年第三季度更高的速度流失。② 美国随后于 1951 年年底决定对英国提供 3 亿英镑的经济援助③，此时正值《巴特尔法》生效不久，作为谈判的条件，英国理所当然地应该在贸易管制的问题上跟随美国的脚步。在巨大的军事、经济和财政援助的压力之下，西欧国家不断讨论并通过美国提出的贸易禁运商品，到 1953 年 1 月，美国的"1A"和"1B"禁运清单与巴统通过的国际清单 Ⅰ 和 Ⅱ 之间商品种类的差距越来越小。美国"1A"清单包括 260 种商品，已经被国际清单 Ⅰ 全部收录，禁止向共产党国家出口；国际清单 Ⅱ 同意对美国提出的 80 种商品进行数量控制。同巴统的国际清单相比，美国对 25 种商品进行额外的禁运，对 168 种商品进行额外的数量控制。④

此后，英国对台湾禁运军需清单和国际清单 Ⅰ 的贸易管制政策一直持续到 1951 年底，但到了 1952 年 2 月，这一政策再次被英国政府所关注。起因是台湾通过美国共同安全署（Mutual Security Agency）提供资金支持，希望从英国购买功率为 4 万千瓦的涡轮交流发电机，价值约为 40 万—50 万英镑，这一商品已经被列入国际清单 Ⅱ 之中。⑤ 但由于资金来源的特殊性，再次引起了英国政府内各部门的热议。

英国外交部共同援助局（Mutual Aid Department）认为，由于这一订单是由美国共同安全署审核并提供给资金，故而可以确保出口的机器将会被恰当地使用，外交部不反对工程产业部门的建议。⑥ 英国贸易委员会建议把这一个案同整体的政策分开来看，由于美国共同安全署使用美元支付这一订单，没有任何理由拒绝向台湾出口涡轮交流发电机，这同英

---

① C. M. (51) 60th Conclusions, Minute 5, Economic Affairs-Balance of Payments, United States and Canadian Loans, September 27, 1951, CAB128/20, p. 230.

② C. C. (51) 12th Conclusions, Minute 1, Economic Situation, November 28, 1951, CAB128/23, p. 58.

③ C. C. (51) 21st Conclusions, Minute 3, United States Aid, December 29, 1951, CAB128/23, p. 107.

④ Report to the National Security Council by the NSC Planning Board, May 25, 1963, FRUS, 1952-1954, Vol. Ⅰ, p. 971.

⑤ Exports to Formosa, February 29, 1952, FC1121/17A, FO371/99310, pp. 45-46.

⑥ Foreign Office to Ministry of Supply, March 7, 1952, M3427/19, FO371/99310, p. 48.

第一章　英国对台湾贸易管制政策的缘起(1949—1953)　　41

国最近决定允许橡胶出口的决定一样。但如果中国从朝鲜战场上撤军或双方停战,那么英国将恢复对中国在和平时期的出口管制政策,国际清单Ⅱ中允许的商品配额则不应该包括中国。① 英国国防部出口安全管制工作小组也完全支持这一订单的出口,而且这一订单并不占用对苏联集团的出口配额,因为对苏联集团的出口配额和对中国的配额是分开计算的。② 经过讨论后,对于美国共同安全署提供资金、用于采购国际清单Ⅱ商品的台湾订单,英国各政府部门已经形成统一意见,允许对台出口。

在1952年3月11日的出口安全管制工作小组工作会议上,讨论了对台湾的出口问题。会议承认,英国把台湾当局看做苏联集团国家的一员,尽管未将对中国大陆的进一步管制措施应用于台湾,但在西欧国家中,只有英国对台采取国际清单的管制。对于橡胶,则根据7月31日上的部长特令(Special Ministerial Directive)规定,可以向台湾出口橡胶,但数量仅仅满足民用需求即可。出口安全管制工作小组的观点是,从策略角度看,没有必要对台湾实行国际清单Ⅰ和Ⅱ的出口限制,当然对于军需物资的出口禁运仍要继续执行。此外,英国外交部中国朝鲜局(China and Korea Department)不希望政府因为给任何一方提供战略物资而卷入国共争论之中。如果只要禁运军需物资就能满足上述原则,英国外交部会接受工作小组的建议,只对台禁运军需物资,同时确认是否存在从台湾地区走私国际清单Ⅰ上的物资到大陆的行为和证据。但是,英国政府内部也存在反对的声音,认为应该继续对台湾实行国际清单Ⅰ的禁运和国际清单Ⅱ的数量控制,其原因是:(1)英国一开始就对中国大陆和台湾地区采取同等程度的贸易管制政策,由于朝鲜战争,英国强化了对整个中国的贸易管制程度,战后台湾地区仍然被看作苏联集团国家的一员,朝鲜战争结束后,中国也将由"侵略者"转变成一个苏联集团国家,届时英国对中国大陆的管制政策会同对台湾一样,因而无须频繁改变这一政策;(2)经过实践证明,目前英国对台湾和中国大陆的贸易管制政策,完全符合"中立"原则,让英国政府免于被指责偏袒国共的任何一方;

---

① Exports to Formosa, March 5, 1952, FC1121/17R, FO371/99311, pp. 49 – 50.
② Exports to Formosa, March 13, 1952, FC1121/15B, FO371/99310, p. 51.

(3) 英国对台出口的国际清单Ⅰ和Ⅱ商品的总价值很少,不值得政府如此大费周折。因此建议保持现有政策不变,但在实际操作中可以更加灵活地偏向台湾地区,以避免英国在进出口贸易中蒙受损失。①

对于上述观点,英国外交部共同援助局进行反驳,认为这种看法并不了解对台湾进行贸易管制的根源。在朝鲜战争爆发之前,只对中国进行武器和军需物资的出口管制,而且这一政策已经执行了一段时间。1950年7月朝战爆发之后,原本应用于苏联集团的出口管制政策适用于中国。同年9月,当中国明确大量援助朝鲜后,英国才加强对中国大陆的贸易管制程度,并高于西欧国家的国际清单管制水平,但这一额外的管制政策并不适用于台湾地区。因此当朝鲜战争结束后,这一管制理应随之结束。尽管英国对台的出口额度很小,但若非充分的原因,英国不必无谓地与对台湾没有限制的其他国家进行竞争。至于灵活的实际操作,则很难实行。尽管英国外交部中国朝鲜局强调不必要引起政治上的尴尬,但共同援助局认为政策的微小变化不足以引发不良反应。②

由于各方意见不统一,英国外交部共同援助局于1952年3月29日再次征求贸易委员会的意见,并给出了自己的观点:对于出口安全管制工作小组考虑是否把台湾地区当作苏联集团的一部分、是否继续出口管制政策这一问题,为了避免英国政府陷入尴尬,以免被误解成是对蒋软化或改变对华政策的信号,因此英国外交部不希望解除目前对台湾实行的国际清单Ⅰ和Ⅱ的管制政策,只有在合理范围的国际清单Ⅱ可以一直颁发许可证。③ 贸易委员会更加积极,表示不反对上述建议,同时提出一个问题:如何判断对台出口的国际清单Ⅱ商品的合理范围?贸易委员会建议将国际清单Ⅱ中的商品对台自由出口6个月,即当作严密观察的国际清单Ⅲ,根据这一期间的英台贸易额度来确定对台出口管制的合理范围。④ 英国外交部同意这一建议,认为确实难以界定国际清单Ⅱ的合理范围,同意未来6个月内对销往台湾的国际清单Ⅱ的商品自由发放出口许

---

① Minutes: Exports to Formosa, March 12, 1952, FC1121/30, FO371/99311, pp. 67 – 68.
② Ibid., pp. 69 – 70.
③ Foreign Office to Board of Trade, March 29, 1952, FC1121/30, FO371/99311, pp. 78 – 79.
④ Board of Trade to Foreign Office, April 8, 1952, FC1121/30 (A), FO371/99311, p. 73.

第一章　英国对台湾贸易管制政策的缘起(1949—1953)　　43

可证，观察其出口额度，对国际清单Ⅰ仍然保持禁运。① 但在同一天，贸易委员会出口许可处（Export Licensing Branch）向外交部提出反对意见。前者指出，在过去 15 个月内，出口许可处仔细审核了每一份申请，确信能够辨别出口数量是否合理。否则，一些公司闻风而动，将大量出口超出正常范围的货物，因此建议保持现在的政策而非自由发放 6 个月的许可证。② 在考虑实际操作的可行性后，英国外交部接受了这一建议。③

此后，关于对台湾贸易政策的讨论更加频繁，不仅涉及英国政府内部，还涉及英国驻淡水领事馆。1952 年 5 月 21 日，英国驻淡水领事馆领事洛克睦（Jacobs-Larkcom）向英国外交部提交报告，表达了其对台湾的地位及其出口管制政策的看法。洛克睦认为，由于目前局势的发展，英国想要与中国大陆建立健康良好的贸易关系的可能性微乎其微。而目前英国政府的首要目标是扩大国际贸易。除了满足重整军备计划的需求，英国没有理由对台湾出口的任何商品进行限制，包括配额。在某些情况下，尤其考虑到美国共同安全署需要完成的采购计划，英国对台湾的贸易限制剥夺了自己赚取美元的机会，是自讨苦吃的做法。此外，联合国的禁运决议并没有干涉向台湾出口战略资源的意图，因此解除英国的贸易管制，不会违反联合国的决议。洛克睦还分析了英国对台湾实行贸易管制可能考虑的因素：（1）台湾在法律上是中华人民共和国的一部分，故而对中国大陆的贸易管制政策同样适用于台湾。但是英国政府已心照不宣地承认了对中国大陆和台湾的贸易政策存在差异，这已经在橡胶等商品的出口中得以实践；（2）美国为了保证其援助都能有效使用，在台湾实施了十分完善的检查制度，英国不必担心出口到台湾的货物会被运往中国大陆。④

1952 年 7 月 19 日，英国外交部向贸易委员会发送的电报中总结了其对台湾贸易政策的考虑。除了之前提到的政治因素外，即避免由于为一

---

① Foreign Office to Board of Trade, April 30, 1952, FC1121/30, FO371/99311, p. 81.
② Board of Trade to Foreign Office, April 30, 1952, FC1121/30（B）, FO371/99311, pp. 75 - 76.
③ Foreign Office to Board of Trade, May 17, 1952, FC1121/30, FO371/99311, p. 83.
④ Modification of Controls on Exports to Formosa, May 21, 1952, FC1121/28, FO371/99312, pp. 38 - 43.

方提供战争物资而陷入国共争论中，又增加了两方面的考虑：（1）根据英国驻淡水领事馆的意见，由于美国的严格监管，台湾地区向中国大陆走私的可能性微乎其微。这表明对台湾的贸易管制政策不再是出口管制工作小组负责的问题，而是一个政治问题；（2）目前的政策可能会让英国错失美国共同安全署的大量订单。这些订单虽不是军火，但可能被列入国际清单，英国公司急于投标却因政府对台湾的贸易管制政策而最终落空。比如，英爱石油公司（Anglo-Irish Oil Company）近期被禁止投标参与对台湾每年 15 万吨的原油出口订单。因此英国外交部希望确认除了军火之外，哪些商品可以赚取美元同时又在禁运范围之内，同时咨询能源部、供应部、国防部、贸易委员会出口许可处等部门意见。[1] 财政部表示支持扩大出口，尤其欢迎共同安全署的美元订单。[2] 贸易委员会表示同台湾的贸易额虽小，但任何能增加英国出口额度的行动，尤其是以美元结算的贸易，都需大力支持。[3] 国防部仔细审查了过去 6 个月内的出口订单是否正常运行，只发现一例不确定的订单由于对国际清单 II 上的商品进行数量限制而未颁发许可证，订单的货物是出口 54 件齿轮滚刀，用于台湾造船公司，但后者声称并未采购此订单。过去 6 个月中唯一需要注意的国际清单 I 货物是出口塑料制模机，由于国防部认为塑料制模机对台湾的军事战略意义不大，所以允许了该商品的出口。[4]

由于一家英国公司（Metropolitan Vickers）曾向英国供应部（Ministry of Supply）咨询能否向台湾出口电子设备，英国国防部于 1952 年 7 月 16 日回复供应部表示，由于美国和其他国家公开与台湾当局进行自由贸易，参谋长委员会正在考虑改变对台湾的出口策略，从军事的角度不反对英国商人与台湾当局进行自由贸易，因此国防部不反对向台湾出口电子设备或其他被列入国际清单的商品。[5] 在这样的背景下，贸易委员会写信给英国外交部表示，由于国防部的上述意见，感觉形势产生了变化，希望

---

[1] Foreign Office to Board of Trade, M3427/48, June 19, 1952, FO371/99311, pp. 49 – 50.
[2] Treasury Chambers to Foreign Office, July 2, 1952, FC1121/28（A）, FO371/99311, p. 41.
[3] Board of Trade to Foreign Office, July 5, 1952, FC1121/28（B）, FO371/99311, p. 43.
[4] Ministry of Supply to Foreign Office, July 18, 1952, FC1121/33, FO371/99311, pp. 86 – 87.
[5] Ministry of Defence to Ministry of Supply, July 16, 1952, FC1121/49（A）, FO371/99312, p. 93.

第一章 英国对台湾贸易管制政策的缘起(1949—1953) 45

尽快解除目前对台湾的出口管制。贸易委员会认为,这一问题的最后决策应该基于政治而非经济上的考虑,但至少目前战略上的障碍已经消失。①

1952年8月9日,英国贸易委员会写信给英国外交部,表示目前对台湾的出口过程中有几个额度不大、但很棘手和尴尬的案例,即是否允许出口用于台湾当局部队的奥斯丁吉普车和卡车、橡胶促进剂和橡胶配合剂、用于采矿和采石的工业炸药。虽然英国外交部的态度是任何用于直接军事行动的商品都不能对台出口,但很难保证一些商品不被用于台湾当局的军队中,比如奥斯丁吉普车和卡车应该予以禁运、橡胶促进剂和配合剂可以出口、工业炸药则介于禁运和出口之间。因此,英国贸易委员会并不十分清楚如何操作,询问英国外交部"到底国际清单Ⅰ中的哪些项目是对台禁运的?对于禁运商品的最终用途检查时有灵活性吗?如何在正常程序下处理介于两可之间的案例?"② 紧接着,贸易委员会又询问是否允许向台湾出口16—20吨的橡胶促进剂,若无法给出明确答复,英国可能会面临经济上的损失,甚至会影响到不被禁运的类似商品。同时,由于美国可以相当自由地同台湾地区进行贸易,英国贸易委员会在回答此类咨询时十分尴尬,英国政府的对台贸易政策很难自圆其说。③ 英国外交部回复称此政策正在讨论中,同时强调,如果橡胶加速剂在国际清单Ⅰ之中,则应该拒绝对台出口。④

当然,并不是所有部门都支持放松对台管制,如港英当局。当时港英当局同大陆政府正在进行一系列的贸易谈判,如果此时香港放松对台湾的出口管制,允许出口维修后的飞机引擎出口到台湾,会大大影响香港的经济利益。⑤ 到了1952年9月24日,香港当局的考虑更加长远,表示如果英国放松对台湾的贸易管制政策,则和中国内地的政策有所不同。那么港英当局要考虑的问题就是政治上的尴尬与经济上的出口增长相比,

---

① Board of Trade to Foreign Office, July 22, 1952, FC1121/28 (C), FO371/99311, p. 45.
② Board of Trade to Foreign Office, August 9, 1952, FC1121/37, FO371/99311, pp. 105 – 107.
③ Board of Trade to Foreign Office, August 12, 1952, FC1121/37 (A), FO371/99311, p. 108.
④ Foreign Office to Board of Trade, August 19, 1952, FC1121/37, FO371/99311, p. 112.
⑤ Colonial Office to Hong Kong, August 7, 1952, 18498/82/69, FC1121/40, FO371/99311, pp. 118 – 119.

二者孰轻孰重。香港可以接受对目前的出口政策进行一定程度的修改，因为这有利于当地贸易和香港的进出口公司。①

在此期间，英国各家公司对台出口的询问不断增加。1952年8月18日，路虎公司询问供应部：据悉美国已经向台湾出口了数量庞大的威利斯吉普车（Willys Jeeps），路虎公司也凭借优于其他吉普车的汽车产品进入台湾市场，由于在台湾的业务量同美国相比实在是杯水车薪，而且也会使用美元结算，因此若向台湾出口路虎四驱车，是否会受到英国出口政策的限制？② 对此，英国贸易委员会回复称，尽管外交部在讨论对台贸易政策的变化，但在外交部决定之前，各项政策还是保持不变，劝说英国企业不要急于询问对台的出口政策。③

经过耗时半年的政府内部大讨论之后，1952年10月20日，英国经济政策委员会认为，尽管目前美国政府已经采取足够的措施避免从台湾走私战略物资到大陆，但是关于调整对台出口政策，英国政府内部仍然存在如下争议：（1）中国大陆政府和台湾当局可能都会把对台湾出口贸易政策的改变，解读成英国政府对华政策有重大改变的信号；（2）很难区分出口的物资到底是民用的还是军用的，如果缺少石油，军队会以补充民用为由进行进口；（3）台湾当局的军舰和台湾周边的海盗有时会在台湾海峡干扰合法的英国商船。如果英国允许出口石油到台湾，但这些石油反倒被用来干扰英国的商船，这是令人不快的行为。面对上述三点质疑，英国政府内部可以逐一给出解决方案：（1）英国不会公开宣布修改对台湾出口政策，只会向贸易委员会出口许可处下达一个指令并通知相关部门，如主要的石油公司，以免不必要的公众关注，或增加英中建交的难度；（2）民用和军用消费存在明显的区别，同时也不必过度关注极少量的擦边案例；（3）台湾当局海军和海盗的某些不良行为不会因为英国对台禁运石油而停止。④

---

① Inward Telegram from Hong Kong to the Secretary of State for the Colonies, September 24, 1952, FC1121/54, FO371/99312, p. 118.

② The Rover Company Limited to Ministry of Supply, August 18, 1952, FO371/99311, p. 129.

③ Board of Trade to Ministry of Supply, August 27, 1952, FC1121/42, FO371/99311, p. 132.

④ Proposals for Modification of Controls on Exports to Formosa, October 21, 1952, FC1121/61, FO371/99312, p. 176.

第一章　英国对台湾贸易管制政策的缘起(1949—1953)　　47

根据1952年10月20日的经济政策委员会议记录，英国政府另外一个整体战略上的顾虑是，尽管英国在贸易管制政策上一直区别对待中国大陆和苏联，以达到分裂二者的目的，但是放松对台湾的贸易政策可能会让中国大陆同苏联的关系更加紧密。[①] 不容置疑的是，两年前英国的对台出口管制政策并未给英国带来太多贸易上的损失，但修改政策之后，会给英国带来大量的贸易机会，其中大部分来自美国共同安全署在台湾的订单，这会带来巨大的美元收益，比如英爱石油公司年初可能获得出口价值为450万美元的石油订单。此后，美国共同安全署会继续采购大量货物以援助台湾，英台贸易的逐步增加有利于英国政府的财政收支平衡。因此，1952年10月20日，英国经济政策委员会决定调整英国对台湾的出口管制政策：（1）无论是直接还是间接的出口，英国及其殖民统治区域仍然保持对台湾完全禁运军事物资；（2）迄今为止禁运的战略物资，如通用机器和工业设备、石油、工业爆炸物和路虎汽车，如数量合理并用于民用，则允许对台出口；（3）由贸易委员会与外交部、能源部进行商议，决定具体案例。[②] 具体来说，英国对台湾的贸易管制政策为允许所有商品的出口，除了下列例外：（1）军需清单；（2）原子能清单；（3）明显应用于台湾军备并且在国际清单Ⅰ上的商品；（4）除了（3）提到的商品之外，国际清单Ⅰ中的商品数量若超过正常民用的范围则不允许出口；（5）在（1）中未涉及的其他军用物资。[③] 此次英国政府放松对台湾贸易政策的最大变化是，对于国际清单Ⅰ中的大部分商品，只要不用于台湾当局的军队，就可以出口到台湾。

值得注意的是，美英两国对经济管制的效果始终存在认识上的不同，对进行经济管制所持有的态度也有所区别。这种区别可以简单概括为，英国相对谨慎而克制，而美国则相对主动而热衷。中国参战之后，美国一直想要通过经济封锁和激发中国内部矛盾，以期对中国的战争范围有

[①] Proposals for Modification of Controls on Exports to Formosa, October 21, 1952, FC1121/61, FO371/99312, p. 176.

[②] Modification of Controls on Exports to Formosa, FC1121/45, FO371/99312, pp. 11 – 43; Tamsui to Foreign Office, April 5, 1953, FC1125/1, FO371/110278, p. 6.

[③] Strategic Materials Control: Formosa, November 22, 1952, No. 1927, FO371/99312, p. 120; Exports to Formosa, November 5, 1952, FC1121/64, FO371/99312, pp. 189 – 190.

限化。而英国则认为，中国不会受到任何经济封锁的严重影响，但能通过在印度支那、马来亚和香港地区制造混乱来严重打击西方利益。英国认为中国政府不是莫斯科的傀儡，如果中国不是被迫与苏联结成紧密的联盟，其根深蒂固的仇外情绪和古老文明的意识将会使得中国不愿意接受苏联的控制。① 因此，在中国政府拒绝了联合国关于朝鲜的停火建议、美国考虑对华采取额外的制裁来加以施压之时，英国则担心对中国的广泛制裁将大大增加远东地区爆发大规模战争的风险。对此，1951年1月18日的英联邦部长会议上一致同意，采取限制美国政府进一步过激行为的态度，要谨慎和有限度地采取对华政策，希望尽全力阻止美国政府任何激烈的言行。② 在美国试图说服成员国在联合国大会中一致谴责中国为"侵略者"之时，英国内阁对此并不积极，最后决定英国政府不应加入谴责中国在朝鲜侵略的议案，而且在向中国澄清并得到中国政府的答复之前，推迟表明对美国提案的最终态度。③ 对于麦克阿瑟将军关于朝鲜战争的激进言论，英国内阁还命令其驻联合国代表寻找机会公开反对。④ 尽管英国并不看好对中国贸易管制的作用，也在贸易管制问题上保持相当的克制，但在美国《巴特尔法》的强大压力下，英国的犹豫和顾虑抵挡不过同盟关系和经济援助的诱人筹码，最后还是按照美国的意图逐步进行配合。在具体的管制政策上，美国对中国采取全面禁运的极端措施，而英国则倾向于部分禁运。美国对华全面禁运政策有一个逐渐变化的过程。在1949年秋到1950年3月，美国对战略物资并未实行完全禁运，若为民用仍允许出口到中国，而非战略物资则可以自由进出口。朝鲜战争后，美国决定对中国和朝鲜实行全面禁运，尤其当美国发现朝鲜的军备和人力资源主要依靠中国的支援时，愈加认为全面禁运是正确的决定。相反，英国认为全面禁运是不切实际的，更何况中国并不十分依赖海上进口，全面禁运的政策并不会改变朝鲜战争的军事格局，也不会对中国的军备

---

① C. M. (50) 85th Conclusions, Minute 3, Prime Minister's Visit to Washington, December 12, 1950, CAB128/18, p. 224.

② C. M. (51) 4th Conclusions, Minute 5, Korea, January 18, 1951, CAB128/19, p. 32.

③ C. M. (51) 5th Conclusions, Minute 5, Korea, January 22, 1951, CAB128/19, p. 39.

④ C. M. (51) 10th Conclusions, Minute 3, Korea, January 29, 1951, CAB128/19, p. 73.

产生太大的影响，反而有着最严重的政治和军事后果，甚至会引起中国的反击。①

对于台湾地位和价值的看法，美英两国存在相当大的差异。英国外交大臣贝文认为美国长期占领台湾不利于远东的稳定，考虑到台湾地区终将会回归中国大陆，让台湾独立也不可行，因此建议将台湾暂时交由联合国托管，等到时机成熟再归还中国大陆。英国内阁一致同意，只有台湾回归中国大陆，远东才有可能实现稳定。由于英国已经承认中华人民共和国政府，如果美国和中国因为台湾问题而产生敌意的话，英国夹在中间会十分尴尬。②而美国在朝鲜战争之后发现台湾地区的战略地位十分突出，麦克阿瑟更是将之形容为"永不沉没的航空母舰"，对台湾进行军事援助，投入大量物资建设台湾，成为制约共产主义的太平洋岛链中的重要一环。但是，英国内阁一致认为，美国国务卿顾问约翰·杜勒斯（John Foster Dulles）关于建立太平洋岛链的防御计划在政治上和军事上都存在问题。如果强调岛链作用的话，那么属于英联邦的澳大利亚和新西兰也需要支持台湾当局，同时东南亚大陆上的国家并未被列入岛链之中，这些都会让英国政府十分尴尬。③对于美国国务院逐步放松对台湾的政策，从最初允许对台湾出口军事物资，到后来直接对台进行军事和经济援助，英国政府表示只能求同存异（agree to disagree）。④

第三节　英台贸易发展的可行性分析

1950年英国承认中华人民共和国后，尽管在淡水保留使领馆处理双方的商务和旅行证件事宜，但英国与台湾当局并没有正式的邦交关系。

---

① Memorandum of Conversation, by Ward P. Allen of the Bureau of European Affairs, and the Officer in Charge of Economic Affairs in the Office of Chinese Affairs (Barnett), February 21, 1951, *FRUS*, 1951, Vol. Ⅶ, pp. 1924 – 1925.

② C. M. (50) 55th Conclusions, Minute 4, Far East and South-East Asia, September 4, 1950, CAB128/18, pp. 5 – 7.

③ C. M. (51) 13th Conclusions, Minute 2, Pacific Defence, February 12, 1951, CAB128/19, p. 100.

④ Washington to Foreign Office, December 10, 1949, No. 5758, F18495, FO371/75858, p. 131.

台湾当局在 1949 年至 1950 年进行讨论，最后由"行政院"核定并于 1950 年 1 月 5 日施行"与无邦交国家通航及通商法令案"，其中第四条规定："此项国家（指与台湾方面无外事关系国家）为对于输往该国之台湾方面产品，事实上仍给予台湾方面与该国在 1947 年关税暨贸易总协定及其他有关一定文件内、原相约定且曾经实施之一切待遇，凡输入台湾方面之该国产品，除台湾方面另有规定外，亦得享受此项待遇。"① 由于台湾方面 1949 年在日内瓦与美国、英国等国家签署了《关税暨贸易总协定》，因此，尽管与英国没有正式的"邦交"关系，但双方仍然可以保持正常通商。按照台湾的地理环境和当时的运输条件，台湾进行国际贸易的主要渠道是船运和空运。因此，台湾当局于 1950 年颁布了与上述规定相配套的"与台湾方面无'外交'关系国家之商船及民用航空器出入境临时规则"，其中第二条规定："此项商船（指与台湾方面无'外交'关系国家之商船）或航空器为欲进入台湾方面对海外商运开放之口岸、地方及领水或对国际民用航空开放之航空站，应由其所属公司或代理人向该地区之主管机关，请领特许证书，此项证书之有效期间为六个月，自核发之日起计，期满后得重新请领。此项商船或航空器在其领特许书有效期内，得依据证书所订条件进出台湾方面之境，不限次数。"② 可见，英国也可以通过船运或空运，与台湾地区进行贸易。上述两条"法令"构成了英台贸易的政策基础。

尽管英台在政治关系上处于冰冻期，台海地区的政治和经济局势也并不明朗，但英国一直密切关注台湾的经济情况。1949 年 8 月 23 日，英国驻日联络处在向英国外交部发送的电报中指出：台湾目前正在考虑加入美元区还是英镑区，如果台湾同日本的贸易能够使用英镑进行结算，那将会对英镑大有好处。③ 至于台湾对英国的经济价值，并非毫无意义。尽管台湾不是英国主要的蔗糖供应地，但并不能忽视其价值。从 1948 年

---

① 与无"邦交"国家通航及通商法令案，台北"国史馆"馆藏档案，1950 年 1 月 5 日，020 - 070400 - 0074，第 32 页。

② 与台湾方面无"外交"关系国家之商船及民用航空器出入境临时规则，台北"国史馆"馆藏档案，1950 年 2 月 4 日，020 - 070400 - 0074，第 63 页。其中，原文的部分表述略有调整。

③ Telegram from Kyoto to Foreign Office, August 23, 1949, No. 939, F12537, FO371/75842, p. 9.

第一章　英国对台湾贸易管制政策的缘起(1949—1953)　　51

7月1日到1949年6月30日，英国从台湾进口了10.16万立方吨蔗糖，价值350万英镑，参见表1—1。①

表1—1　　　　　英国对蔗糖的进口（1948.7.1–1949.6.30）

进口来源	总量（千立方吨）	价值（千英磅）
英属西印度	545.6	14633
毛里求斯	355.6	9538
澳大利亚	309.6	8259
古巴、多米尼加、海地	307.9	7197
台湾	101.6	3500
东欧（波兰、捷克斯洛伐克、匈牙利）	101.6	3500
爪哇岛	101.6	3500

英国财政部从实际贸易的角度出发，认为尽管台湾政局未定，但确实希望能促进英台的贸易往来，尽量增加其与英镑区的贸易。② 英国贸易委员会在发给英国外交部的电报中指出，由于局势变化，目前与英国驻淡水领事馆和港英当局保持更紧密的联系是没有意义的，任何人都无法促进英镑区和台湾的贸易，因此不建议英国加强对台贸易。③ 由此可见，尽管英国也有着发展对台贸易的呼声，但在动荡不安的远东局势中，这种呼声十分微弱且只能被忽略。

1952年10月英国放松对台湾的贸易管制政策之后，英国积极寻求机会扩大对台湾的出口。为了更好地服务于本国商人，英国驻淡水领事馆及在香港的贸易官员各自向英国政府提交了一份报告，详细分析了英商赴台的利弊条件、进出口法规、台湾主要的农产品及可能需要的产品。

其一，英国驻淡水领事馆于1953年3月4日专门向英国外交部中国朝鲜局递交一份研究报告，分析台湾当局为了鼓励私人外资入台投资所

---

① Minute Sheet by Economic Intelligence Department, April 23, 1949, FO371/75853, p.127.
② Treasury Chamber to Board of Trade, September 15, 1949, FO371/75842, p.20.
③ Telegram from Board of Trade to Foreign Office, November 4, 1949, FO371/75842, pp.18-19.

采取的新政策,为英国贸易委员会提供参考,以便为有意去台湾投资的英国公司提供有价值的建议。报告理性地指出,尽管新政策主要面向海外华人投资者,但同时也希望吸引美国和英国的投资商。对潜在投资者来说,这些政策能否收到预期的效果,投资环境是否像当局宣传的那样有利,仍有待观察。英国需要分析自1946年以来私人企业的经营情况,但目前没有类似的数据。唯一的来源是当地媒体的报道,但都在一定程度上进行渲染,以证明在新政策的影响下私人企业在蓬勃发展。报告还提到,台湾当局对独裁体制尚且满意,由此很难促成那些在真正自由主义精神鼓励下发展私人投资的项目。除非台湾当局彻底改变对这些根本问题的态度(比如支持自由主义,摒弃独裁),否则新出台的计划和政策仍然摆脱不了失败的命运。对于这一点,美国共同安全署的官员已经认识到,英国驻淡水领事馆也表示十分赞同。即使有美国《经济合作法》(*Economic Cooperation Act*,该法案使"马歇尔计划"有了完备的法律手续)作为保证,美国共同安全署也不建议美国私人投资商即刻到台湾进行投资,更不建议英国商人赴台投资。对此,很多经验丰富的英国贸易领域业内人士十分赞同,尤为不建议生产型企业对台进行固定资本投资。当时,英国在台北的进出口公司已经开展了一定规模的运输和贸易往来,成立一家办事处只需少量的固定资本。这类公司还有发展的空间,资本风险小,回报率相对而言较高。[①]

报告还提醒了英国与台湾地区发展贸易的诸多不利条件。从地理位置来看,台湾靠近朝鲜、印度支那等动乱的区域,同时靠近日本等远东工业发达地区,台湾的制造产业要想有所发展,需要面临相当大的竞争压力。从政治上看,台湾地区的前景不甚明朗。如果"反攻大陆"成功,会有更大的市场,利于工商业的发展;但是,如果"反攻大陆"失败,会给台湾经济带来沉重的负担。总之,从专制的岛内环境和周边局势来看,台湾对英国投资者来说并不具备太大的吸引力。按照当时台湾的经济情况,私人外商投资要想形成一定规模,需要数十年的时间。如果岛

---

① Tamsui to China and Korea Department, March 4, 1953, FC1109/1, FO371/105241, pp. 6-9.

第一章　英国对台湾贸易管制政策的缘起(1949—1953)　　53

内的投资环境能彻底改变、台湾周边局势有所好转，情况才会比较乐观。前者的改变会带来短期投资，后者带来的和平会鼓励长期投资。当局的当务之急是改变对私人企业的态度。如果缺少让经济自由化的诚意，台湾仍旧难以吸引私人外资。①

其二，港英当局在1953年3月5日至11日向台湾地区派出考察小组进行为期四天的访问，目的也是考察英台之间贸易的可能性。考察小组在向英国外交部递交的报告中，全面介绍了台湾的经济情况，不但能为那些想要与台湾进行贸易往来的在港英商提供参考，同时也可以为那些想要开辟台湾市场的香港代理商提供建议。尽管台北离香港只有4小时的航程，但想获得入台许可并不容易，因此，报告详细地说明了在港英商如何到达台湾。从政治上讲，英国并不承认台湾当局，而是承认中华人民共和国政府。这虽然不会让台湾商人和官员对英国人无礼或抱有敌意，但毫无疑问，会让入台和出台程序变得复杂。英商入台的方法有两种：（1）获得在台湾的商业组织的协助，作为访客的保证人。如果在台湾有一个友好的保证人会有利于申请程序的顺利进行；（2）同样需要保证人，并获得台湾当局在澳门使领馆的许可。这两种方法都需要较长的审核期，入台许可证通常只有3个月的有效期，还必须进行健康检查。离台许可相对宽松一些，但也要审核好几天。②

关于英国和台湾地区的贸易情况，报告提出作为世界贸易发展的趋势，台湾不愿意通过转运港口进行贸易，而是更喜欢直接购买英国商品。若是私人采购，台湾商人会通过香港中转，这样可以节省办理信用证③的利息费用。在美国共同安全署的帮助下，台湾是一个需要大量制成品、

---

①　Tamsui to China and Korea Department, March 4, 1953, FC1109/1, FO371/105241, pp. 6 – 9.

②　Report on a Journey Made by the UK Trade Commissioner at Hong Kong to Study Business Opportunities in Taiwan (Formosa), March 25, 1953, FC1153/1, FO371/105267, pp. 4 – 16.

③　信用证（Letter of Credit, L/C）是银行应买方要求和指示向卖方开立的、在一定期限内凭规定的单据符合信用证条款，即期或在一个可以确定的将来日期，兑付一定金额的书面承诺。简单地说，信用证是一种带有条件的银行付款书面承诺。所谓带有条件，是指受益人在规定的时间内提交规定的单据必须符合信用证条款而言。所谓承付，是指付款、对远期汇票承兑并支付，或承担延期付款责任，到期付款。参见徐胜主编《国际贸易结算与信贷》，中国海洋大学出版社2007年版，第161页。

半制成品和原材料的市场。最近台湾当局宣布开始"第一个四年计划"(1953—1956),目标是实现化肥的自主供应、铁路检修、水利发电和土地改革。英国应充分利用其中的商机,同当地采购部门保持长久的联系。幸运的是,英国有几家重要的公司已与台湾进行贸易往来,一些总部设在香港,也成立了英国商会。由于目前的限制,英国公司很难获取遣返利润[1]。此外,可以确定的是,与中国大陆进行贸易的英国公司,不会在台湾受欢迎。[2]

关于台湾同香港的贸易差额的情况,报告进行了具体的分析。1952年,台湾同香港的贸易存在逆差,香港向台湾出口了价值1300万英镑的商品,而只从台湾进口了价值280万英镑的商品。因此,台湾若不想把外汇都支付给香港的话,就要改变这一状况。台湾"中央信托局"考虑建立一个香港地区、日本和台湾地区的三边账户,但怕是旧调重弹。台湾已经同日本建立了一个账户,每一季度的单边最高贸易总额为1000万美元,并采用美元结算。这一建议的目的是让台湾同香港的贸易额达到最大化,否则台湾可能同日本进行更多的贸易。在三边账户之下,台湾仍然可以向日本出口,日本会向香港出口同等价值的商品,这些商品将被用于支付台湾从香港进口的货物。这一做法对香港和英国的好处是台湾可以继续从香港进口,而目前台湾很有可能根据同香港存在的贸易逆差而大幅缩减从香港的进口额度。这会带来英国经由香港的对台出口,同时也将为香港提供平等的对台出口机会。此外,还有一个选择是与英国开设双边账户,促进英台贸易的发展。[3]

报告认为,目前台湾的经济形势呈现明显的紧缩状态,不向任何奢侈品颁布进口许可证,甚至像咖啡这样的生活必需品也不允许进入台湾。原因是台湾仍然在战争状态,除了组织游击队突袭大陆之外,还供养了庞大的军队,这给仅有900万人口并以农业为主的台湾带来了巨大

---

[1] 所谓遣返利润,是指盈利后上交给母公司的那部分利润。这里指将部分海外利润转回英国。

[2] Report on a Journey Made by the UK Trade Commissioner at Hong Kong to Study Business Opportunities in Taiwan (Formosa), March 25, 1953, FC1153/1, FO371/105267, pp. 4 – 16.

[3] Ibid.

第一章　英国对台湾贸易管制政策的缘起(1949—1953)　　55

的压力。如果没有承担这一军事压力的话,台湾一定十分繁荣。目前,美国每年大约提供给台湾一亿美元的援助,预计援助到1957年截止,由共同安全署来具体操作和实施。台湾自身赚取的外汇和美国援助的部分外汇有力地吸引各国同台湾地区进行贸易,去年台湾自身赚取的外汇总额是1.2亿美元。①

同时,报告还介绍了台湾的进出口"法规"、贸易渠道及台湾可能需要的商品。在进出口"法规"方面,由于限制货币而对进口进行限制之外,所申请的外汇增长幅度不会超过15%——这是由于进口控制的规定十分严格,"台湾省"进出口商品清单分为三类:(1)允许进口的商品;(2)暂时推迟进口的商品;(3)禁止进口的商品。当然,在出口方面也有禁止的商品,这些清单也在不断修改中。在贸易渠道方面,美国向台湾提供的价值一亿美元的援助,更多地用于商业采购,而不是由当局来采买。目前台湾地区有20种商品正在采购,分别是:轮胎和轮胎内袋、汽车修理设备、润滑油、锌和锌材产品、非金属矿物、化学产品、镀锡铁皮、磨粉机器、合成树脂、兽皮、黏胶短纤维和单纤维、面革、柳安胶合板、钢铁厂的设备和供给、工业机械、小麦粉、咸鲱鱼、大豆、润滑油货运、大豆货运,预计年底采购的总量会增长2.5倍。商业采购的程序是台湾的"美援运用委员会"(Council for United States Aid)公布要采买的商品种类,欢迎各国公司前来申请。报告最后还给出了台湾可能需要的商品,认为只要台湾当局还想"反攻大陆",就必须供养大量军队,这样的话经济就很拮据。除了农业和配套产业外,还需要消耗大量的塑料、电灯、橡胶套等产品。台湾主要的农产品是糖、大米、茶、香蕉和菠萝。②

总之,报告认为,虽然台湾有着众多不利于私人赴台经商的条件,但由于美国的支持、英国对台贸易政策的改变以及台湾当局主动颁布"法令"促进贸易,台湾自身的经济有所改善,台湾与英国及英联邦的贸易额度仍有一定的增长,这可从台湾的蔗糖出口情况予以体现。在台湾

---

① Report on a Journey Made by the UK Trade Commissioner at Hong Kong to Study Business Opportunities in Taiwan (Formosa), March 25, 1953, FC1153/1, FO371/105267, pp. 4 – 16.

② Ibid.

的蔗糖出口贸易中,对英国出口额度最高,是英台贸易中的重要部分。[①] 1953年,台湾预计生产精制糖30万吨、粗糖50万吨用于出口。其中,向英国、日本和新西兰的蔗糖出口额度,得到大幅度提高。在1953年第一季度中,台湾分别向英国出口11.5万吨蔗糖、向日本出口25万吨蔗糖、向新西兰出口0.9万吨糖,这三笔贸易占台湾蔗糖总产量的4/5,剩余的蔗糖也不担心销量,其他购买商(包括英商)仍将继续下单。[②] 1951年至1953年台湾与英镑区的贸易数据也反映出英国与台湾地区贸易的发展情况,参见表1—2。[③]

表1—2　　　　1951—1953年台湾与英联邦国家的贸易情况

(单位:百万新台币)

国家或地区	1951 进口	1951 出口	1951 余额	1952 进口	1952 出口	1952 余额	1953 进口	1953 出口	1953 余额	1951—1953 余额
亚丁					4.04	+4.04		26.94	+26.94	+30.95
澳大利亚	26.09	8.33	-17.76	21.70	2.54	-19.16	38.45	1.75	-36.70	-73.62
英属北婆罗洲	0.12	1.46	+1.34	0.64	0.32	-0.32	0.81	0.92	+0.11	+1.13
缅甸	0.01	36.42	+36.41		24.97	-24.97	11.31	25.77	+14.47	+75.85
香港	155.80	160.41	+4.61	227.26	113.17	-114.09	128.90	162.52	+33.62	-75.86
印度	3.98	1.01	-2.98	31.68		-31.68	4.02		-4.02	-38.68
新西兰	0.23	0.35	+0.12	0.01	0.29	+0.28	0.01	9.57	+9.46	+9.96
巴基斯坦	14.48	0.16	-13.82	10.39	43.82	+33.43	14.03		-14.03	+5.58
南非和德罗西亚	0.17	0.08	-0.09	1.18	0.08	-1.10	2.23	0.37	-1.86	-3.05
新加坡—马来亚	21.70	113.20	+91.50	16.92	141.93	+125.01	37.73	156.57	+118.84	+335.35

---

① Brief Report on the Situation in the Sugar Industry of Formosa for the Year 1953, February 25, 1953, FC1301/1, FO371/105295, pp. 5 – 10.
② Economic Report No. 2 of 1953, April 29, 1953, FC1107/3, FO371/105239, pp. 46 – 49.
③ Memorandum of British Chamber of Commerce, January 26, 1954, FO371/110296, p. 14.

续表

国家或地区	1951			1952			1953			1951—1953
	进口	出口	余额	进口	出口	余额	进口	出口	余额	余额
英国	42.76	27.10	-15.66	58.12	61.54	+3.42	75.81	132.36	+56.55	+44.31
总计	265.36	349.02	+83.67	367.92	392.72	+24.80	313.32	516.78	+203.46	+311.93
除新马外的英镑区结算			-7.83			-100.21			+84.62	-23.42

注意：表格数字来自"中国海关"年度统计表，并不直接反映台湾地区与上述国家的贸易地位。其余的英联邦国家并无独立的数据。

小 结

在全球冷战格局下东西方阵营对抗程度加剧之时，美国一再强调台湾地区的战略地位并加以军事援助，而作为美国重要盟友的英国却对台湾实行贸易管制政策。其原因主要是秉持英国一贯的"中立原则"，不希望卷入国共双方的争斗之中，因此对国共双方采取相同的贸易管制政策以免纷争。但是英国随后就开始区分对中国大陆和台湾地区的出口贸易管制政策，主要原因如下。

其一，英国对台湾的贸易政策主要取决于西方阵营对台湾的定位。英国一直将台湾当局看作苏联集团国家的一部分，在西欧国家中，只有英国独自对台湾采取贸易管制政策。而以美国为代表的其他盟国，在朝鲜战争爆发后，均将台湾当局视作同一阵营的盟友，美国甚至还为台湾当局提供军用物资。与美国截然相反的对台贸易政策形成鲜明对比，英国不得不反思并且调整其对华贸易管制政策，将大陆与台湾区分开来，未把对中国大陆的额外管制适用于台湾地区。由于台湾已经被美国纳入西方阵营，英国不再对台湾进行额外的贸易管制。[①]

其二，盟友美国在英国对台湾贸易政策变化中的影响甚大。一方面，

[①] Foreign Office to Tamsui, November 21, 1952, FC1121/60G, FO371/99312, p.172.

《巴特尔法》将美国对受援国的援助同对苏联集团国家的贸易管制联系起来,让英国只能加紧跟随美国贸易管制政策的步伐,不断强化对中国的贸易管制政策。另一方面,美国对台湾进行大量的援助,为确保这些物资不会流向中国大陆,美国政府已经采取足够的措施,避免从台湾走私战略物资到大陆。这也为英国解除后顾之忧,成为促使英国在1952年10月放松对台湾贸易管制的必要因素。

其三,英国本身存在着增加进出口贸易的经济需求。从1951年到1952年,英国自身经济出现内外交困的迹象,1951年英国的黄金和美元储备增长率下降,出口没有按预期增长,为了保持理想的收支平衡,增加出口是必不可少的。[①] 对英国更加不利的是,国内纺织业的失业率增加,约10%的纺织业人员被解雇或非全职工作。[②] 1952年3月新增的纺织业失业人数达到4万人,这直接导致了英国纺织业的衰退。[③] 面临这样的经济困境,英国十分希望能同其他地区和国家互通有无,增加进出口贸易,平衡国际收支,为本国经济发展提供动力。

其四,除了英国和英联邦之外,美国和其他西欧国家都不对台湾实行贸易管制,这让英国在国际贸易竞争中十分被动,无疑深深刺激着各家英国公司。在1952年10月英国放松对台的贸易管制之前,英国公司不断询问本国政府是否可以对台出口部分商品,这让英国政府也倍感压力,难以自圆其说,客观上也促使了政府内部关于放松对台湾的贸易管制政策的大讨论。

综上所述,在国际冷战格局的形成和朝鲜战争的背景下,处于资本主义阵营的英国对属于同一阵营的台湾当局也采取贸易管制政策,只这一点就足以说明经济冷战的复杂性。而在1949—1953年,相较于中国大陆,英国对台湾贸易管制政策经历了一视同仁到区别对待的变化。从1949年至1951年7月,英国对中国大陆和台湾采取等同的贸易政策。以朝鲜战争的爆发为契机,英国不断强化对台湾贸易禁运程度,禁运种类

---

① C. M. (51) 31st Conclusions, Minute 4, Economic Affairs, April 26, 1951, CAB128/19, p. 246.

② C. C. (52) 33rd Conclusions, Minute 1, Employment, March 25, 1952, CAB128/24, p. 171.

③ C. C. (52) 38th Conclusions, Minute 2, Employment, April 7, 1952, CAB128/24, p. 22.

也不断增加,包括"朝鲜清单"和橡胶等的禁运。1951年7月开始,英国对台湾的贸易管制政策保持不变,同时强化对中国大陆的管制程度。到了1952年,英国政府在经过长时间的讨论之后,于10月20日决定允许向台湾出口除军用物资之外的一切商品,前提是数量合理并且用于民用。这一阶段的政策变化,直接反映了英国在对台湾这一敏感地区的决策过程中所考虑的诸多因素,不仅要在战略角度保持同美国的特殊关系,还要维持英联邦在东南亚地区的传统利益;不仅想扩大出口获得经济上的利益,又要避免同中国大陆产生摩擦和尴尬等众多矛盾。英国需要综合考虑军事因素、政治因素和经济因素,不断平衡本国利益和盟国利益,尽可能地运用外交策略和外交智慧让自身利益最大化。

第 二 章

英国对台湾贸易信贷政策的开端
（1954—1957）

朝鲜战争结束后，中国政府立即把注意力从朝鲜半岛转到台湾海峡。1954年9月3日，中国人民解放军炮击金门和马祖，第一次台海危机由此爆发。[①] 在第一次台海危机的影响下，英国对台湾当局仍然采取敬而远之的谨慎态度，其具体表现为，对于美台缔结的《共同防御条约》持保留态度、不支持台湾在东南亚地区的某些政治活动。但是，随着第一次台海危机的逐渐缓和，英国与台湾当局之间的政治关系出现了冰雪消融的迹象。英国政府尝试重新评估台湾当局，而且后者也给出积极的态度，向英国频频示好。虽然英台之间对于彼此的政治态度在不同程度上有所缓和，贸易往来也持续不断，但英国并未改变对台湾的贸易政策，直至1957年，英国对台湾仍然保持着1952年10月20日所决定的贸易管制程度。在1957年7月取消"中国差别"之后，英国于同年9月首次对台湾实行贸易信贷政策。

第一节　第一次台海危机与英台关系的变化

1953年7月27日签订《朝鲜停战协定》之后，中国政府立即把注意

[①] 关于第一次台海危机爆发的原因、过程、结果及其影响，可参见唐兴峰《第一次台海危机研究》，硕士论文，华中师范大学，2013年；对第一次台海危机的起源、危机中中美决策的选择及寻求缓和冲突的途径，可参见戴超武《敌对与危机的时代——1954—1958年的中美关系》，社会科学文献出版社2003年版，第261—262页。

力从朝鲜半岛转到台湾海峡。1954年9月3日,中国人民解放军炮击金门和马祖,第一次台海危机由此爆发。在这次区域性的危机中,英国对台湾当局采取敬而远之的谨慎姿态,其具体表现为以下两个方面。

其一,英国对美台签署《共同防御条约》[①]持保留态度。

从中国军队炮击金门引发台海地区的紧张局势开始,英国就一再提醒美国要明确协防的责任,重点在防卫台湾岛,而非金门等沿岸岛屿,因此建议美国放弃防卫金门。同时警告美国:如果美国因为金门而卷入同中国的战争,英国将不会提供帮助。由于认识到中国政府和台湾当局都会制造麻烦,实际上英国很难做到真正的"中立",但至少确保不会参与某些国际事务,做到事实上的"中立"。即使美国想要通过联合国实现停火,英国也建议美国先拿出诚意,比如让台湾当局保持冷静,或者让杜鲁门总统对台湾的态度转变成"中立",为中国大陆政府和台湾当局提供谈判的基础,英国政府就愿意从中协调。[②] 英国外交大臣安东尼·艾登(Anthony Eden)向内阁表示,美国正处于进退两难的处境中,如果美国不协助台湾当局防御金门及其他岛屿,那么就可能打击台湾当局的士气,助长中国大陆政府的气焰;如果美国帮助台湾当局协防金门,那么就会冒着和中国大陆,甚至与苏联开战的危险。英国内阁最后认可了艾登的看法,建议将这一问题提交给联合国安理会,希望根据《联合国宪章》第39条和第40条的规定,让沿海岛屿中立以避免通过暴力解决问题。[③] 而美国和英国都不打算亲自向联合国提出此事,美国的理由是,由于美国政府和公众的意见不同,美国在联合国建议采取行动会比较尴尬;英国的理由是,由于英国承认了中华人民共和国政府,为免尴尬也不愿主动提出此类申请。最后,美英决定,请还未承认中华人民共和国政府的新西兰政府向联合国提出这一建议。[④] 对于这一安排,新西兰

---

① 关于美台《共同防御条约》如何缔结,及其对台海安全局势所产生的作用与影响,可参见李传利《美台〈共同防御条约〉的缔结、运用及终止》,博士学位论文,南京大学,2011年。

② Formosa - Quemoy, September 16, 1954, FC1042/8G, FO371/110231, p. 35.

③ C. C. (54) 61st Conclusions, Minute 2, Formosa, September 21, 1954, CAB128/27, p. 475.

④ Outward Telegram from Commonwealth Relations Office to UK High Commissioner in New Zealand, September 30, 1954, FC1042/24, FO371/110232, p. 29.

政府表示同意。①

就在美国、英国和新西兰商议妥当之后,英国忽然被告知,美国政府愿意接受蒋介石当局的要求,美台将会缔结《共同防御条约》。在此之前,为使美国帮助台湾抵御可能来自中国大陆的攻击,台湾"驻美大使"顾维钧曾于1953年3月19日向杜勒斯提出,希望美国和台湾缔结双边安全协定。但是,杜勒斯当时不希望美国政府因这一协定而卷入战争之中,因此并不赞成这一建议②,于是这一提议被暂时搁置。而第一次台海危机的发生,则为美台缔结防御条约提供了契机。

1954年10月15日的英国内阁会议上,艾登表示,很不幸美国政府没有提前告知这种可能性——尤其是,看起来这条建议已经被杜勒斯先生考虑了很久。艾登担心这一条约完全打乱了原先的计划。原本打算将金门问题提交联合国的建议可能会缓解台海的紧张局势,但现在看来,这一条约的执行恐怕会适得其反。内阁完全同意艾登的看法,同时决定,在不弄清楚美台之间拟定的协议之前,英国政府不会推进将金门问题提交安理会的计划。③ 在英国联系新西兰商讨解决办法的同时,美国已单独同台湾当局缔结了《共同防御条约》,而未事先告知英国,这让英国很恼火。更让英国无法理解的是,美国并不认为缔结这一条约会影响美英之间的原定计划。

至于美国方面的考虑,杜勒斯曾向英国和新西兰驻美大使表示,美国已跟丘吉尔首相划出了美国的沿岸岛屿防御体系,即从阿留申群岛开始,直到日本、韩国、菲律宾、澳大利亚和新西兰。为了美国的国家利益,美国决定与台湾当局签订《共同防御条约》,包括台湾岛和澎湖列岛。同时,美国强调这一条约是防御性的,不想让台湾地区成为"享有特权的避难所",台湾也不会成为国民党"反攻大陆的基地"。④ 而英国内阁授意艾登向杜勒斯提出两个问题:(1)美国是否会在公开声明中明

---

① C. C. (54) 62nd Conclusions, Minute 2, Formosa, October 1, 1954, CAB128/27, p. 481.

② Memorandum of Conversation, by the Assistant Secretary of State for Far Eastern Affairs (Allison), March 19, 1953, *FRUS*, 1952–1954, Vol. XIV, Part 1, p. 158.

③ C. C. (54) 64th Conclusions, Minute 1, Formosa, October 15, 1954, CAB128/27, p. 500.

④ Memorandum of Conversation, by the Assistant Secretary of State for International Organization Affairs, October 18, 1954, *FRUS*, 1952–1954, Vol. XIV, pp. 771–775.

第二章 英国对台湾贸易信贷政策的开端(1954—1957) ❖ 63

确指出台湾不会成为"享有特权的避难所"？即，台湾可以向大陆发起攻击，同时受到美国的保护？对此，杜勒斯保证美国会避免这种情况发生，并将在条约中清楚说明。(2) 如果安理会否决了新西兰的提议（即把沿海岛屿问题提交联合国以解决危机，同时避免美国的两难境地），联合国方面也未取得进展，美国是否会把安保范围从台湾、澎湖列岛扩大到大陆的沿海岛屿？杜勒斯表示如果遭到否决，则暂时放下这一提议，不将范围扩大到沿海岛屿。在确定杜勒斯的想法之后，艾登表示不再对美台关于防御协议的谈判过程予以评论。①

尽管英国得到了美国的保证，但在美国和台湾当局达成的防御协议草稿中，关于上述两点的表述十分模糊。在美国政府拟定于1954年11月30日发布的声明中，上述两点也没有得到明确的说明。而艾登建议杜勒斯修改协定中的用词，② 美国也未理会。对于美国的做法，英国很不赞同。11月30日，艾登在给尼赫鲁的信（草稿）中表达了英国的不满。艾登认为在美台《共同防御条约》出台前，英国仍然支持之前的提议，即让联合国安理会解决金门和其他沿海岛屿的争端问题。同时，英国内阁认为美国同蒋介石当局缔结的这一条约，实际上打破了全局的平衡。在此情况下，英国认为原先要在安理会的计划是不会成功的。基于此，英国通知美国，英国目前不准备继续推进原定在安理会的行动。③

如果说上述不满是在私人往来的信件中进行表述的话，那么1954年12月2日宣布美台《共同防御条约》的当天，在英联邦关系部（Commonwealth Rlations Office）发给英国驻印度高级公署的电报中，英国政府的不满之情溢于言表。电报表示，对于中国大陆可能发起的攻击，台湾不应该成为"有特权的避难所"，美国的协防也不应该包括沿海岛屿。尽管美国表示已尽力把协防范围缩小至台湾岛和澎湖列岛，蒋介石当局在

---

① Memorandum of Conversation, by the Assistant Secretary of State for European Affairs, October 23, 1954, *FRUS*, 1952 – 1954, Vol. XIV, pp. 790 – 792.

② C. C. (54) 79th Conclusions, Minute 2, Foreign Affairs, November 24, 1954, CAB128/27, p. 571.

③ Secretary of State Draft Message to Mr. Nehru, November 30, 1954, FO371/110240, p. 28.

有所动作之前必先告知美国，但英国认为，这一协约并未充分表明美国的意图。①

由上可知，在第一次台海危机中，英国本意就是从这一地区脱身，尽力做到事实上的"中立"，避免卷入国共争端的旋涡之中，而且一再提醒美国放弃协防金门，把防御重点放在台湾和澎湖列岛，并同美国约定把金门问题提交联合国处理。对于美台《共同防御条约》的内容，英国与美国有着不同的看法，而美国的做法并未达到英国的期望，这让英国疑虑重重而无法明确支持美国。因此，作为与美国在全球范围内保持特殊伙伴关系的英国，尽管不可能公开反对美台《共同防御条约》，但英国自身对这一条约的态度总体上是有所保留的。

其二，英国政府禁止台湾当局在东南亚开展公开的政治活动。

从地缘政治上说，东南亚与台湾的联系十分紧密。因为如果台湾当局想扩大自身影响力，东南亚地区自然会是首选。但东南亚国家大多曾是英国的殖民地，独立后成为英联邦成员国。当台湾想要加强与作为英国的传统势力范围的东南亚各国的联络时，英国的态度十分消极。尽管台湾背后有美国的支持，但英国仍然不支持台湾在东南亚地区进行公开的政治活动。

1956年3月27日，英国驻淡水领事馆向英国驻东南亚高级专员（Commissioner General for United Kingdom in South East Asia）罗伯特·斯科特（Robert H. Scott）表示，目前台湾当局的计划是，如果新加坡—马来亚的共产党活动不断壮大，英国从打击共产主义扩散的角度出发，将会愿意与国民党在新加坡进行"合作"。国民党"侨务委员会"委员长（Chairman of the Overseas Chinese Commission）郑彦芬（Cheng Yin Fun）十分希望能够向新加坡派几名国民党官员，以鼓励当地华人忠诚于"自由中国"，抵抗共产主义的渗透，这也直接有利于新加坡政府。郑彦芬暗示，任何反共的海外华人都不会反对英国，他们会与新加坡政府进行充分的合作。对此，英国驻淡水领事富兰克林（A. E. Franklin）考虑到，如

---

① Outward Telegram from Commonwealth Relations Office to UK High Commissioner in India, December 1, 1954, FC1042/209, FO371/110240, p. 34.

第二章　英国对台湾贸易信贷政策的开端(1954—1957)　◈　65

果台湾当局与新加坡进行"合作",可能并不会达到原来的目的,反而产生副作用,因而故意对这一话题未做回应,并表示以后也将不予以答复。①

1956年6月7日,英国驻淡水领事馆向外交部报告,蒋介石的英文秘书、台湾"行政院新闻局"局长沈锜（Sampson Shen）计划对东南亚进行短期访问,包括香港、马尼拉、曼谷、胡志明市,并将于6月14日至19日访问新加坡。在美国的鼓励之下,台湾当局希望借此开辟出新的贸易和信息渠道,以增强自身在东南亚的政治影响力。同时,向海外华人广泛宣传近期国民党所取得的成就,比如农业、工业、教育、军队建设等。沈锜此行的目的是听取华侨的意见,并互相交流看法。对此,美国表示积极支持国民党的做法,希望能利用国民党的力量打击共产党在新加坡和东南亚的贸易倾销和政治渗透。② 但是,斯科特向英国殖民部表示,如果沈锜以"新闻局"局长的身份进行正式访问,会引起较为尴尬的局面。英国方面正在努力构建当地居民对新加坡政府的忠诚,这次访问会分散当地民众的注意力。尽管英国政府注意到了国民党会打击共产党的经济和政治活动,但并不同意这种公开的行为。此外,斯科特担心,这次访问可能会让共产党也随之效仿,进行表面上以贸易为宗旨的访问,因此并不持支持态度。当然,对于那些不带有官方承认目的、以私人身份进行的访问,英国则不加以反对。③

从上述两个方面可知,英国对于台湾当局赖以生存的《共同防御条约》本身,就与美国产生了不快,更对这一条约的内容和作用心存疑虑。同时,在第一次台海危机的背景下,英国不允许台湾当局在东南亚地区开展公开的政治活动,可以看出英国对台湾的政治态度相对冷淡。但是,随着台海局势趋于平稳,台湾当局自从退守台湾后,在政治、经济、军事上表现出不俗的成绩,这些变化使得英国驻淡水前任领事向英国外交

---

① Tamsui to Commissioner General for the United Kingdom in South-East Asia, March 27, 1956, FC1053/2, FO371/120928, pp. 8 – 9.

② Tamsui to Foreign Office, May 16, 1956, FC1023/2, FO371/120881, p. 9.

③ Commissioner General for United Kingdom in South East Asia to the Secretary of State for the Colonies, June 7, 1956, FC1023/3, FO371/120881, p. 16.

部提出建议,希望英国政府能够尝试改变对台湾当局的态度。

英国前任驻淡水领事馆总领事毕格斯(E. T. Biggs)在提交给外交部的备忘录中大声疾呼,英国必须重新审视台湾。他认为,台湾当局自从退居台湾后,产生了很大的变化。英国并不能按照左翼媒体宣传的那样,继续把台湾当局看作是效率低下、无所作为的腐败保守政权。目前,很多更有效率的年轻人愿意为台湾当局效力。此外,国民党继承了台湾从日本殖民统治时期所形成的基本良性的经济状态,不仅已经停止内战中的消耗,还可获得部分美国的援助。因此,台湾现在是一个经营良好、战斗力强的地区,其经济和军事的重要性都可以同东南亚其他地区相媲美。从战略、军事和政治角度来说,它已经成为远东一股重要力量。①

毕格斯还从其他两个方面强调了台湾的重要价值。其一,仅就台湾的反共立场来看,其地位就不应该被忽略。尽管国民党的溃败,使其失去了大陆民众的支持,让自身在大陆极不受欢迎,目前也没有重返大陆的迹象。但"只要台湾当局在台湾得以延续,当地人在反共政府和美国、西方世界的合作下能享受到更高的生活水平、更大的自由、更多的民主和繁荣,大陆居民也会心向往之"。因此,台湾符合抵抗共产主义的长期目标。其二,台湾当局符合英国短期利益,台湾可以成为海外华人的集结点。备忘录认为,"由于在英华侨的特点和习惯,如果英国放任他们自由发展,并为之提供学校等,这些华人就不可避免在一定程度上被国民党和接踵而来的共产党所控制,并继续把中国看作家乡。为了改变这一局面,说服华人彻底成为居住地的一员,至少需要一代人的时间。既然英国在远东面临着共产党的压力,保留一个反共政府的额外选择有利于英国利益。如果台湾当局不再存在,海外华人可能会被更加不利于英国的共产党势力所影响。也就是说,希望同时保有国共两个权力中心,来分化海外华人的目标,更好地维系英国的利益"。最后,毕格斯在报告中建议,鉴于英国几年前对国民党所形成的印象(比如腐败、保守、效率低下、闭关锁国等),已经和现在大有不同,因此有必要重新审视台湾的

---

① Minutes from Mr. Biggs to Mr. Scott, February 3, 1953, FC1026/1, FO371/105213, pp. 4-6.

第二章 英国对台湾贸易信贷政策的开端(1954—1957)

地位,也可以为英国的远东政策提供参考。①

这份备忘录引起了英国外交部的重视,并于1953年4月15日给英国驻淡水领事馆的电报中指示,尽管国民党很难再次成为中国大陆的政治力量,但是重估台湾当局的力量和政党活力有利于英国估测其未来在远东的角色。因此,英国外交部希望淡水方面能提交一份台湾当局在台湾取得进展的翔实报告,告知军队的质量、效率低下无所作为和腐败的特点是否被根除,土改和社会改革中当局行政的有效性,以及经济政策的运行情况等,或任何有助于评估这一地区和远东政治军事力量的信息。②

1954年5月26日,英国驻淡水领事馆向英国外交部提交了一份完整且极具参考价值的调查报告。报告认为,总体而言,台湾的政策不会有根本性的改变,但在美国的帮助下,确实取得了很大的进步。具体来说,国民党方面最明显的变化是军事领域,在美国监督下,军队在训练、组织和士气方面都取得了很大的进步。到了1954年已经形成了一定的战斗力,但仍然需要美国的支持。经济方面,美援对台湾的经济而言至关重要。台湾接收了200万大陆来客,其中包括大量的军队,在原材料、生产资料和产品制造方面都捉襟见肘。行政方面,腐败情况有了明显的减少,已经不再是主要的问题。由于台湾地域狭小,更有利于沟通和管理,所以行政质量也得到提高。更重要的是,台湾有更多受西式教育和训练的年轻人,他们相信自由主义,愿意尝试并进行改革。他们具备发展工业和公共服务的技能,比如保证火车准点,街道干净,电报和邮政服务畅通无阻,工厂顺畅运行无人罢工等。报告还指出,尽管岛内的安全仍然采用警察制度,主要目的是防止共产主义的渗透,方式上也沿用苏联的做法,比如到户搜查,无证逮捕,监察社区成员的日常行为,移民需互相担保等,但并不像铁幕国家那样残忍和野蛮,尤其是言论自由程度较高,在公共场合常常能听到批评国民党的声音。③

---

① Minutes from Mr. Biggs to Mr. Scott, February 3, 1953, FC1026/1, FO371/105213, pp. 4-6.
② Foreign Office to Tamsui, April 15, 1953, FO371/105213, p. 14.
③ Note on the Progress of the Nationalist Regime on Formosa and Its Future Prospects, May 26, 1953, FC1026/3, FO371/105213, pp. 30-36.

报告同时也指出台湾存在的不足。比如，在经济上，虽然表面上台湾的粮食仍有剩余，但其自然资源并不丰富，最重要的自然资源和农业产品是煤、盐、适合发展水电的地貌和自然条件。尤其是1949年之后，要额外承担200万的大陆移民，而这些人大部分都不从事生产。此外，人口增长率为每年3%，意味着25年后人口就会增长一倍，这让台湾经济负重累累。但是，如果追溯台湾的经济史，可以发现台湾一直通过贸易交换来获得经济平衡，因此进出口贸易显得尤为重要。在被日本殖民统治时期，台湾向日本出口农产品和盐，换取生产资料和工业制成品；"二战"后，台湾同大陆进行贸易，获取工业制成品；1949年后，台湾与大陆的贸易被干扰，重新以日本市场为重心。因此，长期以来，台湾同其他地区进行贸易交换，努力在国际市场的公开竞争中获取外汇，来购买岛内匮乏的商品，维持岛内经济的平衡和稳定。报告最后对台湾的未来进行判断，报告认为美援会逐渐减少，台湾会有集权的波动。但一群受西方教育的年轻人，锐意进取，其数量和影响力都在与日俱增，他们不会轻易妥协，他们是台湾未来的希望。[①] 可以看出，英国驻淡水领事馆的建议是，尽管英国不期待台湾在短期内进行重大的改革，但由于美国的援助和台湾自身所取得的发展，英国政府不应再坚守对国民党形成的固有印象，如腐败保守、效率低下、独裁等。而应根据诸多积极因素做出更加客观而立体的判断，按照国民党所面临的新情况来更新对台湾的看法。总之，英国驻淡水领事也建议英国政府改变对台湾当局的负面印象。

就台湾方面来说，台湾当局也愿意放低姿态，缓和与英国的关系。1956年英国驻华盛顿大使向英国外交部汇报，驻纽约的英国情报服务社（British Information Serivce Office）主任查尔斯·坎贝尔（Charles Campbell）表示，台湾驻华盛顿的新闻代表约瑟夫·江（Joesph Chiang，音译）与坎贝尔进行了交谈，江表示台湾当局十分希望能与英国政府达成一些共识，同时保证，只要英国对此有一点点兴趣，他都能派出合适的人选与英方接触。江不断强调，台湾不需要英国给予军事或经济上的帮助，

[①] Ibid, pp. 30 – 36; Minute by Foreign Office, June 18, 1953, FO371/105213, p. 25.

第二章　英国对台湾贸易信贷政策的开端(1954—1957)　◈　69

台湾当局对英国的唯一希望就是进行"精神上的支持"。坎贝尔回复称,首先要解决的问题是英国在华的投资被占用,但未得到相应赔偿。对此,江提出建议,台湾当局先与英国签订秘密协议,在国民党重返大陆后,将交还英方的财产,同时保证以后英国在华投资的特殊地位。对于国民党方面这样的试探,英国驻美国大使馆表示,不会对之提供任何鼓励性的话语。同时承认,尽管约瑟夫·江的话不具有太大分量,但国民党应该会继续尝试。①

不出所料,台湾当局仍然尝试与英国缓和,这次直接出面的是国民党最高领袖蒋介石。1956年8月18日,蒋介石接受英国路透社记者、澳洲新闻社代表科里·史密斯(Corley Smith)的访谈。英国驻淡水领事馆在向英国外交部的报告中表示,这次访谈有两点值得关注。其一,蒋介石很少接受英国媒体的采访,这是其中一次;其二,蒋介石对英国的言辞更加缓和,不像之前那样尖锐和激烈。在访谈中,谈及国民党如何看待像英国这样一个承认共产主义政权的国家时,蒋介石说:"当彼时英国政府承认中华人民共和国时,是权宜之计,经过后来发生的一系列事件证明是错误的。英国没有想到,在承认中华人民共和国几个月之后,英国就得在朝鲜战场上与其军队交战。尽管英国及其他国家承认中华人民共和国,但国民党并不心怀怨恨……否则会违反儒家传统。我们会继续把英国当作朋友,支持英国政府采取任何打击共产党侵略的行动。我之前就说过,在重返大陆之后,国民党会保证英国在大陆的合法商业利益。希望能与澳大利亚、新西兰保持更密切的联系,除了政治上抱有共同的反共目标,经济和文化上也希望能继续深化合作。"②

此后,蒋介石在会见英联邦国家外交代表时,也时常提及英台关系。1957年1月15日,英国驻淡水领事馆向英国外交部远东司报告,新西兰大使沙纳汉(Shanahan)告诉英国驻淡水领事富兰克林,在12月初拜访蒋介石时,蒋介石用悲伤而非愤怒的语调来谈论英国对华政策,他愿意

---

① British Embassy to Far Eastern Department, March 20, 1956, FC1053/1, FO371/120928, pp. 4 – 5.

② Tamsui to Foreign Office, September 7, 1956, FC1023/4, FO371/120881, pp. 18 – 19.

把它看成是一个悲剧的错误。蒋介石认为,"英国对中国政府的半承认状态并未对其产生任何约束和影响"。台湾外事主管部门负责人叶公超则对英国的态度友好很多,他认为,"反对共产主义是英国和国民党在远东的基本利益,双方在这一点上是一致的"。叶公超最大的愿望就是看到台湾当局与英国的和解。通过对蒋介石的采访,可以看出国民党决定对英国采取更友好、更缓和的政策。①

国民党对英国的示好不仅仅表现在政治层面,同时也表现在具体行动上。比如,国民党海军干扰英国商船的案例在数量上有所减少,从1953年的43起减少到1954年的28起。大部分情况都是拦截但并不扣押,唯一一次有赔偿诉求的情况是在拦截过程中偶然产生冲突。② 到了1956年,国民党干扰英国商船的情形明显好转。理论上国民党声称,他们对大陆港口的封锁仍然有效,但实际上英国只是偶尔抗议国民党干扰英国船只,尤其是驶向福州和厦门的船只。1956年,没有英国船只受损或发生意外事故。在投桃报李的心态下,英国对台湾的示好也有反馈,如在1954年年末,英国公开表示支持美台《共同防御条约》、在联合国容忍关于航行自由的辩论以及英国驻联合国代表安东尼·纳丁(Anthony Nutting)于12月12日在美国媒体公开支持台湾当局。此外,英台双方有一次默契的配合,1956年1月21日,国民党一架佩刀式喷气机飞过大陆一圈之后,在香港迫降。3月12日,港英当局通知台湾当局,将释放飞行员,允许其回到台湾。国民党当即向英国表示,不会让香港成为针对任何人的复仇行动基地。③

在英台政治缓和的氛围下,双方的交流和民间互访逐渐增多。耶鲁大学政治学教授饶大卫(David Nelson Rowe)在1957年5月1日写给《纽约时报》编辑的信中表示,在过去几个月,英国从官方和非官方的渠道均对台湾产生了善意的关注,对台湾的欢迎程度让人吃惊。英国人访问台湾之后,就在英国的各大媒体上强调,台湾是可以居住的地方,其

---

① Tamsui to Far Eastern Department, January 15, 1957, FCN1051/1, FO371/127484, pp. 4-7.
② Tamsui to Sir Anthony Eden, March 2, 1955, FC1011/3, FO371/114983, pp. 25-31.
③ Annual Review for 1956, March 7, 1957, FCN1011/1, FO371/127451, pp. 6-14.

第二章　英国对台湾贸易信贷政策的开端(1954—1957)　　71

经济、政治和文化上的进步都十分显著。① 但是对英国政府而言，尽管已得知国民党所取得的一些成就，也收到了国民党所释放的示好信号，但英国从根本上对台湾的判断仍未改变，在尚未得到最终解决的台海问题迷雾中，英国仍然小心翼翼地保持着与台湾的距离，尽可能地继续保持其"中立"政策，既不与台湾走得太近，也不惹怒中国大陆政府。这种谨慎而保守的态度体现在四个案例上。

其一，当英国驻淡水领事馆申请增加一名翻译时，英国议会需要专门进行讨论，甚至质疑英国领事馆在中国大陆和台湾的人数。对此，1953年2月23日，英国驻淡水领事馆向议会汇报领事馆存在的意义及运行情况。电报表示，英国驻淡水领事馆只与台湾"省政府"建立联系，同时在台北设有一个办公室。英国设在淡水的领事馆并不意味着英国承认台湾当局。英国驻淡水领事馆具有部分领事特权，可以为英国在台湾的商业项目提供帮助，促进英台贸易，保护英国船只和其他利益。②

其二，英国政府谨慎而严格地约束着政府议员同台湾的公共与私人联系。1954年12月8日，内阁会议中专门讨论了下院议员威廉·蒂林（William Teeling）计划于圣诞节访问远东，并作为蒋介石的客人在台湾停留几日的问题。对于这一安排，英国外交部明确表示反对。但蒂林为此缩短了访台时间，仍不愿意取消赴台的行程。英国内阁得知后，经讨论一致认为：不希望英国的下院议员，同时也是台湾当局的支持者在此时访问台湾。丘吉尔表示，希望党鞭能将内阁的意见强制转达给议员蒂林，如有必要将亲自写信，阻止议员蒂林访台，以避免英国政府人员同台湾保持密切联系。③

其三，1957年2月4日，英国驻淡水领事馆向英国外交部表示，据台湾媒体报道，台湾经济事务主管部门确认，两名英国贸易委员会官员将于4月访问台湾，研究"自由中国"与英镑区的贸易关系。当然，很

---

① Recent British Interest in Taiwan Seen as Drive for Backing Peiping from China Post, May 1, 1957, FCN1051/15, FO371/127484, p. 79.

② Draft Reply to Parliamentary Question, February 23, 1953, FC1893/2, FO371/105342, pp. 15 – 16.

③ C.C. (54) 84th Conclusions, Minute 1, Foreign Affairs – China, December 8, 1954, CAB128/27, p. 603.

明显的是，英国不会与台湾当局任何官员进行谈判。1956年，台湾与英镑区的贸易额度仅次于台湾与日本的贸易额，因此这次访问还是很有必要的，但英国外交部建议贸易委员会的两名官员只需进行三天的访问，访问性质只能是私人的，且仅与商业事务相关。①

其四，根据台湾《新生报》1957年1月25日的报道，"中国之友协会"（The Friends of China Association）最近筹办了两个展览会，强调了协会对促进英台关系的作用，让英台关系更为亲近。对于台湾媒体认为民间协会或访问团能够改善英台关系的夸张报道，英国驻淡水总领事富兰克林则直接指出，这种舆论导向具有误导性，这两个展览会是每年举办一次的纯商业性质的展览，没有政治色彩。②

由此可见，尽管台湾主动缓和，英国也确实有意增加贸易往来，双方的关系有所升温，但面对台湾利用与英国之间的互动，意图将双方的非官方往来上升到官方层次，英国则保持清醒和理性，尽力压制这一苗头，注意与台湾当局往来的程度和级别，避免一切带有官方色彩的活动。但由于英国既想维持在中国大陆的利益，又不想失去与台湾的联系，因此在中国大陆政府和台湾当局针锋相对的情况下，与任何一方关系密切都会引来对方的不满和批评。

中华人民共和国驻英国代办宦乡在1957年3月13日向外交部报告，1957年英国政府对台湾态度有显著变化，表现在四个例子上：（1）1月上旬在英外交部的支持下，前《经济学人》主编克罗齐（Geoffrey Crowther，与英外交部有极密切关系）曾赴台访问月余，回来后到处鼓吹"英国应在事实上承认台湾的存在并与台湾发生某些事务性的联系"；（2）2月中旬英国贸易委员会低级官员先后（一处长级和二科长）访问台湾，考察英台贸易的可能性；（3）2月下旬台"立委"胡秋原、胡健中先后赴英访问，据说胡健中曾与英外交部有接触；（4）3月上旬保守党下院议员梯灵（W. Tee Ling，即蒂林）赴台作1950年以来英议员对台的首次访问。宦乡认为，英方似乎有意要搞"事实上的两个中国"的局面。

---

① Tamsui to Foreign Office, February 4, 1957, FCN1151/2, FO371/127493, p. 6.
② Tamsui to Far Eastern Department, January 25, 1957, FCN1051/4, FO371/127484, p. 23.

第二章　英国对台湾贸易信贷政策的开端(1954—1957)　　73

之所以如此，是因为英方认为：其一，台湾海峡目前力量对比相对稳定，中美双方都在相当长期内不至冒极大危险进攻对方，"事实上的和平共存局面"将继续维持下去；其二，虽然和平解放台湾的呼声甚高，但蒋介石绝不可能答应，既然如此，英国就不能忽视台湾的存在，而要与台湾进行联系，以便一方面多少统一一些英美远东政策的长期矛盾，为百慕大会议制造一些和谐气氛，另一方面更重要的是可以帮助美国替蒋介石稳定人心来破坏中国和平解放台湾的部署。[①]

随后，中国政府就此展开了媒体宣传攻势。1957年3月31的《人民日报》发表名为《不识时务的幻想家》的文章，批评英国的做法。文章表示，"近来，有一些英国人似乎对台湾发生很大兴趣。他们到那里跑来跑去，对蒋介石集团做出各种各样的亲善姿态。如1月间英国《经济学人》杂志前主编克罗齐访问了台湾。3月上旬英国保守党议员蒂林到台湾进行活动。英国贸易委员会的官员也到台湾考察贸易问题。接着，又去了一个所谓'英国人士友好访问团'。台湾的报纸称：'现在到这个岛上来考察台湾情况的英国人的人数之多是空前的。而且，这些人还只是打先锋的；据说，到了夏天，将有更'重要'的英国人士访问台湾。'"文章随即分析了这些现象的动机："他们是怀着某种政治目的的，如克罗齐从台湾回国后，就大肆鼓吹英国应该在事实上承认台湾，并同台湾建立事务性的联系。蒂林则建议促进英国和台湾蒋介石集团间的'密切关系'。"文章又提到了台湾的支持者美国，认为"英国人士访台是美国愿意看到的，因为美国正在想方设法加强在台湾的控制力，以使台湾成为美国的一块属地。英国人之所以乐此不疲、接二连三地访问台湾，是为了谄媚美国。"最后文章警告英国："蒂林这些人的活动如果不加以制止，只会损害中英两国的关系，并给远东局势带来不良因素。……如果谁想把中国的一部分领土台湾变为另一个'中国'，那么谁就不过是一个不识时务的幻想家而已。他将走上一条不可救药的绝路。"[②] 有趣的是，1957年1月3日《经济学人》(Economist)杂志对蒋介石进行了40分钟的采

---

① 《英国在台湾问题上的态度和表现》，1957年3月13日，中国外交部档案馆，110-00643-01，第19页。

② 《不识时务的幻想家》，《人民日报》1957年3月31日第6版。

访。蒋介石表示，他会忽略所有英国在过去的做法，甚至愿意理解英国。但是，如果英国支持"两个中国"政策，他将永远不会忘记和原谅英国。① 这一点上，国共双方倒是不谋而合、殊途同归了。

经历第一次台海危机之后，英台之间除了在政治上出现缓和的迹象，在经济领域，双方关系也表现出了从紧张到缓和的变化特征。

第一次台海危机期间，台湾同中国大陆的政治关系十分紧张，而本就不承认台湾当局的英国，与中国大陆的往来则相对密切，这让英国感受到了来自台湾的"敌意"。英国外交部于1953年8月14日的记载显示，在过去几个月内，台湾对英国的态度出现了下列情况：（1）台湾当局对于驶向中国大陆的英国船只采取更加强硬的政策，拒绝几艘曾经停泊在大陆港口的英国船只停靠台湾的港口，还有几艘英国船只被威胁；（2）直到7月末，在台湾海峡忽然增加了对英国船只的干扰，这肯定和台湾当局有关；（3）一艘意大利和波兰的船只在台湾海峡行使时被拦截。国民党海军直接涉入其中，运载的货物被卸到台湾港口。这是目前对同中国大陆开展贸易的航海船只所采取的最严重的措施，这些新情况表明台湾当局对同中国大陆进行贸易的国家采取了更加敌对的态度。同时，1953年7月14日，有两家英国公司向英国政府反映，曾被在美国负责采购的国民党技术服务代表团（Nationalist Technical and Service Mission）暗示，由于英国政府承认中华人民共和国政府的政治立场，台湾当局拒绝与英国制造商和供应商进行贸易往来。这引起了英国贸易委员会的重视，第一次感受到台湾当局的歧视态度。对英国产品的歧视符合这一政策，英国需要确认这一政策是孤立的，还是台湾当局新政策的开始。……在美国的国民党技术服务代表团直接使用台湾当局的外汇来进行进口采购。由于不使用美国共同安全署的资金，因此不需要遵守其要求。目前，共同安全署还没看到台湾当局的采购政策会根据政治立场而进行歧视的变化。尽管没有具体的信息，但根据经验，可能有技术上的原因，比如设计、价格、运输等都会影响采购的决定。如果调查之后发现就是政治上

---

① Tamsui to Far Eastern Department, January 15, 1957, FCN1051/1, FO371/127484, pp. 4–7.

第二章　英国对台湾贸易信贷政策的开端(1954—1957)　　75

的原因，则会询问美领馆，这是否代表着新政策的开始。① 10月8日，英国驻美大使馆回复英国外交部，已经就这一问题询问了美国援外事务管理署（Foreign Operations Administration）和美国国务院，都认为台湾当局不会歧视英国。美国官员表示，国民党"财政部"官员还在美国讨论台湾的国际收支平衡，认为英镑区的贸易是台湾国际贸易的重要部分，希望能扩大贸易额度。美国援外事务管理署表示，接收共同安全署和援外事务管理署援助资金的"中央信托局"很愿意同英国公司进行贸易。② 由此可见，尽管美国和台湾均否认对英国商品怀有歧视心态，但从这一事件中可以明确的一点是，在不安稳的地区局势下，英国和台湾本就冰冷的政治关系对双方的贸易往来产生了心理上的负面暗示，在某种程度上成为双方心照不宣的秘密。

尽管面临着诸多不利的因素，有着重商主义传统的英国，一直积极寻求与台湾开展贸易的机会，英国国内各政府部门和驻淡水领事馆都为双方贸易尽可能地铺路搭桥。

其一，作为英国在台湾的重要联络处，英国驻淡水领事馆十分积极地向国内提供信息，为将来可能存在的英台贸易提供机会。比如，关于英国公司能否参与台湾使用美援采购的问题，英国原本悲观地认为美国援外事务管理署和共同安全署的美援采购项目不太会向英国公司开放，但根据英国驻淡水领事馆于1953年12月17日所提供的信息，鼓励英国公司参与竞标1954—1955年的尿素项目，总支出达2000万美元。英国驻淡水领事馆告知英国国内，这一项目是在美国的援助之下，预计月底会得到华盛顿的批准，1月底会提出具体的规划，届时就需要具体产品的投标者。提早知道项目的框架更加有利，希望能对英国公司有所帮助并予以保密。此外，淡水方面还告知了台湾对于化肥的需求。台湾化肥公司有5家化肥厂，现拟建一家新厂，用于生产固体氮肥和硫酸铵，台湾电力公司会提供特殊的电力支持。目前，只有炼焦炉设备已经到位。淡水

---

① Tamsui to Foreign Office, August 19, 1953, FC1153/4, FO371/105267, p. 32.
② British Embassy in Washington D. C. to China and Korea Department, October 8, 1953, FC1153/5, FO371/105267, p. 36.

方面建议，英国公司可以投标蒸汽设备和锅炉设备。① 可见，英国驻淡水领事馆向英国公司提供重要的贸易信息，力图不让英国公司错过贸易机会，以求增加英台之间的贸易。

其二，英国政府各部门也能根据具体的贸易情况进行灵活变通，为英国商人尽可能提供政策上的支持。1954年8月13日，英国海军部咨询外交部，英国公司是否可以为台北一公司建造2.8万吨、航速16节、由涡轮机驱动的邮轮。由于可以证明该邮轮将在台湾合法地用于民用，海军部倾向于颁发建船许可证。对此，英国外交部表示同意颁发许可证，理由如下：（1）这一订单符合1952年10月20日内阁经济政策委员会的决议，英国禁止向国民党军队出口武器和军需用品，至于针对其他战略物资的出口个案则由政府各部门协商决定，关于邮轮的出口属于后者范畴。邮轮本是军用民用皆可，但海军部可以证实是合法地用于民用，因此外交部并不反对；（2）这一建造邮轮的合同将吸引英国制造厂商的兴趣，也可能使用美元结算，为英国带来外汇收入；（3）外交部考虑到，尽管中国大陆政府在得知英国为台湾建造邮轮的消息后，可能会表示强烈不满，但是这纯粹是一个商业性质的交易。如果英国不建造，别国也会进行。所以，英国没有必要为了中国可能的抗议而拒绝一项商业交易。② 由此可见，英国政府也在尽力促成对台的出口贸易，以期赚取外汇。

其三，英国商会（Chamber of Commerce）认识到与台湾贸易存在逆差，希望尽力增加对台出口。英国商会代表了在台湾注册的英国公司，核心利益就是英国公司在台湾与英联邦国家的贸易关系。1954年1月26日，英国商会向英国驻淡水领事馆递交了一份名为《关于台湾和马来亚贸易以及英镑区和台湾贸易的地位》的报告，报告指出，英联邦及英镑区与台湾的贸易额度不可忽略，但目前英国公司在贸易过程中处于十分不利的地位，以英台进出口贸易中占最大比例的蔗糖产业为例，英国公司于1月18日就被马来亚联邦政府所持有的5000吨蔗糖招标拒之门外。

---

① Tamsui to Board of Trade, December 17, 1953, FC1154/7, FO371/105267, p.52.
② Tanker for Formosa, August 19, FC1125/3, FO371/110278, p.31.

第二章　英国对台湾贸易信贷政策的开端(1954—1957)　　77

如果再有招标而采取相同的政策拒绝英国公司的话,长此以往,势必不利于英国公司的进出口发展和英台贸易关系。① 报告还建议,希望在台湾和马来亚—新加坡之间开通一个双边的往来账户,可以定期调整账户额度,确保英国公司能成为台湾企业的新马出口代理商。这一协议无论是官方还是私人的性质,都能为台湾对马来亚的进出口贸易带来更大的公平,这有利于整个英镑区,也将刺激马来亚和台湾的经济。②

但是,这一倡议并未得到英国政府的支持。1954年4月24日,英国驻东南亚最高专员马尔科姆·麦克唐纳(Malcolm MacDonald)回复英国外交部,表示尽管新加坡和马来亚联邦希望促进与台湾的贸易,上述建议恐怕只是英国商会的想法。在与新加坡和马来亚联邦的官员讨论之后,一致认为最好是外交部和其他部门——如英国财政部和贸易委员会——先考虑这一建议,然后再根据国内的建议来看其可行性。③ 5月26日英国外交部回复财政部,希望采取较为谨慎的态度,任何关系到台湾当局的安排都将遇到很大的政治困难,需要先确认是否有足够的经济利益。④ 6月11日,英国殖民部也表示出谨慎的态度,并不支持建立这一账户。⑤ 因此,英国商会关于开通台湾与马来亚—新加坡双边账户的建议,最后并未实践。主要原因正如英国外交部所言,凡是涉及台湾当局的问题需要额外地小心谨慎,否则将会带来很大的政治困难,承受来自中国政府的巨大压力。更何况商会的建议中所涉及的经济利益并不够大,不足以让英国政府愿意为之承担由此引发的政治压力。尽管开设双边账户的建议牵涉台湾地区、英国、马来亚联邦还有中国大陆等多方面的政治和经济利益而最终无法推行下去,但至少说明一个问题,那就是英国商人及商会已经普遍认识到同台湾贸易存在逆差,并且想要改变这一状态,尽

---

① Memorandum of British Chamber of Commerce, Taipei, Formosa, January 26, 1954, FO371/110296, pp. 11 – 14.

② Tamsui to Office of the Commissioner-General (Singapore), April 5, 1954, FC1162/1, FO371/110296, pp. 9 – 10.

③ Office of the Commissioner-General for the UK in South East Asia to Far Eastern Department, April 24, 1954, FC1162/2, FO371/110296, p. 22.

④ Foreign Office to Treasury, May 26, 1954, FC1162/1, FO371/110296, p. 16.

⑤ Colonial Office to Foreign Office, June 11, 1954, FC1162/1 (A), FO371/110296, p. 17.

力增加向台湾的出口，扩大与台湾的贸易。

由此可见，在总体上消极的英台政治关系和贸易关系中，双方的贸易受到很多负面因素的影响，但也有一些正面因素想要促进英台贸易。从客观情况来说，英国和台湾的进出口贸易额已经无法忽略不计，英国公司甚至已经对自身的贸易逆差表示不满，想方设法扩大对台出口，这构成了英国和台湾贸易发展的内在动力。同时，英国政府部门也十分配合，英国驻淡水领事馆一直致力于促进英台贸易，为英国公司提供信息和便利，尽量使英国公司在第一时间掌握台湾的进出口贸易需求，为扩大英台贸易提供一切帮助。这些积极因素为以后英台贸易的发展奠定了基础。

第二节　英国废除"中国差别"与对台实行贸易信贷政策

朝鲜战争爆发后，美英等西方阵营国家对中国和朝鲜采取了更加严格的贸易管制措施，通过贸易禁运来打击和遏制东方阵营。1952年9月19日，在美国的主导下，巴黎统筹委员会成员国宣布成立"中国委员会"，作为其在亚洲的分支机构，并制定了"中国清单"，对中国采取更加严厉的贸易管制政策，包括军需清单、原子能清单、国际清单Ⅰ、国际清单Ⅱ以及额外的"中国清单"（207种），共计295种商品都禁止向中国出口[1]，采取了比苏联和东欧国家更为严格的贸易管制政策。西方阵营对东方阵营内部的苏东和中国禁运政策之间的对比差别，被称为"中国差别"（China Differential）。[2]

---

[1] Memorandum by Young, August 4, 1952, FRUS, 1952 – 1954, Vol. XIV, pp. 1292 – 1293; Shao Wenguang, *China, Britain and Businessmen: Political and Commercial Relations, 1949 – 1957*, London: Macmillan Academic and Professional LTD, 1991, pp. 100 – 101.

[2] 1952年中国委员会成立之初，对中国进行的贸易管制商品中，除了对苏联和东欧所管制的商品之外，还包括巴统国际清单Ⅱ中25种限制出口数量的商品、国际清单Ⅲ中63种进行监视的商品以及根本不属于巴统管制范围的207种商品，共计295种物资都对中国实行禁运。参见崔丕《美国的冷战战略与巴黎统筹委员会、中国委员会（1945—1994）》，第305—306页；李继高《英国废除"中国差别"政策的原因、过程及其影响》，硕士学位论文，华东师范大学，2012年。

第二章 英国对台湾贸易信贷政策的开端(1954—1957)

朝鲜战争结束后,美国政府于1953年11月6日通过了国家安全委员会第152/3号文件,决定缓和对苏联、东欧国家的贸易管制,加强对中国的全面贸易禁运。[①]但是,在朝鲜战争谈判期间,艾登就向杜勒斯表示,英国不会一直维持目前对中国所采取的出口管制政策,也不会考虑进一步扩大对华禁运的范围。对此,杜勒斯表示,在《朝鲜停战协定》签订之前必须维持目前的管制水平。[②]美国并未履行承诺的做法,让盟国十分不满,不断地提出缓和东西方贸易管制和废除"中国差别"的强烈要求,但1954年开始的第一次台海危机让缓和对华禁运的讨论无法见效。1955年8月1日的日内瓦会谈让第一次台海危机得以解决,也让放松对中国的贸易禁运政策再次成为可能。但是,从1955年到1957年,英国在法国的支持下,与美国就废除"中国差别"及放宽对华贸易管制政策进行了多次商讨,但并未取得实质性进展。"1956年的苏伊士运河危机,彻底摧毁了英国人对英美特殊关系——两国利益的一致性,以及英国有操纵美国政策的能力存有的幻想"[③],让美国和英国的关系降至战后的谷底,也使得英国在盟国利益和本国利益的权衡之间更多地倾向于后者。当1957年1月10日,美国建议英国加强东西方贸易管制后,英国外交部于3月1日回复称,英国一直认为应该彻底废除"中国差别",很遗憾无法接受美国的建议。[④]随后美英高层就"中国差别"问题进行数次讨论,但均无法向对方进行妥协。1957年5月27日,英国代表团在"中国委员会"会议上宣布,"英国政府已经决定废除'中国差别',准备与成员国讨论国际清单Ⅱ的商品数量"。同时表示,英国只会对中国采取最低程度的数量出口限制[⑤],美国对此只能无奈接受。

作为冷战中重要的经济遏制方式,英国单方面废除对中国额外的贸

[①] A Report to the National Secretary Council by the Executive Secretary on Economic Defense, November 6, 1953, NSC152/3.

[②] C. C. (53) 44th Conclusions, Minute 4, Foreign Affairs-Korea, July 21, 1953, CAB128/26, p. 47.

[③] 杨冬燕:《苏伊士运河危机与英美关系》,南京大学出版社2003年版,第183—184页。

[④] Telegram from the Embassy in the United Kingdom to the Department of State, March 1, 1957, FRUS, 1955–1957, Vol. Ⅹ, pp. 418–419.

[⑤] Editorial Note, May 27, 1957, FRUS, 1955–1957, Vol. Ⅹ, p. 466.

易出口限制，让台湾当局十分不满、但又无计可施。在英国正式废除"中国差别"前，台湾媒体就此做法进行抨击。"台湾《中华邮报》"(China Post) 1957年3月26日刊登了关于与英国贸易的文章。文章表示，很多英国人仍然抱有幻想，希望增加与中华人民共和国的贸易。上周，英国各界强烈批评了联合国对中国的战略物资禁运。议会成员和主流报纸等舆论都要求放松对中国的贸易管制。同时，日本也希望与中国扩大贸易，号召解除禁运政策，日本经济界与中国贸促会发表联合声明，发誓摒弃中日之间的"人为的贸易障碍"，但日本和英国国内也发生了"令人兴奋的罢工事件"。英国船厂工人进行罢工，首相麦克米伦称这是一种对国民经济的"自我伤害"。70个船厂被闲置，600艘船只的维修和建造工作被暂停。除了20万船舶制造业的工人之外，还有250万其他领域的工人应援罢工，要求将工资上调10%。[1]

而当英国决定正式废除"中国差别"后，1957年6月2日台湾"中央日报"社论发表了题为《英破坏对匪禁运政策》的评论文章，抗议英国的"短见"行为。文章写道，"英国已决定取消对朱毛匪帮的广泛贸易限制，不过仍将防止战略物资之输往匪区。但英国此举不仅破坏了几年以来西方国家一向坚持的对匪全面禁运的政策，而且最近举行的美、英、法、日、西德等十五个国家对禁运问题的会谈，也无法继续下去，不得不中途停止。"文章认为，"全面禁运政策的破坏，不仅是助长了中共的力量，而在世界民主反共的阵容中，其精神上将受到无法估量的不良影响。"文章最后总结道，"（英国）公然破坏民主国家对共匪的禁运政策，准备以大量足以增强作战力量之物资供应共匪，以挽救共匪之经济危机。这种对敌人雪中送炭对友人落井下石的行为，将成为英国历史上最大的污点。"[2]

相较于媒体宣传的激愤陈词，台湾当局的内部讨论则冷静理性很多，被动接受并理解了英国的行为。台湾外事主管部门早在1957年5月1日

---

[1] Tamsui to Far Eastern Department, March 26, 1957, FCN1151/5, FO371/127493, pp. 33 – 34;《英国工人的罢工斗争》，《人民日报》1957年3月27日第6版。

[2] "英放宽对匪禁运"，1957年6月2日，"中央研究院"近代史研究所（以下简称"中研院"近代史所）档案馆，馆藏号：11-06-16-10-03-001，档号：312/0002，第16页。

第二章　英国对台湾贸易信贷政策的开端(1954—1957) ◈ 81

就根据美英及各国态度，在研究报告《放宽对匪禁运对策之研究》中得出推测，"英国放宽对匪徒禁运，似将于短期内实现，希望各部门做好应对措施。根据欧洲司的分析，英国向来实行多面外交，也素重商业利益。英国仍希望保持世界权力均衡，美国、俄国互相牵制，台湾与大陆互相牵制，大陆又与俄国牵制。"报告最后指出："放宽禁运，直接对匪有利，间接利弊，视双方运用。我除坚决反对外，仍宜针对形势，积极对付。"①

在台湾当局还在慷慨激昂地批评英国废除"中国差别"的做法时，仅仅不到2个月，即1957年9月，英国政府决定首次对台湾采取贸易信贷政策，以促进英国对台湾的出口贸易。英国之所以对台湾采取这一突破性的政策，一方面是由于英台双方已经在政治和贸易领域进行接触，为进一步开展贸易培养了良好的氛围；另一方面是在"中立""权利均势"的原则指导下，英国既然放宽了对中国大陆的贸易管制程度，那么稍微改变对台湾的贸易政策，不仅有利于本国的经济利益，又能保持国共双方天平的平衡，其中后者是导致英国首次对台湾采取信贷政策的主要原因。当然，这一政策的实施并非一蹴而就，英国政府早在1957年1月就开始讨论改变对台湾的贸易政策，其突破口则是英国出口信用保证局。②

在英国对台贸易政策的制定过程中，信用局根据台湾内部的经济状况、台海局势以及国际背景，调整英国对台湾的出口信贷条件。这是在英国解除对华贸易管制之后，调整对台湾出口贸易政策的主要方式。在英国信用局调整对台湾贸易的信贷担保条件之前，曾经对一些出口案例进行广泛的讨论，这构成了英国政府部门考虑修改这一政策的基础。

---

① 放宽对"匪"禁运对策之研究，1957年5月1日，"中研院"近代史所档案馆，馆藏号：11-06-16-10-03-001，档号：312/0002，第4—6页。

② 出口信用保证局（Export Credits Guarantee Department，以下简称信用局）成立于1919年。作为英国主要的出口信用机构，是世界上最早成立的官方出口信用机构。"二战"之后，各国的官方出口信用机构得到迅速发展。作为独立的政府部门，信用局专门从事英国的出口信用保险和出口信贷担保业务，向国家贸易和工业部长报告工作。信用局通过与出口商、项目发起人、银行以及买方进行密切合作，在私有部门力不能及时，帮助英国出口商在海外市场上进行有效的竞争。通过提供融资便利和信用保险，对金额在2.5万英镑到1亿英镑的合同提供支持。此外，还专门对小规模出口商提供的特别支持，以及以英国本土公司提供海外投资保险。因此，作为英国对外进出口贸易中的重要官方机构，信用局起着举足轻重的作用。

1957年1月3日，英国信用局发电报给英国驻淡水领事富兰克林，讨论关于台湾电力公司与英国巴布科特·威尔克斯公司（Babcock & Wilcox, Ltd）的一笔合同交易。信用局表示，如果台湾银行能够担保该合同的英镑支付截止时间，而且80%的货款在2年内付清，信用局则会为这笔交易提供担保，同时征求淡水方面的意见。此外，信用局又询问了另一笔交易，英国制造商伊登父子公司（Yeadon, Son & Co., Ltd）接收了"中国电器股份有限公司"（China Electric Manufacturing Corporation）的订单，后者希望为新成立的台湾煤砖工厂（Taiwan Coal Briquetting Co）提供价值4万—5万美元的砖块制造设备。信用局需要委托英国驻淡水领事馆查询台湾煤砖工厂与"中国电器股份有限公司"的关系，以及二者与台湾当局的关系，以确保商品的使用去向。

这两笔交易中，如果买家能获得美国国际合作总署（International Co-operation Administration，以下简称美国合作署）[①]的美元支持，则可以顺利签署合同。否则，买家将要尝试通过英国政府的信贷条件来购买设备，那么供应商需要给出延期信贷的条款。因此，信用局会考虑两年或三年的信贷条件（从装船运出日算起），还要在运输之前支付一定的定金。此外，信用局还需要与英国驻淡水领事馆商讨并确认：（1）对于无美国合作署资金支持的合同，台湾银行是否会担保其英镑款项将如期到账（通过发行银行本票或其他方式）；（2）为了保证无美国合作署资金支持的交易安全，信用付款的期限多久为宜；（3）对于无美国合作署资金支持的合同，信用局是否有必要为其担保。[②]

英国驻淡水领事馆于1957年1月26日回复信用局表示，经过调查，"中国电器股份有限公司"与台湾煤砖工厂并不相关。"中国电器股份有限公司"是电力领域四家私人制造商合并之后组建的，由台湾当局进行管辖并控制，而台湾煤砖工厂则是一家私人公司。由于1955年9月1日，美国合作署号召世界各公司投标煤砖设备，于是英国伊登父子公司提交了申请。台湾煤砖工厂已经购买了土地用于建造工厂，并得到了台湾当

[①] 美国合作署成立于1955年7月，是美国商务部的下属机构，负责协调贸易事宜。

[②] Export Credits Guarantee Department to Tamsui, January 3, 1957, FCN1151/1, FO371/127493, pp. 4–5.

第二章　英国对台湾贸易信贷政策的开端(1954—1957)

局官员的支持。英国驻淡水领事富兰克林认为，台湾煤砖工厂的信誉和财务状况都较为良好，但没有美国资金的支持也举步维艰。关于出口信贷的条件，淡水方面表示，不可撤销信用证（Irrevocable Letter of Credit, 主要为美元和英镑）是台湾正常使用的支付媒介，用于支持合同的支付。关于保证金的问题，可以用银行本票或其他方式，这在台湾已经得到普遍使用。至于台湾的英镑储备，台湾"外汇和贸易委员会"（the Foreign Exchange and Trade Commission）规定台湾当局机构在进行海外购买时使用英镑和港币。当台湾从英镑区订购设备和原材料时，台湾"中央信托局"等官方采购机构将不会被无偿提供美元，也就是说，美元不会与日本的双边协议、或美国合作署支持的进口相关联。① 由此可知，英国驻淡水领事馆在综合考虑台湾的贸易条件后，认为上述操作在日常的进出口贸易流程中是正常的，对于无美国合作署资金支持的贸易持宽容态度。

在得到英国驻淡水领事馆的积极信号后，1957 年 4 月 1 日，英国信用局告知财政部，批准了巴布科特·威尔克斯公司的合同，为台湾电力公司提供价值 50 万英镑的锅炉设备。同时，如果这一合同无法在 2 年内完成支付，并且台湾银行愿意提供担保，保证在到期日会获得英镑支付的保证，那么该合同的最长付款期限（credit period）可以从 2 年延迟到 3 年。②

关于此类英台进出口贸易信贷条件的讨论还有很多，如 1957 年 4 月 1 日英国信用局讨论是否同意维克斯—阿姆斯特朗公司（Vickers - Armstrong Ltd.）为亚洲水泥公司（Asia Cement Corporation）提供价值 80 万—90 万英镑的水泥制造设备。英国驻淡水领事富兰克林提供了相关的背景信息，该合同总额的一半将由美国合作署提供资金，剩余款项由台方自筹外汇支付。据说，同时竞争这一合同的一家美国公司给出了 3 年的付款期限，一家日本公司则给出 5 年的付款期限。对于这一情况，英国信用局表示不会冒险把付款期限拖到 5 年之久。但考虑到最长 18 个月

---

① Tamsui to Export Credits Guarantee Department, January 28, 1957, FCN1151/3, FO371/127493, pp. 10 – 11.

② Export Credits Guarantee Department to Treasury Chambers, April 1, 1957, FCN1151/4, FO371/127493, p. 16.

的运输时间，英国信用局可以给出3年的付款期限（再加上运输时间，共4年半），仍然需要台湾银行提供担保，以保证在合同到期日会如期交付英镑。① 对于这一出口案例，英国财政部表示，同意签署信用期限总时长为4年半（从合同生效之日算起）的合同。原因是如果从装船日期开始计算，则给出了3年的付款期限，这是可以接受的，台湾银行的担保会减少英方的风险。更重要的是，这一合同的一半金额由美国合作署提供资金。② 由此可见，在得到美国合作署的资金保证之后，信用局认为这一合同的风险有所降低，因而可以延长付款期限。

又如，1957年4月16日，英国信用局向英国财政部征求一个长期合同的意见。英国托马斯·德纳罗钞票公司（Thomas da la Rue & Co. Ltd）有意与台湾"印钞局"（China Engraving & Printing Works of Taiwan）签订合同，出售价值30万—35万英镑的纸币印刷机，为台湾银行和"中央银行"印刷纸币。货物的运输时间为12—15个月，付款期限为3—4年，美国合作署会为这一交易提供资金。英国信用局的意见是，在《出口担保法》第二条款（Export Guarantee Act, Sectoin 2）的规定下，只要最终付款期限不超过1961年，则同意缔结此长期合同。英国财政部表示既然台湾银行担保会按期转账，同意信用局为这一合同进行担保。③

再如，1957年7月18日，信用局咨询财政部，英国杰姆斯·麦基父子公司（James Mackie & Sons Ltd.）想要向台湾出口机械设备，合同总价为7.3万英镑。在支付方式上，总金额的25%为订货付款，15%由英国公司付款交单（cash against documents），其余部分由3年分期付款完成。④ 英国财政部于7月25日表示，根据《出口担保法》第二条款的规定，只要台湾银行对此进行担保、英镑将按期到账，则不反对这一合同。

---

① Export Credits Guarantee Department to Treasury Chambers, April 1, 1957, FCN1151/4, FO371/127493, p. 16.

② Treasury Chambers to Export Credits Guarantee Department, April 4, 1957, FCN1151/4 (a), FO371/127493, p. 17.

③ Export Credits Guarantee Department to Treasury Chambers, April 16, 1957, FCN1151/4 (b), FO371/127493, p. 21.

④ Export Credits Guarantee Department to H. M. Treasury, July 19, 1957, FCN1151/4 (d), FO371/127493, p. 24.

第二章　英国对台湾贸易信贷政策的开端(1954—1957)　◆　85

面对台湾市场中不断增加的贸易机会，再加上 1957 年英国单方面宣布废除"中国差别"，英国十分关注远东的经贸信息，台湾也成为英国商人关注的焦点之一。对此，英国贸易委员会于 1957 年 10 月 25 日在其主办的期刊上刊登了一篇名为《英国可向台湾提供资本及其他设备》的文章，表示政府部门愿意为英国商人们答疑解惑。文章由英国驻淡水领事馆撰写，专门提供有关台湾的经济信息。① 在此文刊登之前，英国驻淡水领事馆于 7 月 30 日将类似的报告上报给英国外交部，进行报备。报告表示，只要涉及台湾，无论什么内容，都会让一些人觉得尴尬，因此英国政府总是格外小心谨慎，但这太过拘谨。虽英国与台湾当局并没有外交关系，但贸易关系与外交承认并不相关，并不意味着不能进行贸易上的往来。1956 年，英国向台湾的出口额度达到 1010304 英镑，从台湾的进口额度是 1351378 英镑。英国向台湾的出口占英国总出口额的 1.81%，而台湾向英国的出口量占台湾总出口额的 2.4%，双方的贸易基础已经具备。英国在台湾的茶叶贸易中占有很大的利益关系，而英国公司代理了大部分台湾的外国船运业务。英国对台出口的商品和机器，有利于提高这一欠发达地区的生活水平。随着台湾人口接近一千万，这已经成为一个不能忽略的市场——尤其考虑到台湾硬通货（指美元）的购买力。由于台湾的自然产量丰富，农产品种类繁多，再加上自 1951 年起，美国在经济和军事上对台湾经济援助达到约 1 亿美元，这是英国无法放弃台湾市场、希望尽力促成对台贸易的原因。②

报告还建议那些有意于发展对台贸易的英国商家，要先研究其官方采买机构——"中央信托局"发布的竞标邀请。一般认为，由于"中央信托局"的招标项目大部分由台湾当局提供的外汇来支付，而后者主要来自美援，因此所有的合同不可避免地仅限于美国公司。但事实并非如此，去年英国驻淡水领事馆收到 400 份竞标邀请，其中 294 份是面向世界的，90 份面向除了香港和日本的其他地区，剩下的才仅限于美国及其欧洲经济合作组织国家，"中央信托局"发布的只面向美国的竞标邀请不超

---

① United Kingdom Could Supply Capital and Other Equipment to Formosa, *Board of Trade Journal*, October 25, 1957, FO371/133562, p. 6.

② Tamsui to Far Eastern Department, July 30, 1957, FCN1151/9, FO371/127493, pp. 40–46.

过10份。换言之，在1956年"中央信托局"发布的410份竞标邀请中，理论上英国公司可以竞标其中的400份。因此，英国具有与其他国家等同的贸易竞标资格，需要英国商人把握机会。从长远看，只要台湾继续进行工业化，在美国的支持下，就会继续对这些商品产生需求。一些英国公司已经对这里的商机产生兴趣，有待于进一步发掘。①

这一份报告本着"政经分离"的原则，人为摒除了发展与台湾贸易的政治障碍。同时分析了台湾的自身优势，以及美国援助的因素，成为吸引英国商人的重要原因。通过对实际情况的判断，有针对性地选择了台湾需要出口的商品，认为英国对台湾的出口仍有很多机会。

基于此，1957年9月27日，英国信用局向英国财政部建议，考虑放松目前较为严格的对台湾出口担保条件。英国信用局认为，目前台湾局势明显变得更加稳定，战争的可能性已经降低，美国对台援助也将持续一段时间。此前，英国信用局经常与财政部讨论一些出口案例，并不反对2—3年的信用期限，再加上对台湾了解的逐渐增多，因此可以对台出口设置信用期限。②

英国信用局在建议中表示，此前考虑到台湾政局不稳，英国可能取消向台湾地区颁发出口许可证，因此从1950年后，信用局取消了对台湾进行《出口担保法》第一条款的担保，采取第二条款的信贷政策，即在装船运输之前，由英国方面的银行确认不可撤销信用证；一旦经由英国装船运输之后，就付款交单；信用局的责任只是提供信用证货币。至于由美国合作署提供资金的交易，则另行讨论。对于美国合作署提供资金支持的贸易，一般会提供担保——在装船之前，要么由美国银行开具不可撤销信用证，要么由美国或英国银行兑付该信用证，使用美元或英镑支付，英国信用局不承担任何风险，其中包括买家失误、无法获得政府批准，以及未能满足申请美国合作署资金的规定，无力承担交易金额等。台湾的短期转账评分等级（Short Term Transfer Grading Schedule）是D级，船运装载（pre - shipment loading）等级为C级，中期转账等级（Medium

---

① Tamsui to Far Eastern Department, July 30, 1957, FCN1151/9, FO371/127493, pp. 40 - 46.

② Export Credits Guarantee Department to Treasury, September 27, 1957, FCN1151/11, FO371/127493, pp. 63 - 69.

Term Grading）为 E 级。①

报告还对美援进行了分析，认为在国民党 200 万人退居台湾后，当地的生产能力被战争破坏，由此美国帮助国民党进行战后重建，希望实现岛内的经济稳定，维持岛上的军事防御力量，同时提高生产力，实现经济上的自给自足。由此，美国在下面几个方面进行了援助：（1）直接的军事援助，包括对供给、装备和服务，直接用于台湾军队。这一部分援助原本就是美国合作署所提供资金的一部分，但 1956 年后，由美国国防部负责；（2）防御支持，用于满足间接的军事要求，比如修路、修大坝、建发电厂、进口原材料，增加农业和工业产量；（3）技术合作，包括教育、培训、公共卫生、土地改革等，以及进口相关的设施。其中防御支持和技术合作均由美国合作署提供资金，1954 年为 8680 万美元，1955 年为 1.07 亿美元，1956 年为 6890 万美元。台湾"第二个四年计划"于 1957 年 5 月得到批准，重点强调工业的发展，其中 50% 的投资计划用于制造业、矿业和发电领域。美援仍然是外汇的主要来源，这些外汇用于工业的发展和扩大，同时鼓励自备外汇和海外华人的资本进行投资。预计到 1960 年，台湾地区的总出口额比 1956 年高出 41%。由于世界蔗糖市场的前景较好，希望能维持现在的蔗糖出口水平，大米的出口也希望保持在当前水平。其他农产品和工业产品的出口也希望得以提高，以提高台湾的贸易总量，减少对大米和蔗糖出口的依赖。总之，台湾经济独立的前景仍然较为遥远，美援仍将持续几年。英国驻淡水使领馆和外交部都认为，美援会维持在较高的水平，同时将逐渐变成长期贷款，而非赠款。②

在这份报告中，英国信用局在总结以往对台出口经验之后认为，到 1957 年为止，英国对台湾的出口贸易中，被英国信用局进行担保的贸易额度十分有限。其中，短期担保只有 6000 英镑，没有任何中长期的担保，也没有任何索赔的案例，英国信用局也没有潜在的索赔责任。因此，在分析上述情况后，英国信用局认定，尽管台湾经济严重依赖于美援，但

---

① Export Credits Guarantee Department to Treasury, September 27, 1957, FCN1151/11, FO371/127493, pp. 63 – 69.

② Ibid.

自从 1950 年之后取得显著成就，美援仍会维持较高水平；同时，由于英国取消了向台湾出口战略物资的限制，出口许可证被取消的风险大大降低。台湾的经济形势和政治局势都得到改善，是英国信用局建议放宽对台出口贸易担保条件的两大理由。由此，在放松对台湾出口贸易担保条件的建议中，信用局仍然以《出口担保法》第二条款为基础，具体规定如下①：

其一，对于短期贸易（short-term business）来说，若是由美国合作署提供资金的贸易，要求在装船运输之前，由美国或英国的银行核实不可撤销信用证，使用美元或英镑来支付，信用局不承担由买家未能获得美国合作署的资金而产生的任何损失；若是非美国合作署提供资金的贸易，信用局将取消对信用证有效期间进行责任担保的限制。当然，不会比保兑不可撤销即期信用证（Confirmed Irrevocable Letter of Credit）的要求更宽松，因为这是台湾当地的政策要求，进口消费品和任何长时段的贸易，都需经过台湾当局批准。

其二，对于延长期及中期出口贸易（Medium Term Type and Extended Terms Transactions）来说，涉及生产资料、服务和建筑工程的进出口贸易合同，若想获得担保需要满足下列条件：从合同签约日期到最后支付日期为止，合同总时长不能超过 4 年；由台湾银行提供担保，在合同到期日之前可以支付英镑；对于中长期的合同，每年实际支付额度不超过 50 万英镑。

其三，将台湾的短期转账评分等级从 D 级上升至 C 级，船运装载等级从 C 级调至 B 级；中期等级从 E 级调至 D 级。

该建议得到了英国政府各部门的一致同意。英国贸易委员会表示欢迎，尤其是放宽对台湾中长期贸易的担保条件，将鼓励英国公司对台出口，为台湾的很多大型项目提供生产资料。英国外交部认为，考虑到台湾的局势更加稳定，因此放松对台湾的出口担保条件是合情合理的。此外，英国财政部、英格兰银行都不反对。由此，英国对台湾实行出口贸

---

① Export Credits Guarantee Department to Treasury, September 27, 1957, FCN1151/11, FO371/127493, pp. 63 – 69.

第二章 英国对台湾贸易信贷政策的开端(1954—1957) ❖ 89

易信贷政策得以通过并实施。①

值得注意的是，除了贸易信贷政策，作为贸易政策的另一个方面，此前英国对台湾所实行的贸易管制政策仍然继续。也就是说，从1953年到1956年，英国对台湾的贸易管制政策总体上并未改变，仍然维持着1952年10月20日在经济政策委员会上的决定，即除了军用物资之外，其他商品，比如各种战略物资，只要数量合理并用于民用，均可以出口到台湾。在国际政治局势变幻不定和冲突不断的背景下，英国与台湾仍然保持着无正式邦交的政治关系。1954年至1955年的第一次台海危机，更让本就以谨慎保守为特点的英国外交传统得到坚持，在没有特殊必要的时刻，坚定地保持既定的"中立"传统，不愿意在局势紧张的时候改变对台湾的贸易政策，引发各方面的猜测和压力，尽力避免卷入中国大陆和台湾的纠纷之中。因此，在1953年至1956年，英国对台湾的贸易管制政策仍旧不变。虽然在英国内阁会议中未出现关于贸易政策的讨论，但两次英国外交部处理涉台贸易的指示和讨论，可以作为贸易管制政策未改变的例证。

其一，1954年4月5日，英国驻淡水领事馆向英国外交部远东司反映，随着1952年对台湾贸易管制政策的放松，英商发现英政府规定，可以向台湾出口一定数量的橡胶和锡，但是对于战略意义较小的铅却不允许出口。因此当台湾"中央信托局"及其他机构采购铅或铅制品时，英国公司无法参与投标。铅虽然可用于军用，但由于台湾缺少相关产业，对铅的需求量不大。数据表明，1950年台湾进口铅403公吨，1951年42公吨，1952年560公吨，因此建议英国外交部允许英国向台湾出口铅。②英国外交部远东司回复称，自从英国经济政策委员会于1952年10月20日修改对台湾的贸易管制政策，除了用于国民党军队的军事物资之外，之前被禁运的所有战略物资都可以通过许可证出口到台湾，前提是数量合理并用于民用。此后，对于国际清单I上的商品则根据各自情况进行

---

① Export Credits Guarantee Department to Treasury, September 27, 1957, FCN1151/11, FO371/127493, pp. 63 – 69.

② Modification of Control of Exports to Formosa, April 5, 1954, FC1125/1, FO371/110278, p. 6.

出口。铅被列入国际清单Ⅱ之中，没有理由对其进行禁运。英国贸易委员会也表示在 1952 年 10 月之后，只要出口商需要证明铅仅在台湾使用，以避免途中被转运到大陆，贸易委员会就会颁发向台湾出口铅的许可证。① 在往来电报确认之后，原来问题出在英国商人未更新 1952 年 10 月的决议，把台湾纳入友好目的地。虽然这是一个类似乌龙的事件，但可以从侧面看出英国仍然保持 1952 年 10 月的对台贸易管制政策，除了军用物资之外，其他商品数量合理并且用于民用的话，都可以出口到台湾。

其二，英国外交部曾于 1954 年 8 月 13 日收到来自英国海军部的咨询，英国造船公司收到隶属于国民党政府的一家台北轮船公司的订单，希望由英国建造 2.8 万吨、航速 16 节同时由涡轮机驱动的邮轮。由于可以证明该邮轮将在台湾合法地用于民用，海军部倾向于颁发建船许可证，同时征求外交部的意见。② 外交部表示，鉴于 1952 年 10 月 20 日内阁经济政策委员会的决议，英国禁止向台湾国民党军队出口武器和军需用品，至于针对其他战略物资的出口个案则由政府各部门协商决定。关于邮轮的出口属于后者范畴，邮轮本是军用民用皆可，但海军部可以证实是合法地用于民用，因此外交部并不反对。③ 从上述的铅出口乌龙案例和轮船制造案例中，可以看出英国外交部在考虑是否允许向台湾出口商品时，仍然基本遵循 1952 年 10 月通过的政策。

第三节　信贷政策的影响及英台贸易

1953 年 7 月 27 日朝鲜战争结束之后，英国驻淡水领事馆专门就当年台湾第四季度的经济情况向英国政府进行汇报。总体而言，随着台湾当局"第一个四年计划"的结束，台湾经济呈现稳定的增长，农业和工业产量都有所增加，对外贸易方面更是增长显著。与 1952 年同期相比，台湾的进出口贸易总额提高了 12.5%，其中进口总额减少了 1.13 亿新台币，出口总额增加了 5.16 亿新台币。蔗糖、大米和茶叶占到出口总额的

---

① Foreign Office to Tamsui, June 16, 1954, FO371/110278, p. 18.
② Admiralty to Foreign Office, August 13, 1954, FC1125/2, FO371/110278, p. 27.
③ Tanker for Formosa, August 19, 1954, FC1125/3, FO371/110278, p. 31.

第二章　英国对台湾贸易信贷政策的开端(1954—1957)

73%，仍是台湾出口的主要产品。台湾在1953年最后一个季度的贸易顺差较为明显，达到2920万美元，占总贸易额的12.7%，其中720万英镑的贸易顺差来自与英镑区的贸易，尽管台湾与英镑区的贸易中有两个区域是贸易逆差，分别是香港（2.9万英镑，即4610万港币）和新加坡（50万英镑，即520万新币）。也就是说，在1953年第四季度的台湾与英镑区的贸易中，除了香港地区和新加坡，台湾与英镑区的总体贸易呈现顺差，即台湾的出口额大于进口额，台湾从英镑区赚取了一定数额的英镑。具体进出口情况详见表2—1。①

表2—1　　　　台湾：第一份经济报告（1953年10—12月）

对外贸易（数字来源：台湾银行）以百万美元为单位

月份	进口	出口	余额
1953年1—8月	60.4	82.8	+22.4
9月	6.3	10.5	+4.2
10月	17.1	8.5	−8.6
11月	10.0	10.7	+0.7
12月	6.7	17.3	+10.6
1953年1—12月	100.6	129.8	+29.2

按国家或地区划分的台湾对外贸易（以百万为单位）

国家/地区	进口	出口	余额
香港（HK $）	107.9	61.8	−46.1
马来亚—新加坡（S $）	5.2	—	−5.2
其余的英镑区（£）	4.5	15.1	−10.6
英镑区贸易总余额（£）			+7.2
日本（US $）	54.0	60.5	+6.5
美国（US $）	15.5	20.2	+4.7
加拿大（US $）	—	0.5	+0.5
比利时（Bfc）	0.4	1.2	+0.8

根据英国驻淡水领事馆向英国外交部的报告，1954年上半年，台湾

---

① Formosa Economic Report No. 1 of 1954, March 11, 1954, FC1106/1, FO371/110262, p. 12.

的出口总额达到8.91亿新台币（2050万英镑）。蔗糖的出口额度为1100万英镑，大米200万英镑，茶叶110万英镑，香蕉70万英镑，菠萝、香茅油分别都是20万英镑。台湾的出口总额中，出口到日本的比例为49%，印度12.5%，中国香港7%，新加坡和马来亚5%，美国4%，英国1.5%。[1]

1954年上半年台湾已经支付的进口商品（不包括美国援助）总额达到8.45亿新台币（1940万英镑），其中硫酸铵的进口额度为160万英镑，机械设备（包括纺织设备）为110万英镑，原油和药品各占100万英镑。按国家和地区来看，日本占51%，美国14%，中国香港6%，英国5%，新加坡和马来亚3%。[2]根据1954年1月至6月的台湾进出口外汇清算表，1954年上半年中，只有英镑处于顺差地位，总额为360万英镑，美元、港币、叻币[3]的外汇清算均为赤字状态，分别是170万美元、780万港币、180万叻币。也就是说，在外汇清算中，台湾与其他地区的贸易都是逆差，只有从英镑区赚取外汇，这也凸显了英镑区或者英国对台湾的重要性。[4]

英国和台湾的进出口贸易一直稳定发展。到了1956年，根据英国信用局的备忘录，台湾的"第一个四年计划"业已完成，其特点是：（1）利用美元，增加蔗糖、大米和其他农作物的产量，部分用以满足自身需求，部分用以出口赚取外汇；（2）促进工业发展，减少进口工业产品；（3）促进出口，减少进口，尤其是非必要商品，来改善收支平衡，减少对美援的依赖；（4）增加税收，平衡政府的预算。随着"第一个四年计划"的结束，台湾仍然高度依赖美国的援助，但经济能力已经得到显著的增强。台湾已经实现了增加蔗糖和大米产量的目标，1956年的蔗糖产量增加了4.6%，大米产量增加了6%（大米和蔗糖占到台湾出口额的68%）。通货膨胀的趋势被有效抑制，国民党采取了更加务实的措施来

---

[1] Formosa Economic Report No. 2 of 1954, August 13, 1954, FC1106/2, FO371/110262, p. 18.
[2] Ibid, p. 18.
[3] 叻币（Straits Dollar），是马来西亚、新加坡与文莱在英殖民地时期，由英殖民政府所发行的货币。1939年，英殖民政府发行新货币马来西亚元（Malayan Dollar）来取代叻币。
[4] Formosa Economic Report No. 2 of 1954, August 13, 1954, FC1106/2, FO371/110262, p. 18.

第二章　英国对台湾贸易信贷政策的开端(1954—1957)　93

解决经济问题。1955年3月，台湾开始了外汇和进口控制体系的改革计划，希望能有效抑制非必要商品的进口，提高行政控制的能力。①

根据备忘录的记载，在贸易收支方面，台湾的贸易收支并不十分有利，但美援让台湾的贸易收支赤字变成了盈余，表2—2给出了1950—1956年台湾的进出口额度以及美援的额度。②

表2—2　1950—1956年台湾的贸易收支情况（以百万美元为单位）

	1950	1951	1952	1953	1954	1955	1956
进口	112	141	204	185	198	181	209
出口	93	93	119	130	97	134	130
余额	-19	-48	-85	-55	-101	-47	-79
美援进口	20	57	89	84	88	89	95
包括美援进口在内的余额	+1	+9	+4	+29	-13	+42	+16

台湾的发展目标就是尽力扩大出口，最终在没有美援帮助的情况下，自主实现收支平衡。而在英国和台湾的贸易中，台湾一直存在贸易顺差。1950年开始，英国对台湾的出口实行贸易管制，后来逐渐放松管制程度，仅限于禁止出口武器和某些用于军队的设备。因此，自从1952年英国放松对台湾的贸易管制之后，直到1956年，台湾从英国的进口额度都保持在100万英镑左右，这与1950年和1951年形成鲜明的对比。表2—3清晰地反映出1950—1956年台湾与英国的进出口贸易情况。③

表2—3　　　1950—1956年台湾同英国的进出口贸易额　　单位：千英镑

	1950	1951	1952	1953	1954	1955	1956
台湾从英国的进口	44	116	1466	948	1157	829	1019
台湾对英国的出口	443	816	1888	2917	1292	1628	1351
差额	+399	+700	+422	+1969	+135	+799	+332

---

① Paper Prepared by E. C. G. D, September 27, 1957, FCN1151/11, FO371/127493, pp. 64-66.
② Ibid, pp. 64-66.
③ Paper Prepared by E. C. G. D, September 27, 1957, FCN1151/11, FO371/127493, p. 66.

1957年英国对台湾开始实行信贷政策后,除了对双边贸易产生积极效果之外,还在以下三个方面产生了一定的间接影响。

其一,在英台双方官员的层面上,达成促进贸易的共识。在英国调整出口信贷政策之后,台湾也加强了从英国进口商品的意向。1957年9月23日,英国驻淡水领事富兰克林和副领事怀特(Wright)与台湾"中央信托局"官员、省政府贸易顾问以及英国在台公司代表等人共进私人午宴。其间,台湾"信托局"官员表示,1957年3月的"英国人士友好访问团"来台访问,希望组建一个非官方的"贸易代表团"。这就是此次午餐讨论的目标,同时讨论如何促进英台贸易。对此,英国领事富兰克林在强调午餐的非正式性之后,表示相对访问北京的英国代表团而言,"贸易代表团"可能是国民党的宣传姿态。促进英台贸易的最好办法还是努力让英国公司获得由美国合作署提供资金支持的合同大单,比如英国电气公司对台湾电力公司的发展计划十分感兴趣,有意竞标几个与之相关的项目。这比"贸易代表团"更有作用,更有利于英国商界人士了解台湾,并作为潜在市场,培养英台的商贸关系。英国公司代表反映,目前双方在机械方面的贸易持续增长,贸易合同也很有必要,只是需要更好的利用条件。对此,台湾官员的反应都很积极,认同促进英台贸易关系的最好方法是给英国公司一个大额合同。"信托局"也愿意为来访的英国商人提供入台许可的帮助。富兰克林在报告中总结道,这次非正式午餐取得的一个成果是,所有出席的台湾官员都表示,只要英国的产品在质量和价格上有竞争力,他们就十分愿意增加从英国的采购。他们手中持有英镑,愿意购买英国产品。同时,国民党官员表示,除了愿意"促进贸易",对于真正有诚意的英国商人入台,国民党并未设置真正的障碍。①

其二,在英台双方官员达成促进贸易的共识之后,在具体操作方面,除了进行之前惯于出口的茶叶、蔗糖等常规贸易,最显著的成就的就是双方签署了化工方面的合同,其中英国驻淡水领事馆仍旧起到了牵线搭

---

① Tamsui to Far Eastern Department, October 1, 1957, FCN1151/13, FO371/127493, pp. 86 – 89.

桥的作用。英国驻淡水领事富兰克林曾于1957年9月向英国贸易委员会汇报称，他私下从"台湾省政府"的官员那里得知，他们可能会考虑从英国购买锌锭和铅锭、锑块、碳酸氢钠（小苏打）、纯碱和食用香精。台湾方面预计的采购数额价值约为44万美元。目前从瑞士巴塞尔进口，由瑞士霍夫曼罗氏（Hoffmann – LaRoche）公司生产。英国驻淡水领事馆对食用香精很感兴趣，想要了解英国产品的价格和运输情况，希望英国公司能成为这一领域的领跑者。① 在英国驻淡水领事馆的帮助下，英国帝国化工公司（the Imperial Chemical Industries）获得了几个有价值的化工产品合同。1957年12月9日，富兰克林从帝国化工公司台北代理处得知，帝国化工公司已经向台湾售出1000吨的苏打粉（碳酸钠），每吨57美元，订单的总价值为5.7万美元，用于在高雄的玻璃工厂。同时，还售出了400吨的小苏打粉（碳酸氢钠），每吨价格在70—80美元之间（约28英镑），用于当局管辖的医药机构。这些货物会直接从利物浦运送，于1月19日离开利物浦，通过蓝烟囱航线（Blue Funnel Line）② 运送到高雄或基隆。在此之前，此类产品均从日本购买，这是台湾第一次向英国供应商提交订单。台湾当局表示持有足够的英镑外汇，如果英国公司的竞标具有竞争力，台湾买家可以自由选择与日本还是英国进行合作。③

此外，还有一项值得注意的贸易机会是台湾方面想要从英国进口废钢料。1957年12月3日，英国驻淡水领事馆向英国贸易委员会报告，作为安置国民党退伍军人的台湾退休军人职业援助委员会（Vocational Assistance Commission for Retired Servicemen），正在筹划扩建两个钢铁场，用于培训和雇佣老兵。但是，台湾的钢铁产业十分依赖于废钢料，目前台湾的废钢料数量并不充裕，这大大限制了钢铁公司的扩建。因此，台湾

---

① Tamsui to Board of Trade, September 23, 1957, FCN1151/12, FO371/127493, p. 82.

② 太古轮船公司早在19世纪60年代就经营两条重要的航线：（一）代理海洋轮船公司（Ocean Steam Ship Company）的上海—利物浦远洋航线，该公司属于以蓝烟囱航线（Blue Funnel Line）闻名的英国贺尔特公司旗下；（二）1866年，联合一些船主组成"中国海船组合"（China Coasters，或 Coast Boat Owner），以五艘轮船航行于上海至福州及东南各口岸，进一步把中国东南沿海的航线与蓝烟囱的远洋航线紧密地联结起来。参见 http://stv.moe.edu.tw/? p=248619。

③ Tamsui to Commercial Relations & Exports Department, December 10, 1957, FCN1121/4, FO371/127492, pp. 16 – 18.

退休军人职业援助委员会通过各种途径，希望能从英国、中国香港或澳大利亚购买旧船用做废钢料，同时征询英国驻淡水领事馆。后者对于这一咨询表示很高兴，因为此前台湾大部分的废钢料都来自美国或日本，这是台湾首次考虑并问询英国及英联邦国家。① 另外，听说目前英国电气公司（English Electric）在和英国贸易委员会进行探讨，想要竞标台湾电力公司的大额合同，英国驻淡水领事馆十分愿意提供相关的指导信息。②

其三，促进了台湾与香港的贸易。香港作为重要的国际港口和转运中心，与台湾的贸易联系十分紧密。此次英国信用局放松对台湾的出口信贷条件，间接地促进了英国与台湾的贸易。在1957年7月的"自由中国的工业"（Industry of Free China）杂志中，详细讨论了台湾与香港的贸易前景。文章表示，随着英国决定放松对华贸易管制，废除"中国差别"，同时放松对台湾的出口信贷条件，1957年台湾与香港的贸易得到迅速发展，双方的关系保持稳定，贸易前景很好，发展贸易是当今世界各个国家和地区的意愿。香港是最具实力的转运港口之一，是台湾出口商品的中转平台，双方已经有了稳定并流畅的贸易关系。台湾出口蔗糖、茶叶、煤炭到香港，还有其他商品，比如棉布、香茅油、苎麻、樟脑、菠萝、香蕉等特产；香港向台湾出口机器及零件、工具、钢铁、化工和工业原材料。台湾向香港的出口量不断增长。两年前，台湾从香港进口大量的棉纱，今天，台湾的棉布和棉纱已经可以出口到香港。台湾从香港进口的工业产品也逐渐减少，这充分证明台湾的工业和商业在迅速发展，在与香港的贸易中处于出超地位，赚取外汇。同时，台湾工业产品和农产品的高质量和低成本，也吸引着香港商人从台湾进行采购，然后中转售出从而赚取利润。香港拥有得天独厚的贸易条件，比如（1）作为一个自由港口，香港的商品转运是不受限制的；（2）各国商人汇聚在香港，汇聚了各种贸易信息；（3）赋税较轻，促进货物交换；（4）完善的沟通和交通体系，尤其是海运；（5）覆盖广泛的国际汇款，让资本转移更加便捷；（6）有经济影响力的华人愿意与台湾进行贸易。因此，如果

---

① Tamsui to Commercial Relations and Exports Department, December 3, 1957, FCN1151/14, FO371/127493, p. 93.

② Tamsui to Board of Trade, September 23, 1957, FCN1151/12, FO371/127493, p. 82.

这些因素都能充分利用的话,台湾与香港的贸易一定会更加繁荣。香港商人建议港英当局成立一个专门的贸易机构,以便更好地与海外公司建立联系。"中央信托局"代表台湾方面与香港方面进行谈判,希望把香港和基隆建成"自由中国"与东南亚和欧洲贸易的转运中心。①

小　结

从 1953 年朝鲜战争结束到 1957 年英国废除"中国差别",经历了第一次台海危机、美台签订《共同防御条约》等重要的国际及地区事件,从政治关系的角度看,英国继续与台湾保持无邦交关系。与此同时,英国对台湾的印象也开始产生好转,愿意重新对台湾当局进行评估。国民党内部开始产生分化,不再是完全反对英国的声音,蒋介石公开向英国示好,表明高层从更长远的角度考虑主张对英国和缓,而中低层仍然无法接受英国对大陆的暧昧态度。因此,从双方的政治角度考量,英国改善对台湾的印象,蒋介石对英国的态度也变得缓和,但英台关系仍保持表面上的平静。从经济发展的角度看,在 1949 年至 1953 年,由于朝鲜战争的缘故,英国对台贸易政策尽管在不断放宽,但仍然以贸易管制为主。相比之下,1954 年至 1957 年,英台贸易则出现了一些促进发展的积极因素,比如英国政府各部门积极促成与台湾的贸易,并尽力为英国商人提供相关信息,英国商会甚至建议专门成立一个贸易往来账户,等等。如此种种均表明,英国和台湾双方都有促进贸易发展的愿望和动力,这为 1957 年英国放松对台湾的出口信贷担保政策奠定了政治和经济基础。

1957 年是特殊的一年。在这一年中,英台关系在政治、外事、经济等方面都有一定的变化,其表现如下:

政治上,国民党在 1952 年 10 月的《国民党党章》第 9 条中写道,"我们愿意与那些没有外事关系的非共阵营的国家进行贸易和合作。"1956 年国民党主动向英国表示缓和姿态后,英台间的政治关系得到一定

---

① New Outlook of Taiwan-Hong Kong Trade, August 5, 1957, FCN1121/2, FO371/127492, pp. 9 – 10.

程度的升温。1957年从英国去台湾的游客数量，比过去6年的总量还多。先后访台的有国会议员蒂林、奥格登率领的"英国友好访问团"、出口信用保证局的两名官员、国会议员德·弗雷塔斯（de Freitas）、希尔（Hill）和马修（Matthew）。9—10月间，台湾一家歌剧团在伦敦进行演出。尽管英国和台湾的互访次数有明显增加，但英国的政治底线并未动摇，仍旧尽量避免卷入国共纠纷中。英台双方之间如此频繁的互动，当然引起了中国大陆政府的警觉和抨击。①

经济上，1957年正值台湾"第一个四年计划"结束，"第二个四年计划"（1957—1960）开始。台湾方面号召在工业和农业领域的投资，预计将达2亿英镑。在1957年，台湾内部也较为稳定，物价没有严重的波动，除通过出口蔗糖、茶叶、香茅、菠萝赚取外汇外，还接受美国8000万美元的经济援助，蔗糖的出口达到1亿美元。英国对台贸易信贷政策为英国商人与台湾进行贸易往来提供便利。同时，台湾方面也表示愿意增加英台贸易。双方在新的领域进行了接洽和谈判，签署了一系列进出口贸易合同。这都表明英台双方的经济贸易关系步入相对稳定发展的时期。②

外事关系上，从1957年年底离任的英国驻淡水领事富兰克林在台湾的辞别活动中，可以看出英台关系已经处于较为友好的状态。12月16日，富兰克林全家和时任"台湾省政府"主席周至柔将军（Chou Chih-jou）一起，在台中的家里共进晚餐，将军夫人也特地从台北赶到台中参加这次晚宴，这是一种十分友好的姿态。周将军表示，他个人对英国没有负面情绪，理解英国和国民党之间的政治关系存在困难，希望保持耐心并克服这些阻碍，同时感谢英国驻淡水领事馆的合作。他相信英台都充分认识到共产党对"自由世界"的威胁，并且保证通过他的影响力保护英国在台湾的利益。③

总之，从1954年到1957年，英国对台湾的贸易政策表现在两个方

---

① Review of Events in Formosa During 1957 Together with A Chronological List of Some of the Main Events of That Year, March 10, 1958, FCN1011/1, FO371/133496, pp. 4–10.
② Tamsui to Foreign Office, December 31, 1957, FCN1051/1, FO371/133513, pp. 3–6.
③ Ibid, pp. 3–6.

面：其一，除了军用物资之外的其他商品，比如各种战略物资，只要数量合理并用于民用，均可以出口到台湾，即英国继续保持1952年10月20日的贸易管制政策不变；其二，英国于1957年首次对台湾实行贸易信贷政策，从原来的付款交单，变成提供4年的信贷期限。即自1957年起，英国对台湾的贸易政策分为两个方面，在对军用商品进行禁运的同时，对允许向台湾出口的商品采取贸易信贷政策，为发展双边贸易提供了更宽松的政策条件。

第 三 章

英国对台湾贸易信贷政策的逐步放宽
（1958—1962）

  1958年8月23日，中国政府再次炮击金门，爆发了第二次台海危机，台湾再次成为国际上的焦点。尽管台海局势到了年底有所缓和，但台湾仍然经历了从大陆撤退以来最担惊受怕的一年。在这样敏感的政治局势之下，英国议员蒂林访问台湾，引起各方的强烈反响。此访之后，英国政府在种种考虑之下，发出了《访台主要部门的政策通知》、如何应对国民党外事人员的政策通知、《英国商人访台指南》三份文件，从政治、外事和贸易角度，全方面地指导涉台问题。在此期间，英国对台湾的贸易管制政策仍保持不变，但贸易信贷政策经过两次讨论后，得到全方位的改变。1959年，英国将每年最高支付额度从50万英镑提高到75万英镑，信贷期限仍为4年。1960年，英国再次放宽对台出口信贷政策，将年度最高支付额度提高到100万英镑，而信贷期限则延长至5年。在英国积极调整对台信贷政策的同时，台湾也于1960年9月颁布实施了"奖励投资条例"，为英国商人与台湾进行贸易往来提供政策便利。在双方政府的政策支持下，英台贸易的发展进入了新阶段，出现了新的贸易形式，其中纺织业的进出口贸易发展尤为显著。

第一节 英国议员蒂林访台及各方反应

  1957年前后，英台关系持续升温，双方之间的互访人数增加，但到

第三章 英国对台湾贸易信贷政策的逐步放宽(1958—1962) ❖ 101

了1958年,第二次台海危机的爆发让台海局势再度紧张。[①] 原本较为频繁的对台访问,或多或少会受到政治因素的影响,尤其是英国政府官员入台访问,在敏感的政治环境中,很有可能影响到各利益方的关系。和几乎所有国家内部的政治派别划分一样,在英国政坛中存在着亲共和亲蒋两派。在中国共产党实际上控制大陆、国民党退居台湾后,本着现实主义的原则,英国政府承认中华人民共和国,与之保持代办级外交关系,同时还保留着在台湾淡水的领事馆。虽英国为了在华利益断绝与台湾的外事关系,但仍有一些政治人物对蒋介石抱有同情心。早在1954年圣诞节期间,正值第一次台海危机时,英国保守党议员威廉·蒂林就计划以蒋介石客人的身份访问台湾,这一想法震惊了英国内阁,经由讨论后强制阻止这一计划使其未能成行。在英台关系缓和之后,蒂林于1957年3月上旬首次赴台访问,这是英国访台的第一位议员。与其他英国访台人员一起,蒂林等人的访台引起中国大陆的关注,中国大陆政府通过媒体批判其访台阻碍了中英两国的友谊。1958年1月3日蒂林第二次访问台湾涉及的人物更多,活动更丰富,而且影响更深远。

1958年1月3日至10日,蒂林在台湾共停留8天。其间蒂林向英国驻淡水领事馆官员表示,此次来台的原因是,担任国民党在英国的"代表"以及国民党的英国公共关系顾问,协助并参与国民党设在伦敦的"自由中国情报处"(Free China Information Service)的活动,同时为情报处负责人陈尧圣(Y. S. Chen)提供"政策性指导",年薪为5000英镑。[②]

蒂林在台湾的访问活动主要分为政治和经济两个方面。政治上,拜会或约见了众多国民党政要。1958年1月4日晚参与了国民党军事和对外事务的会议,8日拜见蒋经国,9日与蒋介石进行了长达75分钟的谈话,这明显超出了国民党领袖与外宾会面的正常时长。蒂林发现蒋介石很敏锐,也很警觉。蒋介石警告英国,目前看不出英国的远东政策,望

[①] 对"第二次台海危机"前因后果探析的文章可参见姜渝《"第二次台海危机"的前因后果析》,《四川教育学院学报》1997年第4期;对第二次台海危机的起源、危机中中美决策的选择及寻求缓和冲突的途径,可参见戴超武《敌对与危机的时代——1954—1958年的中美关系》,第265—482页。

[②] Tamsui to Far Eastern Department, January 11, 1958, FCN1151/2, FO371/133520, pp. 14 - 18.

其下定决心确认在远东的真正利益，否则将会失去在远东的影响力。当蒂林表达以"贸易"为桥梁搭建英台关系的想法时，蒋介石表示出浓厚的兴趣，马上指示"行政院"讨论这一问题。①

经济上，由于在1957年12月24日蒂林安排台湾外事主管部门叶公超和英国贸易委员会官员在小卡尔顿俱乐部（Junior Carlton Club，英国保守党总部）会面事宜，因此此次访台，蒂林也与叶公超进行了会谈。后者曾询问如何让台湾得到英国的支持，蒂林回答："唯一的方法是增加贸易，让英国更加深入地参与台湾发展项目。"当叶公超问到想要开展哪一类贸易时，蒂林表示，由于台湾"第二个四年计划"的重点投资领域是电力和铁路，因此英国希望加强双方在重工业领域的合作。叶公超表示，到目前为止，台湾当局的发展计划中设想的只是传统电力，还没想过把核能引入台湾。但是他对英国哈维尔（Harwell）实验室留下很深刻的印象，认为英国利用核能发电的能力比美国"更加切实可行"。尽管英国的科研项目经费不如美国的研究团队丰厚，但前者研究质量很高，这就弥补了资金不足的缺陷。同时参加会谈的"美援理事会"秘书长（the Secretary General of the Council for United States Aid）王蓬（Martin Wong）提出了操作上的问题，他指出虽在"第二个四年计划"中，有人建议台湾铁路系统走向电气化，但由于英国和台湾在地理上相去甚远，随之产生的运输上的困难和时间上的消耗，是台湾方面不得不考虑的问题。因此是否从英国采购，主要取决于英国的交货条款。另外，蒂林还约见了"中央信托局"的官员。尽管"中央信托局"很欣赏蒂林的观点，认同贸易是英国展现对台湾友谊最实际的方法，但"中央信托局"必须从美国购买一定数量的商品，加上台湾人在传统上对日本产品的青睐，使信托局60%的采购都指向日本。蒂林表示理解这一情况，正在考虑在英国举办一个台湾产品和广告的"贸易橱窗"，会尽力促进双边贸易。②

台湾对于蒂林的访问十分欢迎并给予大力宣传。台湾《中华新闻》（China News）对蒂林进行跟踪采访，于1958年1月8日刊登了题为《蒂

---

① Tamsui to Far Eastern Department, January 11, 1958, FCN1151/2, FO371/133520, pp. 14-18.

② Ibid.

第三章 英国对台湾贸易信贷政策的逐步放宽(1958—1962)

林:贸易是加强英台联系的最佳途径》的文章。蒂林告诉记者,台湾并未被广大的英国群众所熟悉。国民党从大陆撤退到台湾,使其在英国群众心中失去地位。大部分英国报纸近年来并未提及台湾,因此英国对远东的局势并不了解,尤其是英国大众发现台湾拥有庞大的军队、高效的空军,同时投入大量资金用于土地发展和提高实力,表示十分吃惊。面对稳步前进的台湾,英国需要与之改善关系,发展双边贸易是最好的方法。自从英国的重工业公司从台湾得到一些订单之后,对台湾的兴趣瞬间得到增加。台湾向英国出口了大量的蔗糖和菠萝,英国可以向台湾出口汽车底盘等重工业设备。增加与英国的贸易,会让台湾的知名度更高。① 此外,"新闻快报"(Express News)着重强调了蒂林与蒋介石会谈的情况。蒋介石认为"英国商人想同中华人民共和国进行贸易是十分愚蠢的",他把英国这一错误幻想称为"与虎谋皮"。蒋介石认为"如果英国想维护其在亚洲的利益,就得重新评估其远东政策,这不仅对英国有利,也有利于'自由世界'"。同时,蒂林承认英国对台湾的了解程度不够,台湾应该在英国公开一些政治、经济和军事上的进展,来增加知名度,促进彼此了解。②

但是,对于英国和中国大陆政府来说,他们并不愿意看到议员在台湾进行如此高规格的活动。从上述蒂林访台行程可以看出,蒂林的访问不只是贸易洽谈,还与蒋介石等一系列政治人物见面,谈论的话题涉及了中国大陆、英国在远东政策等政治领域的敏感问题,因此中国大陆政府对此访的反应很激烈,而英国则要想方设法降低蒂林在台的影响,并提醒新任驻淡水领事要引以为戒。

蒂林在1957年3月访台之后,中国驻英国代办宦乡向我国外交部详细汇报了英国官方对台湾的态度发生变化,并且详细列举了英国官员访台的案例,蒂林名列其中。到了1958年蒂林第二次访台之际,宦乡直接向英国外交部表达了不满,并且给出了英国支持"两个中国"的证据:

---

① Teeling: Trade is Best Way to Better Sino-UK Ties, by Jimmy C. Hsiung, *China News*, January 8, 1958, FO371/133520, pp. 19 – 20.

② President Urges Britain to Reappraise Far East Policy, *Express News*, January 10, 1958, FO371/133520, p. 22.

其一，1957年10月25日的英国贸易委员会期刊上，出现了关于台湾的文章；其二，鼓励英国驻淡水使领馆和台湾当局增加联络。蒂林回国后的行动也得到了宦乡的关注，他向外交部和中调部提交的报告中指出，英保守党议员蒂宁戈2月4日在工人协会（蒂为该会理事）作了1957年及最近访台报告。会议由该会副会长皮葛特少将主持，到会者约50人，大部分是中上层保守党人员。① 鉴于英国和台湾地区之间互访增多的情况，中国外交部早在1957年3月29日就给出指示："关于英国官方、半官方及舆论方面制造'两个中国'的活动，国内准备在宣传上揭露抨击。目前英政府还未出面，我们在公开评论时还应注意分寸，适当打击英方新的活动，同时强调这种政策对英的不利后果，做到又拉又打，区别英美。"中国外交部同时指示宦乡，"可根据此原则推动工党、保守党中一些对我友好分子和进步人士在英报刊或议会中发表评论或提出质询"。②可见，只要英国政府未出面，中国大陆政府还是留有余地的，只在媒体上进行宣传和抨击，并对英国进行口头上的警告和抗议。

　　蒂林访台不仅引起了中国大陆政府的不满，英国政府内部也对此颇有微词。尤其是蒂林曾当面向叶公超表示，在赴台前拜见了英国贸易委员会主席戴维·埃克尔斯（David Eccles），后者对来访的中国大陆贸易代表团表示怀疑，不知道后者是否真的会遵循合同约定。埃克尔斯认为能威慑中国大陆的最好方法，就是与台湾当局签订一份贸易大单。③ 蒂林口无遮拦的不谨慎言辞让英国贸易委员会和外交部十分恼火。1958年3月11日，贸易委员会表示，尽管埃克尔斯确实怀疑中国大陆贸易代表团所产生的积极效果，但不一定想让国民党官员知道此事，蒂林这种激烈的言辞会让英国贸易委员会十分尴尬。当然，贸易委员会不反对增加与台湾的贸易，也欢迎更多的出口机会，但前提是这些建议切实可行，同时不引起国民党的猜测，如英国是否改变对中国大陆和台湾的政治态度

---

① 英国同台湾关系，1958年2月10日，中国外交部档案馆，110-00724-01，第11页。
② 英国在台湾问题上的态度和表现，1957年3月29日，中国外交部档案馆，110-00643-01，第12页。
③ Mr. Teeling's Support for the Chinese Nationalists, March 11, 1958, FCN1151/2 (A), FO371/133520, pp. 23-24.

第三章　英国对台湾贸易信贷政策的逐步放宽(1958—1962)　❖　105

即可。① 英国外交部也认同贸易委员会的看法，并在 3 月 18 日给贸易委员会的电报中表示，蒂林引用贸易委员会主席的话，同时告诉国民党官员，英国对中国大陆贸易代表团持消极态度，对这于这一做法，英国外交部并不支持。尽管蒂林与国民党的关系更加密切，但他对台湾的访问以及参与媒体发布会让英国政府十分尴尬。原因是，这不仅会让国民党误解为台湾将得到英国更多的支持，也会被中国大陆政府当作英国政府制造"两个中国"的证据。况且，英国外交部对于蒂林所谓的"贸易桥梁"的真正作用存在疑问。因此英国外交部的观点是，尽管希望英国出口商能获得公平竞争的机会，但不希望国民党得到这样的印象，即奖励给英国公司一个贸易合同，会换来与英国政府政治关系更紧密的好处。②

为了避免此类事件再次发生，英国外交部于 1958 年 5 月 16 日向新上任的英国驻淡水领事魏驹（Veitch）发送电报，再次强调英国对台湾问题的外交态度，要求以此访为戒。电报指出，蒂林访台已成为中国代办宦乡指责英国制造"两个中国"的证据之一，因此有必要强调并总结英国政府与台湾当局的关系。"英国政府的出发点是，既然已承认了中华人民共和国政府为中国的合法政府，并随后中断了对台湾当局的承认，英国必须遵守这个承诺，避免让中华人民共和国政府掌握合理的证据，指控英国言行不一致。英国也不承认中国的指控，即英国驻淡水领事馆的存在违反了英国的承诺，认为这种做法在国际上经常存在。同时，英国要避免那些可能暗示英台有更紧密的关系的行动，避免让人误以为国民党有英国官方或半官方的支持，这对英国驻淡水领事馆的要求很高。"根据此访的各方反馈可知，蒂林的行动不仅让中国大陆政府产生误解，连一些台湾国民党的官员也认为英国议员的来访暗示着英国对国民党的关系更加密切，甚至认为"蒂林在某种程度上，就是一个非官方的大使"。因此，英国外交部表示，"将继续告知任何接到访台邀请的人，国民党一定会利用他们的访台大肆宣传。访台人士的社会地位越显赫，给英国政府

---

① Mr. Teeling's Support for the Chinese Nationalists, March 11, 1958, FCN1151/2（A）, FO371/133520, pp. 23 - 24.

② Far Eastern Department to Board of Trade, March 18, 1958, FCN1151/2, FO371/133520, p. 27.

带来的尴尬就越严重。英国政府的官员若要访台，哪怕他们在休假，英国外交部也一定会进行劝阻。"电报强调，任何访台的英国人都只能以私人身份，他们的行为与英国政府没有任何关系，希望驻淡水领事馆能机智老练地处理这类问题。如果认为访台的英国人代表了英国的一个强大的利益团体的话，那就完全误解了英国与美国、中国大陆及台湾地区的关系。①

英国外交部还发现，议员和其他公共人物访台所带来的困境，某种程度上源自于媒体访问，因此并不鼓励英国记者访台。同理，对于来访的国民党官员，分成两类来看待：如果是偶尔来英国参加会议（或国际组织的活动，比如台湾是蔗糖理事会的一员）的国民党官员，则可以发放旅行证件；但如果来英国从事其他任务的高级官员，并急于同政府部门取得联系，都会产生尴尬的后果，这种情况下英国外交部只能视作私人访台。英国政府不想让本国商人抱怨被剥夺了贸易机会，因此并不拒绝商人或学生访台，只要他们不参与其他活动。对于"文化交流"，尽管没有理由拒绝台湾艺人到英国安排商业演出，英国外交部不热衷于通过官方渠道来鼓励此类交流。英国外交部告诫驻淡水领事馆，"需要铭记在心的是，国民党乐于看到英国和中华人民共和国之间产生任何的分歧和不快，将来也会乐此不疲地继续进行干扰。"② 至于蒂林一直强调的"贸易桥梁"，英国外交部认为，这只有经济方面的部分好处，"英国出口商若能获得订单是件好事，但他们目前对台湾市场不感兴趣，我们怀疑蒂林如何进行宣传和刺激。即使他能做得到，考虑到美国和日本在台湾的特殊地位，大幅度增加英国贸易份额也是遥遥无期的。"尽管"中央信托局"曾希望促进英台贸易，但任何一项需要英国政府干预的交易（比如通过政府间的协议谈判来出口一个核能发电机）从政治层面来考虑，恐怕将会被阻止。③

对于这一份详尽的指示，英国驻淡水总领事魏驹感谢英国外交部的帮助和指导，会接受大部分建议。同时纠正一点，对于英国商人来

---

① Far Eastern Department to Tamsui, May 16, 1958, FCN1151/2, FO371/133520, pp. 34 – 37.
② Ibid.
③ Iibd.

说，尽管目前与台湾贸易的前景并不十分乐观，但他们对台湾市场仍然很有兴趣。比如，负责贸易咨询的台湾江森贸易公司（Kiangson Trading Company，音译），在开业第一个月就收到70封从英国发来的咨询信件。①

总之，1958年蒂林访台的主要目的是搭建英台贸易的"桥梁"，以贸易促进双方政治关系的发展。但在冷战背景下，当时正值第二次台海危机的紧张时刻，由于英台未正式建交、国会议员身份特殊、大陆与台湾的紧张关系，同时涉及英国远东政策等敏感问题的讨论，因此，对于此次访问，英国政府、台湾当局、中国大陆政府的反应各有不同。台湾当局在支持英台贸易的同时，有意将其联系到国共对抗，希望通过贸易打击对方、证明自己；中国大陆政府通过媒体宣传批评英国，但对英国的非官方行为留有余地；对于此次被国共双方都解读出政治意义的访问，英国政府需要尽可能平息由此产生的政治影响。作为一个坚持台海"中立"政策、又有重商主义传统的国家，英国希望与台湾地区发展贸易，但不能涉及政治讨论和官方行为，而此次访问明显超出了英国政府的本意，在政治上带来一定的负面作用。值得注意的是，蒂林还利用大陆因素来刺激国民党与英国加强贸易。他表示如果英台双方能达成具体的协议，更会彰显中国大陆贸易代表团的保证只是泛泛之谈，这会"很有趣"。② 可见，蒂林在游说台湾增加贸易合作时，将发展贸易的好处与政治利益相联系。此时贸易合作已不仅仅是经济问题，而被赋予了新的含义，即成为打击共产主义的一种武器，这是冷战背景中的国际贸易所呈现的新特点。

第二节　英国政府关于涉台问题的三项原则

1958年蒂林访台所引起的较大影响，不仅仅针对蒂林这一次访问，更是对于之前英台频繁互访以及双方政治升温的一种反映，这让英国政

---

① Tamsui to Far Eastern Department, June 4, 1959, FCN1151/10, FO371/133520, p. 65.

② Tamsui to Far Eastern Department, January 11, 1958, FCN1151/2, FO371/133520, pp. 14 - 18.

府再次强调自己的政治底线，不要被日益增加的英台贸易往来所迷惑，以免让奉行"中立原则"的英国处境尴尬。这种清醒的态度在第二次台海危机爆发之后，变得更加明确。英国外交部在 1958 年 9 月 13 日，发表如下声明："英国没有责任和义务为金门、马祖或台湾的防卫提供军事行动。英国唯一的责任是遵守联合国宪章。"1960 年 9 月 12 日，首相麦克米伦（Harold Macmillan）在布罗姆利（Bromley，英国一城市）表示，"关于台湾地区的问题，美国盟友并未向英国寻求，或得到英国的军事支持承诺。"① 可见，对于台湾的防卫问题，英国与美国的立场并不相同。美国政府受限于 1954 年签订的美台《共同防御条约》，为台湾和澎湖列岛提供防卫。但这并不是英国政府的责任，英国需要尽量避免被卷入中国大陆和台湾的争端之中，小心谨慎地避免与国民党过从甚密。因此，英国政府出台了《访台主要部门的政策通知》、如何应对国民党外事人员的政策通知，以及《英国商人访台指南》三份文件，从政治、外事和贸易的角度，全方面地指导对台问题。

一 《访台主要部门的政策通知》

关于英国官员访台的问题，英国外交部的立场是一贯的，认为政府官员访台所带来的麻烦，如引起的猜测和抗议，远超过访问本身所带来的好处。随着台湾局势的逐渐稳定及台湾经济的逐步发展，由于私人或工作关系，越来越多的英国政府工作人员及东南亚殖民政府工作人员，频繁咨询能否访台。这让外交部认为，有必要就英国政府人员的访台问题发出一份政府通知做出解释，其契机则是军队高官派克将军和马来政府官员莫里森的访台案例。

1960 年 1 月 19 日，英国远东陆军参谋兼总司令威廉·派克将军（William Gregory Huddleston Pike）向英国外交部表示，在去年 11 月美国武器展览（American Weapons Demonstration）上与彭孟缉将军（Peng Meng-chi）会见之后，希望能到台湾进行短期访问。派克将军表示，英国对台湾当局知之甚少，只有通过美国获得一些间接的信息，这种形势很

---

① Parliamentary Question, June 29, 1960, FCN1042/1, F371/150536, p. 3.

第三章 英国对台湾贸易信贷政策的逐步放宽(1958—1962) 109

不合理。帝国总参谋长菲士廷（Francis Festing）元帅也支持派克访台，因此征求英国外交部意见。① 英国外交部于 1 月 27 日回复陆军部，表示派克将军刚被任命为帝国总参谋部副总参谋长，坚决反对其访台。理由是，其访台所表示的官方含义太过明显，一个帝国副总参谋长访问台湾所带来的影响，可能直接意味着英国政府对中国大陆、国民党及台湾问题的态度发生变化，这让英国外交部不仅要面临中国大陆政府的指责，同时会让亚洲各国和美国产生猜测。当然，外交部也希望得到国民党军队的信息，不反对澳大利亚或新西兰的官员访台。② 同日，外交部回复派克将军，考虑到后者被任命的新职务，如若访台不仅会引起纷争，还会带来众多不便甚至是令人尴尬的推测，建议安排澳大利亚或新西兰方面访台。③ 同时，派克将军曾私下询问英国驻北京代办处访台之事，后者予以强烈反对。但派克将军认为台湾当局已经存在，拒绝面对这一事实是不现实的，相信国民党会真诚欢迎他的来访。对此，英国驻北京代办施棣华（Michael Stewart）恳请英国外交部或陆军部反对此行。④ 最后，2 月 1 日，英国陆军部在收到英国外交部来信后，告知派克将军，表示接受外交部的建议，希望派克将军能放弃这一安排。⑤ 对此，派克将军表示遗憾但同时也能理解。⑥

1960 年 3 月 21 日，英国驻淡水领事馆向英国外交部远东局汇报，在台湾遇见阿里斯特尔·莫里森（Alistair Morrison）及夫人。莫里森在"二战"之时跟随国民党 136 军到重庆，后到沙捞越（马来西亚的一个州）政府任职，他的父亲乔治·莫里森（George Ernest Morrison）是英国《泰晤士报》驻北京记者，莫里森家族在中国颇有名望。领事表示很惊讶，

---

① Chief of Staff General Headquarters in Singapore to Foreign Office, January 19, 1960, FCN1631/2, FO371/150553, p. 11.
② Foreign Office to War Office, January27, 1960, FCN1631/5, FO371/150553, p. 14.
③ Foreign Office to General Pike, January 27 1960, FCN1631/5, FO371/150553, p. 16.
④ Charged' Affaires in Peking to Far Eastern Department, February 1, 1960, FCN1631/3, FO371/150553, p. 20.
⑤ War Office to Chief of Staff General Headquarters in Singapore, February 1, 1960, FCN1631/2 (B), FO371/150553, p. 18.
⑥ Chief of Staff General Headquarters in Singapore to Foreign Office, February 6, 1960, FCN1631/2 (A), FO371/150553, p. 17.

因为按照英国政府的政策,不允许政府在职人员访问台湾,包括英国政府官员或殖民政府的官员等,甚至休假期间也不行。莫里森表示他并不知情,只是在假期来台游玩观光。在他 1 月 19 日离开台湾当天,由国民党"侨务委员会"(Nationalist Overseas Affairs Commission)主任陈清文(C. M. Chen)和一名陪同秘书前来送行。英国驻淡水领事表示,尽管莫里森访台未被报道,但不敢保证以后其他人访台后是否会被曝光,从而引起中国大陆的不满。因此建议英国外交部安排合适的渠道,提醒英国政府和殖民政府的所有官员,如未经官方批准,不可以私下安排访问台湾。① 英国外交部远东局对此深表赞同,在 3 月 21 日向英国殖民部(Colonial Office)表示,英国政府不希望政府人员在工作或休假期间访问台湾,因为这会轻易地被国民党发现并利用,给英国政府带来麻烦。尽管莫里森完全以私人身份访台,但在离开之时仍然由国民党官员送行。外交部远东局要尽力保证,不再被这种访问所困扰。因此,请英国殖民部转告所辖范围内的任何官员,总体上不支持英国政府官员在工作及休假期间访台,否则必须事先征询伦敦的意见。②

1960 年 4 月 4 日,英国殖民部表示认同,并附上了将要发给各殖民政府的通知草稿,表示"英国政府并未承认台湾当局是中国的合法政府,因此与之没有外交关系。与国民党官方的接触需要格外谨慎。因此,除非是极特殊的情况,无论是官方还是私人的,英国政府不支持现任的政府人员及殖民政府人员访问台湾或度假"③。外交部远东局在这一草稿的基础上进行修改,补充完善了相关背景。5 月 17 日,英国殖民部向英国外交部远东局发送了正式版本的《访台主要部门的政策通知》,由英国殖民部发放给各海外机构。④《通知》不支持英国政府官员和殖民政府官员访问台湾,要求英国政府人员、部队军官、殖民政府工作人员若想访问台湾,甚至是去台湾度假,都需要事先得到英国政府的批准。对于这份

---

① Tamsui to Far Eastern Department, January 26, 1960, FCN1631/4, FO371/150553, p. 24.
② Far Eastern Department to Colonial Office, March 21, 1960, FCN1631/4, FO371/150553, p. 27.
③ Colonial Office to Far Eastern Department, Aril 4, 1960, FCN1631/5, FO371/150553, p. 30.
④ Colonial Office to Far Eastern Department, May 17, 1960, FCN1631/5 (A), FO371/150553, p. 38. 通知全文见附录二。

第三章　英国对台湾贸易信贷政策的逐步放宽(1958—1962)　　111

《访台主要部门的政策通知》，英国驻东南亚最高专员公署、英国驻北京代表处，以及港英当局均表示原则上接受这一政策，但在实际操作中不同程度地希望能够协调一些特殊情况。

1960年6月13日，位于新加坡的英国驻东南亚最高专员公署（Office of the United Kingdom Commissioner-General for South-East Asia）向英国外交部远东局表示，关于5月17日的《访台主要部门的政策通知》已经引起重视，并且将其列入日常规范之中。不能给中国政府提供任何指责英国与国民党勾结的理由，但《通知》要求英国政府、殖民政府的任何工作人员都不能访台，甚至休假期间也不行。当然，英方高级政府官员访台肯定不合适，会被台湾当局利用而引起大陆政府的不满，但英方低级的政府官员，若申请在假期访台或为了提高汉语水平而访台，应该没有必要完全反对。尤其是北婆罗洲（马来西亚第二大州）的中国人主要是国民党人，与台湾有很多联系，比如亚庇（马来西亚沙巴州首府 Kota Kinabalu 的旧称）乡镇委员会中被推选的中国人，近期就到台湾进行短期访问。殖民政府认为允许说汉语的英国官员到台湾进行私人访问，是有所助益的。总之，英国驻东南亚最高专员署认为可以保持不支持访台的这一原则，但请求同情地考虑一些"低调朴素"（unostentatious）的访台申请。①6月28日，英国驻淡水领事馆表示，虽未收到5月17日英国殖民部下发的《访台主要部门的政策通知》，但总体上同意"同情地考虑那些低调朴素的政府人员访台申请"②。

对于如何执行这一政策，英国驻北京代办处于1960年7月4日表示，一成不变地严格执行这一标准是不可取的，因此同意新加坡方面的建议，至于哪些申请算作"低调朴素"则很难判断。英国驻北京代办处认为，英国政府官员在假期中访台或提高汉语水平的访问不会带来太大的政治风险，但也要考虑时局情况、会否被中国大陆当作让英国陷入尴尬局面的理由以及国民党利用访问的可能性，因此英国驻北京代办处建议，每

---

① Commissioner-General for South-East Asia to Far Eastern Department, June 13, 1960, FCN1631/7, FO371/150553, p.47.

② Tamsui to Far Eastern Department, June 28, 1960, FCN1631/9, FO371/150553, p.59.

一个申请都要具体情况具体分析。①

1960年7月22日，港英当局向英国殖民部和外交部远东局表示，一名港英当局采石场的非技术工人申请访问台湾，探望重病的叔叔。考虑到他在殖民政府中的职位十分低级，并不属于外交部所担心的那一类群体，所以决定不征求伦敦的意见，直接同意他的申请。香港方面还表示，此后第五级（Class V）以下官员申请访台，就不再征求英国外交部的意见。这些都是最低级别的政府服务人员，主要是司机、通信员、政府差役、苦力等其他的非技术工人，月薪低于350美元，按月雇佣且都是中国人，他们访台不会产生任何英国外交部不希望的后果。②

关于上述《访台主要部门的政策通知》所提出的要求，英国外交部远东局于1960年8月24日表示，英国驻淡水领事馆、东南亚地区的一些殖民政府以及英国驻东南亚最高专员公署持有一种观点，而英国驻北京代办处和港英当局持有另一种观点，前者支持"低调朴素"的访台申请，而后者（除了香港低级别的工作人员或技工）并不赞成。根据英国殖民部的通知，英国外交部希望尽力维持政治上的反对和行政上的需求之间的平衡，保留一些灵活处理的原则，即按照案例的具体情况来分析其利弊，英国外交部认为这是解决此事的唯一方法。然而，在香港所提的低级别工作人员的访台申请，英国外交部也不支持这种纯粹的假期旅行。至于议会议员是另一个类别，因为他们是私人的个体，远东局无法控制其行动。③但在最近几年，一些英国议员已经访问过台湾，英国外交部远东局不鼓励也不反对此类访问，如果执意要去也无能为力，但会尽力在出发之前，与英国议员讲明情况，警告其中的陷阱和圈套。④

在《访台主要部门的政策通知》颁布以后，英国政府陆续收到大量

---

① Charged' Affaires in Peking to Far Eastern Department, July 4, 1960, FCN1631/7 (A), FO371/150553, p. 48.

② Hong Kong to Forgein Office, July 22, 1960, FCN1631/5 (C), FO371/150553, p. 41.

③ Far Eastern Department to Commissioner-General for South-East Asia, August 24, 1960, FCN1631/7, FO371/150553, p. 51.

④ Possible Visit of Members of Parliament to Formosa En Route to the I. P. U. Conference in Tokyo, June 1, 1960, FCN1631/8, FO371/150553, p. 53.

第三章　英国对台湾贸易信贷政策的逐步放宽(1958—1962)　　113

的访台申请,绝大部分是私人原因而允许访台,这里不一一赘述。但其中出现了一个反例,充分说明如果不按照这一政策的规定行事,会给英国政府带来怎样的困境。1960年9月17日,英国驻淡水领事馆向英国外交部远东局表示,忽然被"农村复兴联合委员会"(Joint Commission on Rural Reconstruction,由国民党和美国共同建立的官方机构)告知,"英国外交部经济顾问"克拉特(W. Klatt)第二天将抵台,特此邀请英国驻淡水领事参加为其举办的欢迎宴会。据悉,克拉特就职于英国外交部下属的情报研究处(Information Research Department),于9月13日进行私人访台,他本人认为没有必要提前告知并打扰英国驻淡水领事魏驹。克拉特在台湾四天的行程已经被台湾当局排满且无法改变,其中包括由"行政院新闻局"局长沈锜主持的午宴,还有"农村复兴联合委员会"准备的晚宴,并且一直有台湾官员陪同,因此领事魏驹无法与之私下见面,也没机会告知此访可能引起的后果,不确定克拉特在离开英国之前是否进行台湾情况的说明,对于当地的敏感局势是否了解。但事实是,克拉特如此轻易地接受国民党安排的行程,而英国驻淡水领事馆对此一无所知。更重要的问题是,台湾媒体已经报道了这一访问,而中国大陆政府一定也知晓了这一情况。[①]

1960年9月26日,英国驻北京代办处向英国外交部远东局表示,关于克拉特以"英国外交部的经济顾问"的身份访问台湾一事,可能引起的尴尬已不需多言。事实上,除了与英国驻淡水领事馆相关的严格意义上的商业项目之外,任何英国外交部官员在访问台湾之前,都需征求英国驻北京代办处的意见。也许这只是一次私人访问,且费用由参与东京研讨会的美国基金会来支付,相关部门并未意识到而已,但希望此类事件不要再次发生。同时,英国驻北京代表咨询英国外交部,如果中国政府问及此事,该如何解释。[②] 英国外交部远东局于10月4日指示英国驻北京代办处,表示如果中国要求给出解释,可以说相关部门并不知道克

[①] Tamsui to Far Eastern Department, September 17, 1960, FCN1631/13, FO371/150553, pp. 81–82.

[②] Charged' Affaires in Peking to Far Eastern Department, September 26, 1960, FCN1631/13 (A), FO371/150553, p. 83.

拉特访台的目的，如若知晓，一定会阻止此访，且事实确实如此。此外，克拉特去东京与英国政府没有任何关系，是个人私下安排的行程，并非以官方身份出访。①

在向英国驻淡水领事馆和驻北京代办处解释情况之后，英国政府内部开始反思并考虑如何避免再发生此类事件。一方面，英国外交部远东局表示，具有讽刺意味的是，当外交部尽力提醒政府其他部门由英国官员访问台湾所可能引起的政治尴尬时，英国外交部远东局本身反倒是犯错的一方，这一点十分抱歉。最近中英关系较为缓和，中国政府目前还未给出反应，但如果以后中英关系恶化，这次访问会被毫不犹豫地用作攻击英国的理由。另一方面，聘请克拉特担任经济专家的外交部情报研究处也着手调查此事。英国情报研究处负责人霍普森（Hopson）表示，克拉特在离开之前曾提过将访台数日，但情报研究处当时并未想到其中的利害关系，不知道政府对于完全私人的访台也有如此严格的规定，所以既未咨询英国外交部，也没有告知克拉特此访可能给英国政府所带来的尴尬。研究处对于此访给英国驻淡水领事馆和驻北京代办处所带来的尴尬和困扰，表示歉意，克拉特本人也不知道即将引发的尴尬，也十分后悔。此外，情报研究处还表示，已经得知英国殖民部已经就政府人员的访台问题向各海外机构派发《通知》，为了避免再发生此类过失，建议在英国政府内部发行通告，要求任何想要以官方或私人身份访台的政府工作人员，必须事先咨询英国外交部远东局。② 英国驻北京代办处表示支持这一做法，认为此次的尴尬就是因为情报研究处不知道访台的干系重大而疏忽的，因此需要告知一批政府工作人员，任何原因的访台都需要提前咨询英国外交部远东局。③

但是，英国驻淡水领事馆和外交部远东局都表示反对。驻淡水领事馆表示，克拉特事件只是偶然，不太可能再次发生，英国外交部远东局

---

① Foreign Office to Peking, October 4, 1960, No. 534, FCN1631/13, FO371/150553, p. 86.
② Minutes by D. C. Hopson, October 19, 1960, FCN1631/13, FO371/150553, pp. 77-78.
③ Charged' Affaires to Far Eastern Department, November 21, 1960, FCN1631/18, FO371/150553, p. 102.

没有必要就此事发布通告。① 外交部远东局表示反对的原因是英国政府的文件较多，没人能够将它们完全记住。访台可能引起的麻烦，是任何一个英国政府工作人员都应该充分意识并且是常识的事情。② 最后，英国外交部远东局经过讨论之后于1960年12月9日告知英国驻北京代办处，决定并不以文件形式下发。如果这一《通知》在英国政府内部流通，同时也需要英联邦公署同时告知东南亚和远东的英国领事馆，这种做法牵涉面积太广而不值得，而且根据经验，此类文件在几个月后就会被遗忘。更何况，这类事情确实很少发生，如果下发文件未免小题大做。因此英国外交部远东局认为，最好继续将此事保持为外交人员的常识即可。③

总之，经过英国军队高官派克将军和殖民政府官员莫里森的访台案例，英国殖民部于1960年5月向各殖民政府等海外机构，派发了《访台主要部门的政策通知》，要求于公于私，英国政府和殖民政府的官员若要访台，都必须得到英国外交部的批准。而这一《通知》在实际操作中颇为烦琐，英国驻淡水领事馆和英国驻东南亚最高专员公署希望允许"低调朴素"的访台，港英当局建议低于第五级别的政府工作人员不纳入考虑范围，最后英国外交部远东局仍然坚持具体问题具体分析的原则，保证充分了解每一个案例的情况。但这也有漏网之鱼，克拉特的案例是具有代表性的反例，造成这一疏漏的原因是，克拉特所属的英国外交部情报研究处并未意识到访台的内在含义，因此希望英国各政府部门深刻认识此事，并以文件形式再次予以通知。这一意见得到了英国驻北京代办处的支持，但英国驻淡水领事馆和英国外交部远东局表示反对，认为这是小概率事件，不值得大费周折发放部门文件，最后这一建议并未被采纳。

二 如何应对国民党外事人员的政策通知

1960年3月9日，英国驻喀麦隆高级专员帕特里克·约翰斯顿（Pat-

---

① Tamsui to Far Eastern Department, November 16, 1960, FCN1631/18 (A), FO371/150553, p. 103.

② Charged' Affaires in Peking to Far Eastern Department, October 31, 1960, FCN1631/13, FO371/150553, p. 87.

③ Foreign Office to Peking, December 9, 1960, FCN1631/18, FO371/150553, p. 105.

rick Johnston）询问英国外交部关于国民党代表的问题，在坚持不与之进行官方接触后，希望尽可能地保持密切的非官方联系，这对英国本身也有好处。① 这涉及在外事场合，英国与台湾当局的外事人员如何相处的问题。自1950年英国承认中华人民共和国之后，英台之间就没有正式的外交关系，因此如何对待台湾当局的外事代表则成为一个特殊的问题，一旦处理不好，就会惹怒中国政府，让英国陷入外交困境。因此英国外交部对于这一问题一直很重视，在1950年、1955年、1958年分别发放了第057号、第06号、第0102号三份通知，成为这一问题的指导原则，供政府各部门参考。

第一份通知是1950年6月1日，对于董显光（Hollington Tong）来到伦敦一事，英国外交部专门发出第057号文件进行指示："作为蒋介石的亲信，董显光表面上是'中央新闻社'的记者，但他承担着蒋介石交付的秘密任务，希望能与英国政府代表展开谨慎的高级别对话，为台湾当局提供精神和物质支持。但是在目前情况下，英国政府决定，无论是官方还是非官方的形式，英国的政府官员都不宜会见董显光。"不仅如此，英国外交部还强调，"英国政府驻海外的代表也需要避免与国民党特使进行任何联系。当然，英国代表与国民党代表的一些非正式的社会接触在所难免；尤其是英国在联合国的代表团，每天都会与国民党代表产生接触。英国代表需要小心谨慎，考虑周到，尤其是避免给人留下这样的印象，即英国政府在与台湾当局的断交关系上三心二意"。②

第二份通知是1955年1月28日，外交大臣艾登发出的第06号文件，对这一问题进行了更加具体细致的解释。鉴于英国代表可能在一些城市或会议上接触到三种类型政权或国家的代表：（1）与英国没有外交关系的国家或地区代表（如阿尔巴尼亚）；（2）英国政府认知（acknowledge）、但尚未正式承认（recognize）的政权（如朝鲜人民共和国）；（3）英国政府根本不承认的政权代表（如民主德国、蒙古人民共和国），

---

① British Embassy in Yaounde to Foreign Office China Department, March 9, 1960, FCN1051/5, FO371/150537, p. 28.

② Relations with Chinese Nationalist Personalities, June 1, 1950, Circular No. 057, FO371/150537, p. 33.

第三章　英国对台湾贸易信贷政策的逐步放宽(1958—1962)

英国代表当然要避免采取任何主动措施，以免与上述国家或地区代表建立官方联系，比如互通电话等。至于任何非官方的接触，也只要按照一般的社会习俗，给出最少的回应即可。如果受到派驻国的邀请，参加专门为上述国家或地区代表所举行的官方活动，则应该拒绝邀请。但是，对于那些范围更广的官方邀请，若只是因为怀疑上述代表也可能参与，则没有必要拒绝邀请，英国外交部不希望英国代表们因为上述代表的存在，就离开社会场所。如果不可避免地与此类代表面对面，仅仅以文明的方式，表现出最基本的礼貌即可。此外，如果事先知道上述代表将同时出席英国代表参与的小型活动，很难避免不进行谈话，则可以自由裁决是否接受邀请。同理，如果上述代表是活动的贵宾，则需拒绝邀请；但如果上述代表只是活动邀请的客人之一，则没有必要缺席。对于这种场合的态度是，表现出最基本的礼貌即可，同时需要避免那些可能引起事端的行为，如有必要可以提前离开（比如在就餐演讲结束之后，就离开宴会）。通知还保留了一定的灵活性，上述原则都是一般性的指导，仍需具体情况具体处理，以避免引起不良事件，或者表现得让西方国家代表不团结。①

第三份通知是1958年12月12日，英国外交大臣塞尔文·劳埃德（Selwyn Lloyd）从近期的咨询得知，对于如何处理与台湾当局代表的关系，英方人员仍然有些混乱，因此英国外交部发出第0102号部门通知，再次强调相关的注意事项。通知表示，"英国代表与国民党代表之间关系的准确内涵，在很大程度上取决于时局以及国民党代表的角色。尽管必须避免与之进行公共和官方接触，但有的时候对于即将到来的非官方接触，只要国民党代表保持理性并且不利用这层关系，则可以接受。但仍需时刻铭记，英国不承认台湾当局，也没有任何的官方联系（英国驻淡水领事馆只与'台湾省政府'保持联系）。因此，要求避免给海外代表留下任何英国政府想要与之维持官方联系的印象。"②

---

① Attitude to be Adopted by Her Majesty's Representatives Abroad towards Representatives of Goverments whose Relations with Her Majesty's Government in the United Kingdom are not of a Normal Kind, January 8, 1955, Circular No. 06, FO371/150537, pp. 31 – 31.

② Relations with Chinese Nationalist Representatives, December 12, 1958, Ciculuar No. 0102, FO371/150537, pp. 29 – 30.

从这三份应对国民党外事人员的政策通知中可以看出，1950年的第057号文件首次对这一问题进行了规范，更加细致的指示是在1955年的第06号文件中，尽管这份通知主要是针对共产主义国家，但同样适用于台湾当局。到了1958年第0102号文件，在总结上述两份通知的基础上，特别指明政策的实施对象就是台湾当局的外交代表。可见，从1950年到1958年，英国对于这一问题的态度是一贯的，且态度愈加明确。

在这三份通知的指导下，1960年5月2日英国外交部远东局回复英国驻喀麦隆高级专员约翰斯顿，并不同意来信中提及的私下邀请国民党代表甚至是那些认可他的代表一起吃饭（比如法国或美国的代表同事）的做法，这种做法并不符合上述三份通知的指导原则。"总体而言，英国外交部远东局希望尽量避免任何正式接触的机会。具体来说，避免邀请国民党代表参加任何有他国的高级外交官和喀麦隆高级官员出席的正式宴会。这种行为除了暗示太多的官方认可，还可能会在座次排序上失礼而产生麻烦；同时，会让参加宴会的人对于英台关系产生错误的印象。如果有必要让国民党代表和其他的高级外交官一同出席，那需要在非正式的场合下，比如自助晚餐，以便与会客人自寻去处。此外，如果在喀麦隆成立了任何苏联集团国家的访问团，则需更加慎重地对待国民党代表，尤其考虑到国民党正试图在非洲新兴国家中寻求立足点，这自然将中国大陆政府排除在外。同时，如果英台代表之间友谊深厚，可能会被人认为是英国在鼓励国民党向这个方向发展。英国的立场是，尽管不想打击国民党，但也不让别人看作是站在国民党身后予以支持。"[①]

1960年6月6日，英国驻北京代办施棣华表示强烈支持英国外交部远东局的看法，同时认为，即使是非正式的有限接触也会带来误解，给英国驻北京代办处带来麻烦。尽管英台代表的接触不可避免，但不应该主动产生此类联系，以免鼓励国民党。施棣华还提醒，中国大陆政府正在密切关注国民党在非洲的活动，尤其是中国大陆也在尽力扩大在非洲的影响，他们很快就能察觉到英国的不恰当行为。因此，没有必要让驻

---

① Far Eastern Department to British Emabssy in Yaounde, May 2, 1960, No. JK 1903/5, FO371/150537, p. 36.

喀麦隆代表有自由裁量的权利，去判断是否可以邀请国民党代表参加非正式的场合。① 可见，施棣华希望将此事直接说清楚，为免产生任何麻烦，强烈建议无论在正式场合还是非正式的场合，都不希望英台代表进行接触，英国外交代表也无须行使自由裁量的权利。但是，英国驻喀麦隆高级专员约翰斯顿不以为然，认为施棣华的观点有些夸张，国民党代表是在喀麦隆唯一的中国人，也没有任何共产主义集团国家的代表，因此在喀麦隆的非官方接触并不会被密切关注。除了在鸡尾酒会等随意的场合，在日常的活动中双方也不会与之有太多联系。他认为国民党代表确实邀请自己参加了宴会，他只是出于礼貌进行回复，也会按照上述三份指示的原则行事。② 9月8日，施棣华坚持不希望英台代表进行接触。如果假设中国大陆不密切关注国民党在非洲的行动的话，这无异于掩耳盗铃。中国大陆政府不必非要在喀麦隆派出代表，也会知道国民党代表的所作所为。③

1960年10月28日，英国外交部远东局表示认同英国驻北京代办施棣华的看法。外交部远东局认为，如果英国驻海外代表与国民党代表关系密切，会被中国大陆政府所诟病。同时，也可能让盟友美国利用英台关系，作为证据来质疑英国，是否事实上对于对华政策有所后悔，并且愿意与国民党保持更加密切的联系。然而，不可避免的是，英国驻海外代表需要保留一定的自由裁决权。即使在美国首都华盛顿这样大规模的外交网络中，美国随时可以知晓英国的举动，理论上英国可以轻松地避免与国民党代表进行联系，但事实上英国承认，由于并不处于战争状态，即使是互不承认的双方外交代表也不可能毫无接触。这一情况适用于华盛顿，更适用于喀麦隆等地。因此，考虑到这一实际情况，对于英台代表之间进行十分有限且随意地接触中国大陆政府都表示反对的话，英国

---

① Charged' Affaires in Peking to Far Eastern Department, June 6, 1960, JK1903/5A, FO371/150537, p. 37.

② British Embassy in Cameroun to Far Eastern Department, June 11, 1960, JK1903/5B, FO371/150537, p. 38.

③ Charged' Affaires in Peking to Far Eastern Department, September 8, 1960, FCN1051/6, FO371/150537, p. 41.

则会认定后者是故意寻找麻烦。①

对于英国外交部远东局的指示,英国驻北京代办施棣华表示理解,认为"同各方代表的接触是不可避免的,就像在北京要和东德大使以及其他不愿意接触的人相处,也要根据指示,用最少的接触,表现出正常的礼仪。但是我没有邀请他们一起用餐,英国驻喀麦隆大使也没有任何必要邀请国民党代表到他的住所,除非是生病或突发事故非要如此。因此还是不建议主动邀请国民党代表一起用餐。国民党代表和东德代表一样,都迫切地想要与我们进行联系,要是我对其发出用餐邀请,那将被他们看作一种联系和成果。当然,如果有切实看得见的价值,可以偶尔表现一下对这类代表的好客之意。"②

从上述材料可知,关于英台代表的接触问题,英国政府分为两派观点,一派是以英国驻喀麦隆高级专员约翰斯顿为代表,希望可以与之进行常规的私人接触,也无需过多担忧中国大陆政府。另一派是以英国驻北京代办施棣华为例,充分顾虑到了中国大陆政府的反应以及可能对国民党产生的间接鼓励,希望英台代表不仅不要有官方接触,且尽量不要有任何的私人接触,更无需对此抱有自由裁决的权利。英国外交部综合两派意见,不仅考虑到大陆因素,还从与盟友美国的同盟关系上进行权衡,担心英台代表关系过密,会成为日后美国用来攻击英国的对华政策与现实做法自相矛盾的证据。在这一讨论过程中,英国外交部综合考虑台湾、大陆、美国三方面因素,最后给出了折中的方案,要求英国代表不要与国民党代表专门进行任何官方、私人的接触,但保留一定自由裁决的权利。

三 《英国商人访台指南》

随着英国和台湾在经济领域的持续往来,越来越多的英国商人对台湾这一地区进行关注。根据英国驻淡水领事馆汇报的情况可知,1959 年

---

① Far Eastern Department to Charged' Affaires in Peking, October 28, 1960, FCN1051/6, FO371/150537, p. 44.

② Charged' Affaires in Peking to Far Eastern Department, November 17, 1960, FCN1051/6 (A), FO371/150537, p. 45.

第三章　英国对台湾贸易信贷政策的逐步放宽(1958—1962)　◈　121

领事馆被英国商人"淹没"了,已经超出了领事馆正常的应对能力。面对如此之多的咨询,作为向英国公民提供服务的英国政府各部门,根据商人的要求,拟起草一本《英国商人访台指南》(Hints to Business Men Visiting Formosa,以下简称《商人指南》),希望能为英商提供参考。[①]

《商人指南》共分为七部分,第一部分为概况介绍,第二部分为旅行、海关与住宿,第三部分主题是经济,第四部分为商业和贸易,第五部分是外汇和贸易控制,第六部分是支付方式,第七部分为经销商和商业信息。每个部分中再进行分类,从各个方面详细而具体地总结了台湾的情况,对于英国商人了解台湾意义重大。《商人指南》认为,农业是台湾经济的支柱,外汇收入几乎全部来源于农产品的出口。但台湾的经济正在逐渐工业化,纺织品、水泥等制造业正在迅速发展。台湾银行负责发行货币,是商业和银行业的中心。"中央信托局"是官方采购部门,主要使用美援。由于从美国获得大量的经济援助,以及与日本有着传统的贸易联系,因此台湾与美国和日本的联系最为紧密。进出口公司必须在"台湾省政府"进行登记,这样才能申请并获得外汇的配额。目前台湾有1500家进出口公司,主要在台北。此外,还有很多代理商专门竞标政府采购项目。英国在台北地区设有办事处的公司有6家,如怡和有限公司(Jardine Matheson & Co. Ltd)、阿诺德公司(Arnold & Co. Ltd.)、太古公司(Butterfield & Swire)等。[②]

在第五部分外汇和贸易控制中,《商人指南》介绍了台湾的进出口控制以及进口许可证的情况。台湾当局禁止一些商品的进口,保存外汇资源,来满足更重要的经济要求。目前,台湾的进口分为三类:"允许""控制""禁止",当局根据需要经常修改。"允许"类包括大部分商品,包括资本设备、工业原材料和重要的消费品。"控制"类需要特许的许可证,比如开矿用的炸药等。"禁止"类包括所有的奢侈品。外汇优先分配给那些重要机械和原材料的进口商品。此外,英国商人需要注意,所有

[①] Tamsui to Far Eastern Department, December 3, 1959, FCN1151/15, FO371/141387, pp. 50-51.

[②] Draft for Hints to Business Men Visiting Formosa, December 3, 1959, FCN1151/15, FO371/141387, pp. 54-98.

的商品都需要进口许可证,除了那些通过公开招标、同时使用美国合作署资金的进口商品。进口许可证由台湾银行或"央行"出具,在外汇和贸易管理委员会的授权之下。进口许可证分为两种:一是使用当局提供的外汇进行进口,二是自备外汇进行进口。进口许可证只颁发给:(1)在当局登记过的进出口商;(2)工业原材料的使用者,其产品涉及国防、提高生活水平或出口目的;(3)直接的使用者,比如由外汇和贸易管理委员会批准的工厂、矿场、农业和渔业组织,以及自备外汇的持有者,用于救灾或样品使用的进口。①

在第六部分中,《商人指南》详细介绍了英国出口信用保证局所批准的对台贸易的支付条款。第一种为使用信用证(Authority to Purchase,或Letter of Credit),这是普遍使用的方式。进口信用证是发行银行提供的凭证,告知收款人出口的船运数量、状态和情况。进口信用证中所保证的条款在支付时必须出示给发行银行,它通过电报或航空邮件来发行,是保兑的、不能撤销的、不可追索的。第二种是付款交单(Delivery of Documents against Payment)。如果进口是托收的,需要把汇票和提货单一并给出。进口商在支付汇票之后,就能收到这一文件。第三种是延期支付条款(Extended Payment Terms)。台湾进口资本设备,有的时候需要延期支付,这需要得到外汇和贸易管理委员会的许可。支付方式是本票(Promissory Note),并由当地银行担保。第四种方式是收账。根据上述四种支付方式,如若没有信用证,则属于例外情况。因此在进行信用延期时,强烈建议英国出口商要通过当地进口商,寻求当地银行的担保。如果台湾出口商未能完成与英国进口商的合同,比如延期或船运能力不足,则会被索赔。②

最后一部分中,《商人指南》列举了台湾商品的营销渠道,比如通过指派机构或经销商来销售产品,或通过代理商,或直接与进口商或使用者联系,或在报纸、杂志、电台、影院等媒体上做广告。英国驻淡水领事馆可以为英国出口商和来访商人提供台湾市场的商业信息,以及当地

---

① Draft for Hints to Business Men Visiting Formosa, December 3, 1959, FCN1151/15, FO371/141387, pp. 54 – 98.

② Ibid.

第三章　英国对台湾贸易信贷政策的逐步放宽(1958—1962)　　123

咨询机构的建议。①

由于《商人指南》的出台正值第二次台海危机期间，台海局势变得敏感和复杂，英国夹在中国大陆政府和台湾当局之间，需要充分考虑发行这一指南的结果，因此这本《商人指南》无论从草稿内容还是发行方式上，都经过了英国政府各部门的多方讨论和审议。

其一，英国驻淡水领事馆在起草这本《商人指南》时，就知晓国共双方都很擅长提出质疑，因此在草稿的内容上颇费苦心，仔细删除或替代了其中的一些不当表述，以免让中国大陆政府或中国驻伦敦代办处找出问题。英国贸易委员会和外交部远东局也分别对这一份《商人指南》进行仔细审查，对淡水方面提供的版本进行修改，删除那些容易让人敏感的部分。但是，这还远远不够。英国驻北京代办施棣华在收到《商人指南》的草稿之后，给出了两个看法。第一个看法是，要求将"福摩萨"(Formosa)改成"台湾"，以免引起不必要的麻烦。这是因为中国大陆政府对"福摩萨"这个名字很敏感，原因有三：(1)该岛被日本殖民了半个世纪；(2)该岛目前被台湾当局所管辖，并受外国的保护；(3)英国政府拒绝声明该岛目前是中国领土。无论是国共还是中立方，都不反对台湾这个名字。台湾当局的年度报告就使用台湾，而非"福摩萨"。② 自此，英国外交部以后在官方或半官方的英文表示就统一使用台湾(Taiwan)，来替代"福摩萨"。③ 施棣华提出的第二个看法是，台湾的名称问题相对容易解决，只要更改称呼即可，但更麻烦的是台湾当局的众多机构名称，比如，"the China Travel Service"，"the Central Bank of China"，"the Central Trust of China"，"the China Productivity and Trade Centre"，这些机构本来只包括台湾地区，但"China"可能暗指包括大陆的整个中国，这未免有以偏概全的嫌疑，因此上述表述容易产生歧义，在敏感的

---

① Draft for Hints to Business Men Visiting Formosa, December 3, 1959, FCN1151/15, FO371/141387, pp. 54 – 98.

② British Embassy in Peking to Far Eastern Department, January 25, 1960, FCN1151/15, FO371/141387, p. 124.

③ British Embassy in Peking to Far Eastern Department, December 2, 1959, FCN1151/16, FO371/141387, p. 129.

中国大陆政府官员看来具有煽动性，容易引起争端。①

其二，在发行方式上，英国政府各部门也众说纷纭。英国驻淡水领事馆在起草这份《商人指南》之初就表示，80%的访台者曾来过台湾或已经在台湾设有机构，因此这本指南对他们作用不大。因此，不建议在台湾公开发行。② 1960 年 2 月 12 日，英国外交部远东局与贸易委员会商议后，表示除了不认同正在印刷的淡水版本《商人指南》、需要进行修改之外，决定不按照常规方式进行出版发行，而是通过邮局只寄送给那些需要台湾贸易信息的人，以免引起公众舆论的压力。其中，英国外交部远东局还征求贸易委员会，是否可以让"中英贸易委员会"来发放《商人指南》，这样可以进一步疏远与英国官方的联系。但英国贸易委员会并不同意，表示如果英国商人有所需求，贸易委员会有必要为之提供信息。③ 但是，英国驻北京代办施棣华仍然担心，并于 3 月 14 日向英国外交部表示，尽管《商人指南》只发放给那些有具体需求的英国公司，并且只印在空白的纸上（不带有任何单位的信息），也不按照正常方式进行装订成册，因此不会引起任何问题，但中国大陆政府可以轻松拿到《商人指南》的复印件，也很容易认出这是英国贸易委员会提供的官方信息，并且怀疑这是英国政府鼓励与台湾进行贸易联系的一种秘密方式。因此，英国驻北京代办处与驻淡水领事馆一样，对贸易委员会发放这一文件表示担心，也怀疑是否有必要予以发行。施棣华还建议，鉴于目前去台湾访问的英国商人数量仍旧有限，且很少有英国商人需要《商人指南》中的全部信息，而只对某一部分感兴趣，是否可以只为其提供一个简介。因此，建议如果有英国商家咨询，可以根据《商人指南》的内容对相关问题进行解答并记录在案，这种做法与发行完整版《商人指南》是完全不同的，风险也相对小很多。此外，施棣华还表示，不应该发行任何宣传英国与台湾的贸易联系的文章。中国大陆政府当然知道英国一些公司

---

① Charged' Affaires in Peking to Far Eastern Department, March 14, 1960, FCN1151/1（B），FO371/150542, pp. 7 – 8.

② Tamsui to Far Eastern Department, December 3, 1959, FCN1151/15, FO371/141387, pp. 50 – 51.

③ Minutes by Trench from Far Eastern Department, February 12, 1960, FCN1151/15, FO371/141387, pp. 48 – 49.

第三章　英国对台湾贸易信贷政策的逐步放宽(1958—1962)　　125

同时与大陆和台湾进行贸易，但他们不想被提醒这一事实。施棣华也不希望有一天被中国大陆官员告知，贸易委员会在尝试将英国商人的注意力转移到台湾地区。①

英国贸易委员会表示并不赞同，在1960年3月29日向英国外交部远东局发送的电报中表示，英国驻北京代办施棣华可能有些误解，怀疑是否太过担心惹恼中国。毕竟，1957年英国贸易委员会的官方期刊上曾发表一篇有关台湾贸易机会的文章，其发行量比《商人指南》大得多，英国政府也没有隐瞒其文章来源。此外，1958年10月31日贸易委员会官方期刊上还发表了一篇如何获得入台许可证的通告，在英国出口服务部的公告中（Export Services Bulletin）经常发布有关台湾竞标的消息，但目前这些公布的信息都没有引起中国大陆政府的任何反应。如果中国对此并不计较而不予评论，那么也不太会抗议《商人指南》，毕竟它的发行量十分有限，而且英国贸易委员会一直在尽力避免具有挑衅意味的表述，也同意删除在台英国公司的信息。贸易委员会表示，一旦中国大陆有所不满，英国外交部远东局和英国驻北京代办处会首当其冲，因此如果认为真的存在危险的话，贸易委员会将尊重外交部远东局的判断。但贸易委员会从自身职能考虑，仍然希望能够向一部分前来咨询的英国商人发放这一十分有用的信息。②

最后，关于《商人指南》的出版一事，英国外交部远东局在1960年4月29日的备忘录中总结到，不再发行匿名的小册子，而只是让英国贸易委员会向咨询者进行简要的介绍。如果英国商人来信咨询，可以根据《商人指南》的内容进行回复。同时于5月6日告知英国贸易委员会，关于发行匿名版本的《商人指南》的问题，必须重视英国驻北京代办处的建议。如果这一敏感问题处理不当，可能会引起英中之间的矛盾。此外，由于中国政府正不断地指责和攻击英国对华贸易所进行的限制，因此在此背景下，不适合采取这种容易被误解的措施，因为这会被误解为暗示英国会尽力加强与台湾当局之间的贸易，而不顾中国政府的意愿。因此，

---

① Charged' Affaires in Peking to Far Eastern Department, March 14, 1960, FCN1151/1（B），FO371/150542, pp. 7 - 8.

② From Board of Trade to Far Eastern Department, March 29, 1960, FCN1151/1, FO371/150542, pp. 3 - 4.

英国外交部远东局要求贸易委员会,按照英国驻北京代办处的建议,向前来询问台湾信息的英国商人只给出口头上的解释。[①]

《商人指南》逐一介绍了台湾的各个领域,让位于远东地区的台湾逐渐清晰地展现在英国人面前,为英国商人与台湾的贸易提供了良好的信息平台。尽管英国政府各部门对于《商人指南》的措辞慎之又慎,最后由于顾虑到中国政府可能的反应,原定于匿名发行的方式仍然被政治因素所阻碍,只能由贸易委员会口头提供台湾的商业信息,而无法印刷成册并发放到商人手中,但其价值仍然不可轻视。此后若有相关咨询,英国政府则按照《商人指南》上的内容进行回复,因此这份不为公众所知的《商人指南》,成为英国政府关于台湾贸易的内部参考文件,间接地发挥着指导英台贸易的作用。此外,《商人指南》的出现,也从侧面反映出英国对于台湾信息的需求,这产生于此前英台贸易的长期积淀和英国政府部门的努力,从更根本的角度来说,是源自英国对于贸易利润的需求。在第二次台海危机之后,台湾的局势更加明朗和稳定,英台贸易所受到的政治阻力逐渐减少,双边贸易更为繁荣。而英国政府各部门关于《商人指南》的内容和发行方式的讨论过程,则十分形象地表现出了英国在本国经济利益与政治利益之间的权衡和取舍,尽力做到以最小的政治影响,获取本国最大的经济利益。

总之,从上述《访台主要部门的政策通知》、如何应对国民党外事人员的政策通知、《英国商人访台指南》三份文件可以看出,对于没有正式邦交的台湾当局,英国在政治和外交领域,尽力与之保持距离。但在经济领域,则鼓励对台贸易,政府部门甚至准备向本国商人发行《商人指南》,作为对台贸易的参考。然而这一想法最终受限于政治因素,《商人指南》并未正式出版。

第三节　英国两次放宽对台信贷政策

从 1958 年到 1962 年,英国对台湾的贸易管制政策仍保持不变,继续禁

[①] Far Eastern Department to Board of Trade, May 6, 1960, FCN1151/1, FO371/150542, p. 10.

第三章　英国对台湾贸易信贷政策的逐步放宽(1958—1962)　　127

止军需用品出口到台湾,其余商品只要数量合理且用于民用,均可对台出口。然而,英国对台的贸易信贷政策在英台双方的共同努力下,产生了较大的变化。与之相关的第一次讨论源于1958年蒂林访台,随后英国政府开始考虑放宽对台湾的贸易信贷政策,但由于时值第二次台海危机,因此,英国决定暗中将每年最高支付额度从50万英镑提高到75万英镑,4年的信贷期限仍保持不变。1960年开始了对台贸易信贷政策的第二次讨论,最后将年度最高支付额度提高到100万英镑,而信贷期限则延长至5年。同时,台湾当局也积极发展岛内经济,鼓励外商投资,于1960年9月颁布实施了"奖励投资条例",也为英台贸易提供了政策上的便利。

一　英国放宽对台信贷政策的第一次讨论（1958—1959）

1958年蒂林访台是促使英国考虑改变对台信贷政策的直接诱因。蒂林访台的主要目的是"通过贸易搭建双方的桥梁",因此在尽力说服台湾当局购买英国商品之时,表示"现在球在国民党的球场上",意为选择权在国民党手中,希望对方能与英国加强贸易。但是,在蒂林的送别宴会上,这个球又被送回了英国的球场上,台湾当局列出了一份"与英国公司进行商谈的可能延期付款的项目"清单。① 该清单列举出了三类产品。第一类为直接采购价值36万美元的商品;第二类是与其他竞争者相比有价格优势且支付期限可以延长到5年（最好是7年）的英国商品;第三类是与其他竞争者相比有价格优势且支付期限可以延长到10年以上的英国商品。这三类商品的总价值超过1000万美元。此外,台湾当局还想向英国咨询有关6万千瓦的"克德霍尔"型（Calder Hall type）核能发电机的成本、燃料分布以及最长还款期的情况,还希望能够派遣工程师到克德霍尔（Calder Hall）接受培训。②

面对价值超过一千万美元的潜在订单,只要延期付款的条款能够与台湾达成一致,就可以向台湾出口数额巨大的产品,这促使英国政府再次予以思考。而1958年巴黎统筹委员会将对华贸易管制清单进行了第二

---

① Tamsui to Far Eastern Department, January 11, 1958, FCN1151/2, FO371/133520, pp. 14–18.
② Tamsui to Foreign Office, January 11, 1958, FCN1151/1, FO371/133520, p. 5.

次大幅削减，英国对中国大陆的出口禁运程度进一步放松。若能同时放松对台贸易政策，促进对台湾的出口，既符合英国的经济利益，也不违背其秉持的"中立"的外交原则。于是，英国出口信用保证局再次掀起关于对台湾出口担保条件的讨论，但时值第二次台海危机的动荡时刻，这一讨论过程较为曲折，大致可分为三个阶段。

1958年8月到11月为第一阶段。1958年9月5日，英国信用局向英国财政部提出建议，想要修改目前对台湾的出口信贷条款并征求意见。信用局表示，1957年曾经调整了对台湾出口合同的中长期交易的信贷条件：（1）从合同签约日期到最后的支付日期，总时长不能超过4年；（2）需要得到台湾银行的担保，保证在合同的支付期限内有足够的外汇储备；（3）每年实际支付额度不超过50万英镑。自从该条款实施之后，尽管信用局收到了很多建议，但还没有真正签署的贸易合同。在英国信用局所收到的出口申请中，包括有意向台湾糖业公司提供制糖机器和锅炉等设备，这些设备总价值约为200万英镑，付款方式可以按照信用局要求的每年最大限额，但到了1960年，合同最高支付额度可能会达到60万英镑。在这样的情况下，信用局怀疑这一信贷条款是否并不完善。更何况，在当时的局势下，美国不会让台湾落入共产主义阵营之中，如果英国信用局把最高支付额度提高到75万英镑不会有太大风险。如此，不仅可以将目前所有的贸易都囊括在内，也可以为双方未来的潜在贸易留出空间。考虑到目前每年的支付额度限制是一种阻碍，信用局可能合理地免除额外的"整体冒险期"。[1] 这是因为，如果提高每年的支付额度，额度越高，担保的风险就越大，一旦台湾的局势有变，信用局的担保就需要承担风险。但从另一个角度来说，如果支付额度太低，则相应的支付年限就会变长，在未能完全付款的信用支付期限内，都需要冒险并承担风险。因此，需要在可以确定的时间内，以可以承担的支付额度，尽快完成贸易拿到货款。可见，英国对台信贷政策中的年度支付额度和信贷期限的设定，需要英国政府对台湾时局进行准确把握和判断，从而以最小的风险带来最大的利益。

---

[1] Taiwan: From Export Credits Guarantee Department to Treasury Chambers, September 5, 1958, FCN1151/12, FO371/133520, p. 70.

第三章　英国对台湾贸易信贷政策的逐步放宽(1958—1962)　　129

英国贸易委员会于 1958 年 9 月 12 日回复称，同意英国信用局的建议，也欢迎向台湾出口制糖机器的贸易。[①] 但是，英国财政部和外交部都表示反对。财政部不同意目前放松限制，表示由于台湾的政治局势可能会在未来的半年之内发生变化，因此需要从大局出发，目前英国向台湾出口的信用担保条件应该保持不变。[②] 9 月 17 日，英国外交部向信用局表示，美国确实不太可能让台湾被共产主义中国占领，战争的可能性在减少，但考虑到目前台湾正处于台海危机之中，其未来发展仍不确定，在这一节点上增加保险的最高额度是不合逻辑的。一旦出现问题，英国政府很难对这一决定产生的影响进行辩护和防卫。因此，在目前情况下，英国外交部建议按兵不动。[③]

此前，英国信用局还同时咨询了英国驻淡水领事馆的看法。1958 年 8 月 28 日，英国信用局向英国驻淡水领事馆表示，目前好几家英国公司正在与英国政府商谈，想向台湾糖业公司或"中央信托局"出口各种设备，希望得到英国政府的信用担保。[④] 在支付条件方面，有的合同从签署日期到最后支付日期约为四年半，有的合同出口请求超过了原定最高 50 万英镑的支付额度。由于 1957 年修改对台湾出口合同的担保条件是在紧急情况下决定的，事出仓促，因此现在对于目前的担保条款（即合同价值不超过 50 万英镑和不超过四年的支付年限），英国信用局征求驻淡水领事馆的建议。

对此，英国驻淡水副领事怀特在给英国外交部的备忘录中，结合了第二次台海危机的特殊背景，分析了美国对台湾的影响。英国驻淡水领事馆认为，目前台湾海峡的局势，让台湾回到美国对远东布局的中心位置。美国对台经济援助政策的趋势是，援助将阶段性地减少，并由外资所取代，发展贷款和基金贷款在一定程度上帮助台湾经济进行转型。一

[①] Board of Trade to Export Credits Guarantee Department, September 12, 1958, FCN1151/12(A), FO371/133520, p. 71.

[②] Treasury Chambers to Export Credits Guarantee Department, September 15, 1958, FCN1151/12(C), FO371/133520, p. 72.

[③] Foreign Office to Export Credits Guarantee Department, September 17, 1958, FCN1151/12, FO371/133520, p. 75.

[④] Export Credits Guarantee Department to Tamsui, August 28, 1958, O. D. 206, FCN1151/15, FO371/133520, pp. 90 - 91. 各案例详情见附录三。

方面，如果新的美国军事政策是接管台湾的防御，那么台湾当局军队的责任和价值就大大减少，美援也会随之减少，这可能反映在美国会减少对台湾经济的扶持。另一方面，如果美国想把台湾变成一个前沿阵地，如关岛或冲绳，就不能完全忽略台湾的经济状况，那么美国的经济援助必须持续，重点可能从鼓励发展转成使经济维持在现有水平。如果维持现有水平，那么发展战略中可能会出现经济停滞，外国商人（包括英国）的投资机会将会消失。台湾用于对外贸易所使用的外汇数量会大幅度减少。以上的观点都基于海峡局势会出现缓和的假设。未来美国对台湾的经济援助会持续，但额度会减少。如果海峡局势没有缓和，台湾及其经济会被捆绑在美国的战争机器上。无论哪种结果，自从1954年美台《共同防御条约》签订之后，台湾就已经处于美国的庇护之下。10月6日，英国驻淡水领事魏驹向英国信用局表示，为台湾提供出口贸易信贷担保的问题涉及多方利益，核心在于未来美国对台湾地区的政治地位和军事地位的判断，其中美国对台湾地区的经济援助政策也是在这种定位基础之上。目前，台海政治局势不稳，台湾地区的经济前途也晦暗不明。[①]

在英国财政部和外交部的共同反对下，英国信用局于1958年10月29日回复英国驻淡水领事馆的电报中表示，信用局决定在海峡局势变明朗之前，不会修改目前与台湾出口信贷条件。在现有条件下，对于那些提供信贷担保的出口商，信用局承担的最大的责任只有出口额度的75%，而不是正常情况下的90%。此外，如果不对制糖机器的出口合同进行担保，信用局无法为1960年之后任何新的合同提供担保。[②] 对于信用局的决定，英国驻淡水领事馆于11月14日表示支持，认为没有理由修改对台湾的出口贸易担保条件。淡水方面认为，自从美国国务卿杜勒斯访台之后，台湾局势变得更加明朗。在未来一段时间内，台湾更坚定地跟随美

---

① Tamsui to Far Eastern Department, October 6, 1958, FCN1151/14, FO371/133520, pp. 83 - 85.

② Export Credits Guarentee Department to Tamsui, October 29, 1958, FCN1151/15, FO371/133520, p. 88. 关于信用局承担的保险金额，"为出口商的信用证出口，因政治风险及/或商业风险（包括不能及时收到符合要求的来证）导致未能实现出口或无法收回部分或全部货款提供保险。其承保金额，政治风险一般以出口金额的90%为限，商业风险一般以60%为限"。参见程祖伟《国际贸易结算与信贷》，中国人民大学出版社2001年版，第217页。

第三章 英国对台湾贸易信贷政策的逐步放宽(1958—1962)

国,受到美国的庇护。在杜勒斯与蒋介石会面后发表的共同声明中,以前强调的"重返大陆"已经变成了把台湾建设成一个"现代的省份"。英国驻淡水领事馆表示,"美国没有任何暗示,表明要削减援助,我们猜测援助额度会保持不变,甚至会增加。"①

至于制糖机器的合同,根据英国驻淡水领事馆1958年11月14日的消息称,10月英国托马斯·布罗班特父子公司(Thos, Broadbent & Sons Ltd)总经理哈雷特(W. Hallitt)来台,表示尽管出口信用保证局的信贷担保范围从合同金额的90%降到75%,但布罗班特公司仍然会参与台湾糖业公司的制糖转轴招标项目,台湾糖业公司对英国布罗班特公司的机器设备很感兴趣。哈雷特表示,"赢得竞标的机会是50%,能和其他竞争者(西德和美国)站在同一起跑线,已经十分满意!"②

至此,1958年8月到11月,关于修改向台湾出口贸易的信贷条件的讨论暂时告一段落。此时正值第二次台海危机爆发初期,局势并不明朗,各方都在评估台海形势。因此,在英国信用局提出修改建议之后,只有英国贸易委员会表示支持,其他政府部门,如财政部、外交部,以及淡水领事馆都在考虑海峡局势之后,反对修改信贷条款。总之,这一时期的条款保持不变。

1958年11月到12月为第二阶段。第二阶段的讨论中,增加了英国驻华盛顿大使馆的意见。1958年11月28日,英国驻华盛顿大使馆表示,关于10月29日英国信用局发给英国驻淡水领事馆领事魏驹的报告,认为"美国想要避免台湾落入中共手中,会采取必要措施来保证台湾的军事防卫能力,同时保证经济状况不会恶化,避免影响政治稳定"。驻华盛顿大使馆同意淡水方面的结论,认为就目前所判断而言,台湾地区仍然存在诸多风险。关于这一问题的讨论涉及政治因素,如果英国信用局改变对海外地区的出口信贷担保条件,会被商业界看成是一种暗示,这一政策不仅表达了英国对这一地区信誉的评估,也在某种程度上暗示了英国政府对台海地区所做出的政治判断,因此需要格外谨慎的予以考虑。③

---

① Tamsui to Export Credits Guarantee Department, November 14, 1958, FCN1151/16, FO371/133520, p. 94.

② Ibid.

③ Washington to Foreign Office, November 28, 1958, FCN1151/17, FO371/133520, p. 101.

1958年12月16日，英国外交部远东局回复驻华盛顿大使馆表示，由于英国信用局与英国驻淡水领事馆早在8月份就开始讨论这一问题，而当时英国驻美大使馆还没参加，因此建议后者参考之前讨论的往来电报。

英国外交部表示，英国信用局的动机值得称赞。从淡水领事馆提供的信息可以看出，台湾的经济局势总体上得到好转，台湾当局采取更加务实的措施来解决岛内问题，但由于英国信用局的提议，正好和此次台海危机巧合，因此不建议在这个敏感时刻，对台湾的信贷担保政策做任何修改。另一方面，英国外交部并不赞成其驻华盛顿大使以及驻淡水领事馆的观点，即台湾在可预见的将来仍然存在着和原来一样的风险。英国外交部认为，关于1958年10月23日美国国务卿杜勒斯访台后与台湾当局签订的"共同声明"，中国大陆政府会公开或暗中尝试进行破坏。正如英国驻美大使馆发现的那样，美国对国民党的态度不像以前那么热衷了。此外，1960年美国总统任期结束，不知道会对美国的对华态度有何影响。因此，英国外交部认为不应该鼓励英国信用局把对台湾出口合同的支付期限延长到4年之后。如果认为每年50万英镑的最高支付额度，让英国出口商失去了与台湾地区进行贸易的机会，那么外交部不反对把这一额度提高到75万英镑，当然，外交部不会积极地去鼓励和促成这种改变。[①] 由此可见，英国外交部的心里底线是，每年的最高支付额度可以上升至75万英镑，以免出口贸易中错失订单，但为了避免麻烦，不会在书面上进行修改，只可能在实际操作中随机应变。总之，4年的信贷期限无论如何是不会延长的，以免延长风险期。

为了避免混淆，英国外交部远东局于同日，即1958年12月16日，向英国信用局发送电报，解释情况并表明自己的看法。英国外交部表示，由于英国驻华盛顿大使馆未能从一开始参与讨论，以为英国收紧了对台湾出口的信贷担保政策，从而变得对台湾更加苛刻。这是一个乌龙，事实上，英国外交部仍然按照9月5日的建议进行讨论，即是否将最大支付额度提升到每年75万英镑，以及是否要延长或废止4年的信贷期限。英国驻华盛顿大使认为，英国信用局作出任何政策上的调整，都会被美国和台湾当局看作是一种暗示。外交部表示赞同，尽管英国驻华盛顿大使

---

① Foreign Office to Washington, December 16, 1958, FCN1151/17, FO371/133520, p.104.

第三章 英国对台湾贸易信贷政策的逐步放宽(1958—1962) ❀ 133

以为是收紧信贷担保政策，但这一看法同样适用于放宽这一政策。因此，英国政府应该对放宽对台出口信贷条件持谨慎态度。目前，台湾在美国的庇护之下，美国不希望中国收复台湾；同时，中国大陆正在努力消灭台湾国民党政权。英国不知道最后哪一方会成功。此外，美国对国民党的公众舆论变得不像以前那样热情，很难保证1960年总统大选之后，美国对华政策是否改变。因此，在此关键时期，英国外交部建议不要延长4年的支付期限。至于最高限额，则不会敦促英国信用局去提高，也不会提出反对。① 结合之前的档案材料，可以看出，英国外交部的意见是保持4年的信贷期限不变，对于每年75万英镑的最高支付额度持默许态度。

关于英国外交部1958年12月16日的来信，英国驻美国大使馆表示对英国信用局的建议没有异议，但是贸易风险有所增加是事实。英国驻美国大使馆认为，在可预见的将来，美国对台湾的政策不会产生重大变化。诚然，国民党在美国公众心中不再那么受欢迎，但这都是相对的。几年之前，在美国难以想象任何批评国民党的言论，但现在表达批评国民党的言论也很常见。但是这一风潮并未扩散到全美，只是少数意见。比如，塔夫特新闻社（Tuftey，音译）12月22日报道，在81个新当选的众议院议员中，有45人回答了"美国是否应该承认中华人民共和国"这一问题。16人认为应该承认，20人表示反对，剩下的认为有承认的趋势，但时机尚未成熟。这当然表明观念有所变化，但81人中只有16人给出积极态度，想要成为主流意见，还需时间。至于英国信用局的建议，对美国来说，英国对台湾的出口贸易担保额度每年增加25万英镑是合理的，也是可以接受的。②

在此之前，英国贸易委员会于1958年12月8日表示，对台湾来说，75万英镑的年度支付限额是一个很低的限制，更何况还有美国对台湾的经济援助。因此，在任何情况下，英国贸易委员会都支持将对台的信贷担保额度增加到75万英镑，来促成英台贸易。12月11日，英国贸易委员会表示，十分感谢英国外交部不反对增加对台的年度最高支付额度，

---

① Foreign Office to Export Credits Guarantee Department, December 16, 1958, FCN1151/17, FO371/133520, p.109.

② Washington to Foreign Office, December 30, 1958, FCN1151/1, FO371/141386, p.3.

对目前的政策已经十分满意。①

由上可见，1958年11月到12月，在对台湾出口信贷条件讨论的第二阶段中，随着台海局势的明朗，英国政府各部门的意见产生松动，默许将年度支付额度从50万英镑提升到75万英镑，但4年信用支付期限并未该变。

1959年6月为第三阶段。1959年6月1日，英国信用局向英国财政部再次表示，对于目前英国对台湾的出口信贷政策产生怀疑。

这是由英国托马斯—布罗班特父子公司向台湾出口提炼蔗糖设备的案例引起的。在这一例出口贸易中，从合同生效日起到结账日，合同时长共达4年零7个月。鉴于目前英国对台湾的信贷担保政策，并不支持4年以上的信用支付合同。但该公司已经签下了一个订单，希望英国信用局能为这一出口交易进行担保。这一订单的额度为30万英镑，其中20%为交单付款，20%在到达并验货之后进行支付，剩余款项分成6个阶段分期付款，每段为期半年。运输需要25个月，因此从合同生效日开始，总时长为55个月或61个月（根据第一个半年的付款时间来浮动），均不会超过目前的4年最长期限。英国信用局表示，目前英国对台湾的出口担保政策所进行的限制，不确定是否合理，毕竟英国对中国大陆也没有进行类似的限制。英国信用局在1957年前并不为向台湾的出口订单进行担保。到了1958年，担保的额度只有2.2万英镑，而且都是短期内完成付款。过去几年里，英国信用局收到支付期限为中期的订单咨询总额度达到600万英镑，但由于各种原因，比如与美国建立贸易联系、或台湾当局不批准、或英国公司提供的条件没有竞争力等等，这些订单都未能实现，因此英国可能已经失去了珍贵的贸易机会。目前对台湾出口的订单额度有100万英镑，这是不容小觑的。尽管英国与台湾的贸易规模不大，但在美援的帮助下，台湾的外汇储备已经相当于其6个月的进口额度，而且美援在可预见的将来也不会被切断。因此，英国信用局认为现在时机已经到来，应该考虑为台湾提供正常条件的担保，即最长的信贷支付时限为5年。②

---

① Minutes by Far Eastern Department, December 8, 1958, FCN1151/17, FO371/133520, pp. 99 – 100.

② Export Credits Guarantee Department to Treasury, June 1, 1959, FCN1151/6, FO371/141386, p. 27.

第三章　英国对台湾贸易信贷政策的逐步放宽(1958—1962)　　135

对于英国信用局要求延长对台信用期限的建议，英国政府内部进行了讨论，但各部门反应不一。英国外交部远东局和英格兰银行不同意，而英国贸易委员会表示赞同。

英国外交部远东局在1959年6月5日回复英国信用局，并不支持延长对台湾出口的信贷期限。从政治角度来看，恐怕没有发生任何事情足以改变1958年12月的政策，即对台出口的信用期限不超过4年。"这与台湾的经济能力无关，与台湾的局势也无关。目前台湾的局势会维持多久仍不确定，受到很多政治因素的影响。没有人敢断定1964年之后会不会有大的改变，但目前情况下，相反的假设是危险的。现在中华人民共和国已经稳固，在可预见的将来，其政治和经济力量都会继续增长。因此，英国放宽与大陆贸易的担保条件、同时维持对台湾的担保条件，是完全合理的。"此外，任何对台湾信贷政策的变化都不建议公布，因为此类消息会在进出口贸易圈中迅速地传播开来，也会让对台湾有着特殊兴趣的美国政府知晓。在此关节，英国不愿意让美国政府形成这样的印象：英国正在改变对华政策，在某种程度上倾向于台湾当局。由于这些原因，英国外交部认为，最好不要延长对台湾的信贷期限。①

英格兰银行于1959年6月5日回复英国财政部，并不支持放宽对台湾的出口信贷条件。英格兰银行认为，如果把中国大陆和台湾进行对比，前者拥有基本而完整的经济实力，充足且持续的经济资源，而后者则几乎完全依赖美国的援助，因此在考虑出口信贷条件和限制时，会考虑这样显著的区别。此外，如果考虑到政治风险，这一区别就更明显了。而对于英国托马斯—布罗班特父子公司而言，明知道英国信用局不会提供超过4年的出口信贷保险，还私自提前签订几乎长达5年的订单，再回头希望英国信用局提供帮助，这种行为是令人不解的。②

贸易委员会则一如既往地支持放宽对台湾的出口信贷政策，在1959年6月8日发给信用局的电报中，同意将台湾的信贷支付期限延长到5年。贸易委员会表示，尽管台湾是一个很小的市场，但近年来，英国与

---

① Foreign Office to Export Credits Guarantee Department, June 5, 1959, FCN1151/6, FO371/141386, p. 31.

② Bank of England to Treasury, June 5, 1959, FCN 1151/6 (A), FO371/141386, p. 32.

台湾的贸易稳步增长。台湾的工业还在起步阶段，对资本商品的需求量较大。在任何新兴市场中，英国都要努力站稳脚跟，因为一旦竞争者的产品占领市场，英国产品就很难再去争取市场份额。因此，在这个关键时期，贸易委员会应该尽力保证，不让英国制造商因为缺少政策支持而受到影响。相比之下，别国的竞争者是没有这种约束的。至于放宽目前的信贷条件所面临的额外风险，主要是考虑到美国对台经济援助的持续性。贸易委员会不确定美国是否会改变政策而减少对台援助，但如果减少对台援助会让台湾无法支付进口商品的合同，进而影响到美国和英国的出口商，因此美国也面临着一定的压力。此外，英国担心放宽对台湾的出口信贷条件会被美国人解读为英国改变对台政策的暗示，这可能是唯一有意义的反对理由。但前者仅仅是实践操作的变动，而后者指的是政策上根本性改变，这两者之间有些脱节，更何况受益更多的是英国商人。[①]

由上可知，对于是否放宽对台湾的出口信贷条件，英国政府内部再次产生分歧。外交部和英格兰银行从政治角度考虑表示反对，而贸易委员会从经济角度表示支持。最后，财政部在综合考虑各部门意见之后，于1959年6月9日回复信用局，认为现在改变对台湾的出口信贷条款是个错误，也没有必要为托马斯—布罗班特父子公司的合同进行例外的担保。[②]

总之，从1958年8月到1959年6月，英国关于对台出口的信贷政策分为三个阶段。之所以讨论时间长达10个月，主要源自政治因素和经济利益二者之间的博弈，而英国又一直坚持"中立"政策，在政治局势变化或经济形势转变时，都可能引起政府各相关部门对这一政策的重新考量。在第一阶段中，由于正值第二次台海危机爆发之时，相关各方的意图都不明确，因此尽管可能会有一些对台出口的贸易机会，但英国仍然保持对台湾的出口信贷政策不予调整。第二阶段，美国对台湾的经济援助仍会持续，英国掌握地区局势后，考虑到经济方面的因素，英国政府，暗中将最高支付额度从每年50万英镑提升到75万英镑。第三阶段，英国

[①] Board of Trade to Export Credits Guarantee Department, June 8, 1959, FCN 1151/6 (B), FO371/141386, pp. 34 - 35.

[②] Treasury to Export Credits Guarantee Department, June 9, 1959, FCN1151/6 (C), FO371/141386, p. 37.

信用局考虑是否放宽信贷年限时，涉及了对台湾未来风险的整体评估。尽管英国一直有增加对台出口、占领台湾市场、赚取外汇的经济利益诉求，但台湾未来的不确定性让英国政府不得不再次谨慎，更何况担心被美国和台湾当局看作是对台政策转变的信号，因此英国政府决定并不放宽信贷年限，保持现有的4年不变。简而言之，经过这一次讨论，英国对台湾的出口信贷政策是：从合同签订日到最终支付日，信贷担保期限不超过4年；每年实际支付额度不超过75万英镑。

二 英国放宽对台信贷政策的第二次讨论（1960年）

到了1960年，台湾在美援的帮助下经济得到飞速发展，英台之间出现了更多的贸易机会，在台海局势缓和的背景下，英国出口信用保证局再次掀起关于对台信贷政策的讨论。第二次讨论从讨论的内容上，可以分为两个阶段。第一阶段的主题是将信贷期限从4年延长至5年，第二阶段是将年度最高支付额度提高到100万英镑。

1960年4月到1960年6月为第一阶段。1960年4月22日，英国信用局向财政部提出，目前对台湾的出口信贷政策是依据《出口担保法》的第二部分，在合同生效日起的4年之内，都可以得到英国信用局提供的信贷担保。也就是说，从装船之日算起，对台湾出口合同的最长信贷期限为4年。早在1959年6月，英国信用局就希望延长这一信贷期限，但英国外交部反对任何延长对台信贷期限的建议，原因是台湾未来的地位仍不确定，同时也不想给美国留下英国正在改变对华政策、转而倾向于国民党的印象。英国信用局认为，这一政策正在让英国失去出口贸易的机会，并且援引了近期的贸易案例为佐证。英国自动电话和电子有限公司（The Automatic Telephone and Electric Co. Ltd）正在竞标一个合同，为台湾"电信管理局"（Taiwan Telecommunication Administration）提供两个电话交换台。同时竞标的还有三家日本公司，两家德国公司，一家美国公司，它们都提供5年的信贷支付期限。英国公司的标价最低，为26.05万英镑，而且台湾买方在技术上更喜欢英国公司的设备，但如果接受英国公司的竞标，根据英国政府的规定，所能提供的信贷期限只有4年，这会让日本等国家的竞标者就信贷期限而重新展开竞标。由于英国公司的价格已经被公开,其他公司可以凭借补贴,让报价低于前者从而中标。因此,英国自动电话和电子有限公司希望能获得5年的信贷期限,以确保此次中标,否则就会失去此次贸易机会。对于这一情况,信用局表示理解和同情,认为"目前对台信贷政策的限制正在让英国商人失去贸易机会,因此需要刻不容缓地延长对台湾的出口信贷期限至正常水平(即5年)"。至于英国外交部的顾虑,则显得杞人忧天。一方面是担心台湾的地位产生变化,这也有可能发生在4年之内,而这恰恰也是目前英国政府所提供的信贷担保期限;另一方面是担心美国的反应,但美国政府不太可能提前知晓英国这一政策的变化,因为只有那些因某些合同支付条件的要求而前来申请延长担保的英国公司,信用局才会提供担保。①

收到申请后,英国财政部随即咨询了政府其他部门的意见。英格兰银行于1960年4月29日回复英国财政部,表示台湾继续高度依赖于美援来平衡其国际收支的逆差,因此如果想将信贷担保从4年延长至5年,必须考虑相关的政治风险。如果英国外交部认为可行,英格兰银行不会反对信用局的意见。②5月5日,英国贸易委员会回复财政部,表示对这样的贸易损失很痛心。若能放宽对台信贷政策,最大受益者是英国出口商,而非国民党。当然,贸易委员会仍会参考英国外交部的风险评估。③ 此时,是否放宽对台的信贷政策就取决于英国外交部对于台湾的形势判断。

1960年5月13日,英国外交部远东局回复信用局,表示原则上仍然坚持1959年6月9日电报的观点,即不支持延长对台湾出口的信贷期限。外交部认为,由于台湾的政治前景仍未确定,因此延长担保期限会承担很大的风险。诚然,在未来的6年甚至4年之内台湾局势可能恶化,而这4年正是英国政府提供信贷担保的期限,但无论时间长短,英国外交部认为台湾并不具备很高的安全等级。至于美国的反应,目前无法判断英国延长对台信贷政策是否会被美国知晓,但英国外交部对此远没有英国信用局那么乐观。如果美国得知这一信息,有可能将此解释为:英国向台湾当局暗示一种更友好的态度。但

---

① Export Credits Guarantee Department to Treasury Chamber, April 22, 1960, FCN1151/2, FO371/150542, p. 15.

② Bank of England to Treasury, April 29, 1960, FCN1151/2 (A), FO 371/150542, p. 20.

③ ECGD Cover for Taiwan, May 5, 1960, FCN1151/2 (B), FO371/150542, p. 22.

第三章　英国对台湾贸易信贷政策的逐步放宽(1958—1962)　　139

即使如此，英国外交部可以向美国表示，这只是商业事宜，并无任何政治暗示，说服美国并非难事。此外，还有另一个被忽略的因素，也许在1958年里并不明显，即那些希望加强对华贸易的人会有所反应。由于英国对华贸易进行一定的限制，英国政府正备受攻击。如果延长对台的信贷期限，可能会让中国大陆及其贸易伙伴产生误解，以为英国正在努力扩大与国民党的贸易而不顾中国大陆。英国外交部认为，对台湾的信贷政策不应该优于对中国大陆的信贷政策，即使要放宽，也是和中国大陆一样都为5年。总之，英国外交部表示，如果英国信用局和其他政府部门都认为，与放宽信贷期限所产生的风险相比，目前由于对台湾出口的信贷政策限制太多，所失去的贸易机会更为重要，那么英国外交部则不再因政治因素予以反对。①

1960年5月17日，英国驻华盛顿大使馆从美国反应的角度，打消了英国外交部的疑虑。英国驻华盛顿大使馆向英国外交部远东局表示，完全赞同延长对台信贷期限。如果美国国务院认为这暗示着英国政府改变对台政策，英驻美大使馆可以毫不费力地将其说服。尽管这一政策的改变使美国可能认为英国将要改变对华政策，但并不等同于美国指望英国改变对台湾的政策。即使美国认为英国对于承认中国政府之事并不满意，但并不会直接以为英国会转而承认台湾当局。美国一直把英国与台湾的关系看成是领事和商业级别的，只将延长对台的信贷期限看成是贸易政策的发展，而不具备政治含义。②

1960年6月4日，英国驻淡水领事馆向远东局表示，不仅完全支持延长对台湾的信贷期限，还提供了台湾近几年主要的电力项目信息，希望英国政府能制定更加实际的政策，以符合台湾市场。③ 根据英国电气有限公司（English Electric Company Limited）驻香港办事处的来信，目前台湾有两个涉及长期贷款的项目信息，需要从外国采购数千万美元的水力涡轮、发电机、变压器等发电装置，而且正在向美国发展贷款基金（De-

---

① Far Eastern Department to Export Credits Guarantee Department, May 13, 1960, FCN1151/2, FO371/150542, p.19.

② British Embassy in Washington D. C. to Far Eastern Development, May 17, 1960, FCN1151/5, FO371/150537, p.39.

③ Tamsui to Far Eastern Department, June 4, 1960, FCN1151/5 (A), FO371/150542, p.40.

velopment Loan Fund）申请贷款支持。但是，这些项目在付款方式上都要求提供 7 年的信贷期限。据悉，日本制造商主动延长支付期限，从第一次轮船运输开始计算，可以在 7 年之内支付，西德和意大利的制造商也准备接受日本竞争者所提供的支付条款。而英国目前的对台信贷政策，则不建议英国公司继续参与深度谈判，否则只有尴尬。令英国吃惊的是，西德和意大利可以提供比"伯尔尼协会"（Berne Agreement）更宽松的贸易信贷条件。不知在"伯尔尼协会"中是否有规定，考虑到非成员国的竞争（如日本），可以让成员国放宽协议规定的限制条件。① 由此可见，面对台湾正在进行的大量项目和商机，英国商人却在贸易往来中存在困难，英国商人急切地需要相关机构放宽现有的信贷政策，否则会白白错

---

① Long Term Financing – Taiwan, from The English Electric Co. Ltd to Tamsui, May 14, 1960, FO371/150542, pp. 41 – 42. 电报中所提及的"伯尔尼协议"（Berne Agreement），是指 1934 年世界出口信用保险机构成立了名为"国际出口信用保险和海外投资保险人联盟"的国际性组织，由于首次会议在瑞士的伯尔尼召开，故该机构的简称为"伯尔尼协会"或"伯尔尼联盟"（Berne Union）。伯尔尼联盟是第一个对各发达国家的出口信贷政策进行国际协调的国际组织，对促进和维护世界贸易和投资的发展起着重要的作用。截至 1982 年，有 28 个国家和地区的有关组织参加，包括 1919 年英国成立的出口信用保证局、1934 年美国成立的进出口银行、1946 年法国成立的外贸保险公司以及 1977 年意大利成立的出口信贷保险部等。尽管这是一个保密性很强的民间组织，其出口信贷规则也未完全公开，但从其运作规则中可以看出，伯尔尼联盟曾签订过《1953 年协议》和《1961 年声明》。"20 世纪 50—60 年代，由于大宗交易尤其是造船业对长期信贷的需求大量增加，每个国家都极力为本国的出口商以较低的利率和较长的贷款期限提供更多、更优惠的出口信贷资金支持，以至于在各国之间尤其是在欧盟和日本之间爆发了一场'信贷战'。面对这种严重危及国际经济秩序的恶性竞争局面，伯尔尼联盟诸成员国于 1953 年召开会议，并达成了一项协调各国出口信贷政策的国际协议——《1953 年协议》。根据不同商品的类别，分别确定了出口信贷的最长还款期限。例如，它规定资本货物出口信贷的最长还款期限为 5 年，半资本货物为 3 年，耐用消费品为 1.5 年，原材料和消费品为 0.5 年。此外，作为获取出口信贷的条件，协议规定进口商必须先行支付货物价格 15%—20% 的定金。"但是，由于伯尔尼联盟是一个民间性而非具有强制性的国际组织，因此全靠成员国自觉遵守，其约束力十分有限。20 世纪 50 年代后半期，许多国家为了加强其在国际市场上的竞争力，纷纷违背《1953 年协议》的规定，向购买资本货物的外国进口商（买方）提供偿还期限在 5 年以上的长期出口信贷。面对《1953 年协议》有关出口信贷偿还期限规则已经完全丧失效力的困境，伯尔尼联盟诸成员国于 1961 年召开会议，对《1953 年协议》的规定进行了"澄清"，会后并发表了一个关于出口信贷偿还期限的声明——《1961 年声明》，指出《1953 年协议》的规定仅适用于卖方信贷，并重申卖方信贷的偿还期限不得超过 5 年。对于那些由政府批准的特大工程项目的买方信贷之偿还期限超过 5 年者，该声明则予以默认。参见张榆青《国际出口信贷法研究》，博士学位论文，中国政法大学，2007 年，第 33—34 页。

第三章　英国对台湾贸易信贷政策的逐步放宽（1958—1962）　　141

失贸易机会。

英国驻北京代办处则提出反对意见，其在1960年6月7日给英国外交部远东局的信中表示，英国要衡量放宽对台湾政策的利弊得失。驻北京代办处唯一考虑的是，目前英国对台湾的信贷期限是4年，对印尼是3年，中国大陆是5年。按照"伯尔尼联盟"的规定，英国政府所提供的正常的信贷期限是5年，中国大陆已获得相较于台湾而言更加优惠的政策。如果对台信贷期限延长至正常水平（即5年），则会让中国大陆与台湾处于同一地位，可能会让本有优势地位的中国大陆产生不良反应。中国大陆政府若知晓，与台湾当局处于同一地位，也绝对不会满意。同时，中国大陆政府也会将此视为抗议的理由，与英国政府争论对华贸易的"限制"问题，并指责英国比以前更加相信蒋介石集团会持续得更加长久。[①]但英国外交部远东局认为这一顾虑并不重要，于7月12日回复英国信用局并口头通知英国驻北京代办处不必过度担忧。理由是中国谴责英国进行贸易配额，但从根本上是希望增加中英贸易的。即使英国将台湾当局的生存年限从4年高估到5年，也不太会对英中关系产生根本性的影响。因此，英国此时不应该太过顾及其中可能会产生的政治后果，而忽视经济方面的考虑。[②]

由此，英国财政部于1960年6月24日回复英国信用局，尽管英国驻北京代办处有些担心，但并不影响英国外交部远东局的决定。财政部现在也同意将对台信贷期限延长至装船运输后的5年之内。[③] 9月6日，英国外交部远东局告知英国驻北京代办处，信用局决定在向台湾出口的合同提供信贷担保时，取消所有的特殊限制，最长的信贷担保期限为装船运输之后的5年，而不是此前的合同生效日之后的4年。这一决定符合"伯尔尼联盟"的规定，自此英国对台湾的出口信贷政策等同于对中国大

[①] Charged' Affaires in Peking to Far Eastern Department, June 7, 1960, FCN1151/5（B），FO371/150542, p. 43.

[②] Far Eastern Department to Export Credits Guarentee Department, July 12, 1960, FCN1151/5, FO371/150542, p. 45.

[③] Treasury to Export Credits Guarentee Department, June 24, 1960, FCN1151/6（B），FO371/150542, p. 54.

陆的政策。①

1960年8月2日，英国政府特地向各部门发布第50/60号《对台政策的部门通知》，正式将对台信贷期限调整至5年。②8月9日，信用局告知英国驻淡水领事馆这一信息并表示，在征求英国政府各部门同意之后，取消所有关于对台出口信贷条件的特殊限制。与之前规定的合同生效之日起、最长4年的信贷期限不同，现在英国信用局对台提供的最长信贷担保期限为装船运输之后的5年。此外，英国信用局还对由美国合作总署提供资金的贸易制定了更加严格的信贷担保条件，原因是此类交易经常使用信用证，信用局并不排除为长期的交易提供信贷担保。需要特别指出新政策中的两个变化：（1）将信贷担保贸易分为三种，分别是综合担保类别、具体担保类别、特殊担保类别；（2）取消之前长期信贷条件中所限制的3年信贷期限，改为最长5年信贷期限。至于英国驻淡水领事馆在6月4日提及的欧洲国家提供7年信贷期限的问题，据目前所知，其他"伯尔尼联盟"成员也执行类似于英国的政策。之所以出现7年的信贷条件，可能是相关公司在没有政府信贷支持的情况下私下提出这样的长期信贷优惠条件。英国信用局的这一信贷政策不包括超过5年的贸易（除非某些大型飞机）。③

总之，自1960年4月开始，英国信用局提出延长对台信贷期限的问题后，英国财政部、贸易委员会、英格兰银行、英国驻华盛顿大使馆、英国驻淡水领事馆都表示支持这一建议；英国驻北京代办处提出中国大陆可能由此指责英国限制对华贸易，但英国外交部并不担心；一直对此问题持有谨慎态度的英国外交部，最后决定在政治上不予以强烈反对，扫清了放宽对台湾信贷期限的最后一个障碍。在对台信贷期限问题的讨论中，英国外交部有三个方面的顾虑因素：（1）作为一个不安稳的地区，台湾本身就存在着风险。但这一风险目前看来会一直存在，总不能因此

---

① Far Eastern Department to Beijing, September 6, 1960, FCN1151/9, FO371/150542, p. 70.

② General Departmental Policy Notice-Taiwan, August 2, 1960, G. D. P. No. 50/60, FCN1151/9, FO371/150542, pp. 65 - 66. 通知内容见附录四。

③ Export Credits Guarentee Department to Tamsui, August 9, 1960, O. D. 206, FO371/150542, p. 67.

而让贸易停滞不前。(2) 美国可能因为英国延长对台信贷期限，而认定英国正在改变对华政策，倾向于国民党。这也是1958年的讨论中，英国外交部反对放宽对台信贷政策的理由之一。(3) 中国大陆可能会由此产生负面反应。但是，这三个理由仅仅处于假设地位，而且可以采取措施减轻可能产生的影响。目前的信贷政策限制确实阻碍了英国对台的出口贸易，直接导致其在国际贸易中的劣势地位，使得英国在经济上愈加不利，而这一限制所带来的政治利益也愈加虚无。因此，在可能引起的政治影响和切实的经济利益之间，英国外交部选择了后者，决定撤销此前（1958年）对台5年信贷期的否决意见。此番讨论，充分体现了英国政府在政治利益与经济利益之间的权衡。

1960年8月为第二阶段。除了将对台湾的信贷期限延长至5年，英国信用局还希望能继续提高年度支付限额。1960年8月2日，英国信用局写信给财政部，表示此前对于延长期和中期贸易来说，每年50万英镑的最高支付额度本可以基本满足贸易需求。但在最近几周，英国信用局遇到了多个咨询，尤其是英国普氏兄弟公司（Platt Bros. Ltd）希望能为向台湾出口的纺织机器提供担保，其数额很快就将超过目前50万英镑的限制。普氏兄弟公司目前能确认的一个合同价值为24.4万英镑，其他合同正处在谈判的不同阶段，总价值达370万英镑。众所周知，英国信用局在为英国公司提供信贷担保时，不可能有目的地挑选某一合同。在目前的额度限制下，必须秉持"先到先得"的原则，但如果这一额度不够用，势必会影响一部分英国公司的出口贸易。英国信用局表示，目前相对于台湾每年8000万英镑的进口额度来说，英国对台湾的出口额度（每年约为100万英镑）并不算高，有很大的发展空间。更何况，美国确定会给台湾提供援助，有了这一稳定的外汇来源，英国没有理由不向台湾进行出口，即使美国将郑重地削减海外援助，对台援助也不太可能会减少。因此，如果英国信用局向普氏兄弟等公司提供出口信贷担保，来帮助其进行贸易谈判，则需要将年度最高限额设置为100万英镑以上，来保证最低的灵活程度，对于公司业务最好为200万英镑，以便提供足够的空间，保证所有的咨询都能得到支持，充分获取贸易机会。如果因为最高限额的约束、而不能允许英国公司与台湾进行自由贸易的话，最近放松信贷期限的政策则没有意义,希望将对台的年度最高限额提高到 200 万英镑,特此征求英国各部门建议。①

1960 年 8 月 5 日,英格兰银行回复英国财政部,这一问题的关键是美国是否能够对台提供稳定的援助,英国信用局认为美国已经下定决心继续为台湾提供援助,英格兰银行对此表示认同。但是台湾仍然是一个不稳定的市场,如果要提升年度最高支付限额,仍有诸多顾虑。因此,英格兰银行建议,将年度最高限额提高到 100 万英镑,这样英国信用局便可为普氏兄弟公司提供担保。如果新的限额遇到压力,可再重新考虑。②

1960 年 8 月 18 日,英国财政部回复英国信用局,表示目前很难对台湾进行长期的打算,因此不建议考虑得过于久远和宏大,需要一定程度的谨慎。在目前情况下,从每年 50 万英镑提高到 200 万英镑不切合实际。英国财政部同意将对台中期贸易的最高限额提高到每年 100 万英镑,这足以为普氏兄弟提供信贷担保,同时还留有余地。③

最后,英国信用局表示接受这一建议,在 1960 年 8 月 19 日回复财政部的信中表示,不完全同意英国财政部对台湾的看法。信用局认为,台湾拥有大量并且难得的双边进出口贸易机会,同时有美援进行保驾护航,英国政府应该立即将年度最高限额提高到 200 万英镑,这种做法是合情合理的,也是明智务实的。同时,信用局接受将这一额度增加到 100 万英镑的决定,如若随后发现仍有限制,将再行讨论。④

由于英国政府此前发出第 50/60 号文件时,正值英国信用局发起第二阶段的讨论,因此在第二阶段讨论结束后,1960 年 9 月 1 日英国信用局在对《对台政策的部门通知》修订意见中表示,在征得英国财政部的同意之后,将中长期、具体担保、特殊担保类别的年度支付额度从 50 万英

---

① Export Credits Guarentee Department to Treasury, August 2, 1960, FCN1151/8, FO371/150542, p. 58.
② Taiwan – E. C. G. D. Cover, August 5, 1960, FCN1151/8 (A), FO371/150542, p. 59.
③ Treasury to Export Credits Guarantee Department, August 18, 1960, FCN1151/8 (B), FO371/150542, p. 62.
④ Export Credits Guarentee Department to Treasury, August 19, 1960, FCN1151/8 (C), FO371/150542, p. 61.

第三章　英国对台湾贸易信贷政策的逐步放宽(1958—1962)　　145

镑提高到 100 万英镑。① 11 月 1 日，英国信用局发布第 68/60 号《对台政策的部门通知》，代替此前的第 50/60 号文件。第 68/60 号文件将最高 100 万英镑的年度支付额度纳入其中，其表述与第 50/60 号文件略有不同。② 第 68/60 号文件中所说的"没有任何特殊的限制"，指对台湾的出口贸易提供正常的 5 年信贷担保期限。在文件最后还提醒，最新修改的 100 万英镑年度最高支付额度，仅限于英国政府各部门内部知晓，不得向外泄露，可见英国政府对于台湾问题的谨慎态度。

至此，经过 1958 到 1959 年的第一次讨论以及 1960 年的第二次讨论，英国对台湾的出口信贷期限从 4 年放宽到 5 年，年度最高支付额度从 50 万英镑（默认 75 万英镑）增加到 100 万英镑。这两次讨论，让英国对台湾的出口信贷政策产生了根本性的改变。

三　台湾的积极反应

在英国政府分两次讨论放宽对台出口信贷政策之时，台湾方面也表现得十分积极。台湾当局希望通过"贸易"桥梁来增加双方的政治联系和熟悉程度，所以发展贸易又成为战略考虑。

在 1958 年到 1959 年英国政府进行对台信贷政策的第一次讨论之后，台湾媒体《新闻天地》于 1959 年 11 月 21 日发表了一篇题为《对英关系》的文章，文中批评现任台湾外事主管部门黄少谷在英台关系的建设上没有积极的营建方案，呼吁应有所作为，甚至建议在伦敦、香港应派遣得力人员，在搜集、研究政情方面多下工夫。文章最后呼吁："尽其在我，做一点总比束手的好！"③ 从中可看出，台湾民众公开质疑台湾外事主管部门的努力，希望英台关系能更加密切，一定程度上从侧面反映台湾民众希望改善与英国关系的迫切愿望。

其实，台湾当局高层官员对此问题早在讨论且也达成共识，即应该

---

① General Departmental Policy Notice Amendment to G. D. P. No. 50/60-Taiwan, September 1, 1960, FO371/150542, p. 72.

② General Departmental Policy Notice - Taiwan, November 1, 1960, G. D. P. No. 68/60, FCN1151/11, FO371/150542, pp. 75 - 76. 通知全文见附录五。

③ 中英关系，1959 年 11 月 21 日，"中研院"近代史所档案馆，档号：312/0002，第 41 页。

积极加强英台关系,并拿出对策。比如,"中央委员会"1959年7月15日向台湾外事管理部门黄少谷表示,"自英国承认大陆政权后,台湾与英国并无正式'邦交',英台仅仅维持商务及民间团体上的交往。英美在传统上关系密切且美国的外交政策对英国有深切的影响,因此加强英台关系有利于台湾的国际关系,建议:(1)扩展英台现有的商务关系及贸易范围,在地区上不应限于香港,凡属英联邦各地均应促进发展,并鼓励商人与英商由贸易关系之增加而增多与英人接触之机会;(2)随时适应情况筹备经济(贸易)访问团,赴英属各地调查访问,或邀请英商来华访问,增进英台关系。"① 再如,1959年7月21日,台湾外事主管部门欧洲研究小组组长魏煜孙在其撰写的《现阶段改善"中英"关系建议》报告中也认为,"基于台湾情势的实际需要,促进与英国的关系仍然必要"。报告认为,"为了疏远英国与苏联、英国与中国大陆的关系,确保台湾在联合国的代表权,兼及台湾在香港及其他英联邦国家的利益,台湾当局都不应因英国承认大陆政权而把英国当作敌人,需要实行具有弹性的政策,化敌为友。报告最后建议,参加国际展览等各种可以促进英国人士对台人士的经济文化活动,都应当予以加强。当局应设立专门研究机构,研议各种改善双方关系的具体计划与步骤,以削弱大陆在英国的地位。"② 又如,1959年8月6日,台湾外事主管部门向"中央委员会"报告称,"英国虽然承认中国大陆政权,但基于民主国家团结反共,仍应设法加强对英关系。"③

可见,从台湾的社会舆论到台湾当局,都希望增强与英国的贸易。在实际操作中,台湾当局见缝插针,利用各种贸易机会促进与英国和英联邦国家的关系。比如,当新加坡和马来亚当局对从中国大陆进口的纺织品和书籍颁布了禁令、暂停了中国大陆与马来半岛的贸易时,台湾"监察院"于1958年12月决定,敦促当局扩大台湾产品在东南亚的销

---

① 中英关系,1959年7月15日,"中研院"近代史所档案馆,档号:312/0002,第30—31页。

② 中英关系,1959年7月28日,"中研院"近代史所档案馆,档号:312/0002,第57—62页。

③ 中英关系,1959年8月6日,"中研院"近代史所档案馆,档号:312/0002,第32—35页。

售。同时台湾当局还考虑对向东南亚出口的出口商进行补贴,同时计划推行一系列的贸易与合作,如将两批水泥制造设备经运至马来亚,希望在当地建造一个水泥厂;计划成立一个由台湾—马来亚合作的去污剂制造工厂;与新加坡进行渔业项目谈判,让台湾渔船所捕的鱼能销往新加坡,由"中央信托局"驻新加坡办事处来处理与新马的贸易。另如,1958年12月6日,台湾解除了对香茅油的出口禁令,增加向新马出口,也构成了台湾与新马贸易的重要部分。之前由于大陆低价出售,已经占领1/4的市场份额。作为世界最大的香茅油产地,禁令解除后,台湾预计每年能出口400—500万磅的香茅油。再如,由于大陆出口到香港的生猪供应减少,台湾增加了对香港生猪的出口。1958年台湾的生猪产量从大约50万头增加到354万头。由于在年初船运试验的成功,活鸡也会成为台湾向香港出口的一种常规贸易商品。[1]

在1960年英国政府的第二次讨论过程中,由于美国不断暗示将逐渐减少对台的经济援助,这使得高度依赖美援的台湾经济不得不考虑独立发展,这让引进外资和增加出口显得愈加重要。由此,1960年9月,台湾当局颁布实施了"奖励投资条例"[2],以应对美援即将停止的局面,台湾经济必须达到自给自足的程度,同时希望能够改善投资环境、激励岛内外人士积极投资,提高台湾资金的积累和岛外资金的吸收能力,改善国际收支情况等。[3] 奖励范围包括制造业、手工艺业、矿业、农林渔畜业、运输业等,主要目的在于提高台湾地区的产品自制率。"奖励投资条例"鼓励外销,规定"外销产品免征营业税,降低外销印花税";奖励研发,减免税收,规定"自国外进口专供研究发展实验用的仪器设备,如属岛内所不能创造的,给予免征进口税。"[4]

---

[1] Nationalist Enhance Export Effort in South East Asia, February 20, 1959, FCN1121/1, FO371/141381, p. 3.

[2] 台湾当局1950年初制定了"外国人投资条例",但对外资吸引力不大,加上台湾经济处于恢复和起步阶段,故引进外资效果不大。1959年台湾又修订了"外国人投资条例",放宽对外资的约束。1960年,台湾当局制定了"奖励投资条例"。

[3] 彭莉:《试析台湾〈奖励投资条例〉》,《台湾研究集刊》1989年第1期。

[4] 刘启强、何静:《台湾地区产业转型升级中的产业政策演变及启示》,《科技管理研究》2013年第15期。

对于这一条例，英国驻淡水领事馆于 1960 年 9 月 16 日向英国外交部汇报分析了其诱人之处，指出对于在台湾投资的外国资本来说，最重要的刺激动力有四条，分别是：（1）第五条，对符合奖励标准的新创企业，免收所得税 5 年（之前是免税 3 年）；（2）第六条，最高的营业所得税，包括所有的附加税，是 18%（之前最高额是 32.5%）；（3）第十三条，如果销售物价总指数超过 1961 年 1 月 1 日或上次重估资产额度的 25% 时，可以进行资产重新评估；（4）第十八条，生产型企业进口的机械设备所需缴纳的关税和税费，可以在设备投入使用之后分期付款。此外，台湾当局还表示，"投资奖励条例"生效后，台湾的投资者可以享受与香港相同的免税特权。台湾"财政部"表示，这一条例是促进台湾整体经济发展的重要措施之一，这意味着改善投资环境的开端，是加快经济发展的官方计划之一。美国合作署驻华安全分署署长郝乐逊（Wesley Haraldson）十分支持这一条例，认为它扫除了资本投资的主要障碍，为投资者打开了新的投资大门。郝乐逊期待这一条例会带来台湾工业发展的新时代，同时向"自由世界"真正展示台湾经济的发展情况。[1] 由于这一条例，预计私人资本的投资额度（包括海外华侨和外商投资）将达到 74 亿新台币，成为"第三个四年计划"（1961—1964）的重要部分。[2]

此外，1960 年 11 月台湾"省政府"还修改了访台旅行证件的条件，规定下列两类可以获得 2 周的旅行证件：（1）与台湾有外事关系的国家；（2）"友好"国家（即没有外事关系），其旅行证件有效期为 3 个月。英国属于（2）类。修改的政策还规定，在台湾中途停留最多 72 小时、以便观光或其他目的的游客，可以免除旅行证件，只需填写航班或轮船信息、姓名、国籍、旅行证件号等信息，由航空或轮船公司代表递交给机场或港口的警察检查站即可。[3] 上述规定为外国商人访问台湾提供了政策上的便利，当然也包括英国商人。

从 1958 年到 1962 年，英国之所以两次讨论决定放宽对台信贷政策，其原因有内外两方面。从外在原因来说，第二次台海危机之后，英台在

---

[1] Tamsui to Forgein Office, September 16, 1960, FCN1112/2, FO371/150539, pp. 28–30.
[2] Formosa Economic Report for 1960, February 7, 1961, FCN1101, FO371/158468, p. 36.
[3] Tamsui to Far Eastern Department, November 7, 1960, FCN1631/17, FO371/150553, p. 95.

第三章　英国对台湾贸易信贷政策的逐步放宽（1958—1962）　　149

政治关系上较为平缓和稳定。1960年，英国就联合国的中国代表权问题提出了"缓议"（moratorium）策略，主张暂时不讨论这一问题，让愈加处于不利地位的国民党十分感激，同时也产生了希望英国政府能最终承认台湾当局的想法。为了这一目的，台湾当局官员继续在英国的交往中展示其诚挚和友好。① 尽管英国政府在《访台主要部门的政策通知》和如何应对国民党外事人员的政策通知中，充分表明希望置身事外的谨慎态度，但台湾方面对此并不陌生，也不影响国民党的热情。1960年台湾当局并未干扰英国商船与中国港口的贸易往来，台湾与香港在轮船和航空上的往来十分顺畅。同时与原英联邦国家如澳大利亚和新西兰保持着外事关系，并把这些联系当作是最后可能与英国建交的桥梁。到了1961年，在11月伦敦举办的"世界小姐"比赛中，来自台湾的选手赢得第二名，台湾对此盛赞英国的公平和正义。② 总之，相对稳定的台海局势，可以让英国逐渐放松在政治上的考虑，也使此前贸易限制所获得的政治利益愈加有限，再加上英国自身秉持重商主义，一直有着发展贸易的内在需求，最终促使英国放宽对台出口信贷政策。

英国放松对台贸易政策的内在原因，是源自台湾自身的经济动力以及国际贷款的支持。台湾当局在"第三个四年计划"中，计划投资83亿新台币，其中的45.6%将用于工业和矿业项目，13.1%将用于发展通信系统。③ 为了完成计划中的相关项目和目标，台湾向国际组织申请贷款。比如，1961年5月美国发展贷款基金决定向台湾贷款160万美元，用于修建玻璃厂。④ 其中，最为典型的是台湾电力公司将斥资超过1.1亿美元建造发电系统，其中美国发展贷款基金将提供75%的外汇，其中需要建造大量的发电厂、购买大批发电机组等设备。在国际招标市场中，这一项目引起了日本、法国、意大利等国的强烈兴趣，先后提出了10年、12

---

① Annual Review for Formosa for 1960, January 27, 1961, FCN1011/1, FO371/158461, pp. 6 – 14.
② Tamsui to Foreign Office, January 31, 1962, FCN1011/1, FO371/165106, pp. 4 – 15.
③ Tamsui to Far Eastern Department, December 16, 1961, FCN1102/12, FO371/158469, pp. 139 – 140.
④ Development Loan Fund for the Press, May 12, 1961, FCN1102/4, FO371/158469, p. 30; Development Loan Fund for the Press, June 21, 1961, FCN1102/5, FO371/158469, p. 33.

年甚至15年的信贷期限。虽然英国公司无法给出更具竞争力的信贷条件，只能望尘莫及，但台湾电力公司对英国设备的印象很好，如果能满足信贷期限、运输日期等条件的话，很愿意与英国进行贸易。同时，台湾电力公司的一家热电厂正在安装英国生产的转换器，也与英国电气有限公司合作愉快。以此为立足点，英国出口商认为发展对台的出口贸易是有可能的。① 这些贸易机会在有着重商主义传统的英国人看来，是不容错失的。这一想法在1960年6月4日英国驻淡水领事馆向英国信用局发送的电报中可见一斑："这封信介绍了台湾近几年来的主要电力项目，为您提供背景，希望能给英国信用局和相关部门留下印象，制定出更符合台湾市场、更加现实的政策。"② 可见，正是台湾不断致力于发展经济，通过一系列的大型项目并成功获得贷款支持，使其吸引了世界各国的关注，其中大量的商业机会正是促使英国信用局不断提出改变对台贸易政策的内在动力。

在这种内在需求的牵引下，英国商人对于台湾的关注程度不断提升。1961年5月22日，英国贸易委员会给英国驻淡水领事馆写信，希望后者提供一篇介绍台湾出口成就或出口潜力的短文，但被拒绝。理由是台湾在政治上仍不确定，而且如果英国官方鼓励英国公司来台贸易则会被误解，因此希望在台湾局势尘埃落定之后，再由英国政府的官方刊物发表有关台湾贸易的文章。同时英国驻淡水领事馆提醒英国贸易委员会，从全球贸易的角度来看，英国与中国大陆的贸易明显比台湾的更为重要，而且中国大陆对于英国公司在台湾的贸易心态复杂，英国需要尽量避免太多关于台湾市场的官方建议。③ 6月14日，英国外交部远东局回信给英国贸易委员会表示，尽管在正常情况下英国仍将尽力增加出口，但目前同意英国驻淡水领事馆的观点。④ 无独有偶，1962年2月14日，英国驻香港高级商务专员伍勒（A. Wooller）向英国驻淡水领事馆表示，《远东

---

① Tamsui to Far Eastern Department, July 20, 1961, FCN1102/7, FO371/158469, pp. 45–47.
② Tamsui to Far Eastern Department, June 4, 1960, FCN1151/5（A）, FO371/150542, p. 40.
③ Tamsui to Board of Trade Journal, May 22, 1961, FCN1151/3, FO371/158471, p. 8.
④ Far Eastern Department to Board of Trade, June 14, 1961, FCN1151/3, FO371/158471, p. 11.

经济评论》（*the Far Eastern Economic Review*）于 2 月 1 日发表了关于德国与亚洲互补关系的长篇文章，希望再发表一篇关于英国与亚洲的互补关系的文章，请英国驻淡水领事杨格（Eric Young）提供一篇关于英台商贸关系的文章。① 对此，英国驻淡水领事杨格同样表明了谨慎的态度，而且英国贸易委员会和外交部都同意避免任何公开鼓励向台湾出口的言辞，因此无法公开夸赞台湾的出口成就。② 由此可见，在冷战的背景下，尽管英台贸易正在发展是事实，但出于政治因素的考虑，英国无法通过公开的官方宣传来促进英台贸易的发展，这也体现了政治对经济的某种影响和约束。

第四节　英台贸易的显著发展

1958 年 5 月 19 日，台湾"中央日报"（*Central Daily News*）刊登了一则广告，刊发者是位于伦敦的台湾贸易公司（Taiwan Trading Company），专门从事英国和台湾的进出口贸易。广告中写道："对英国的市场情况感兴趣的台湾商人若想要向英国出口货物，可以找我公司咨询，我公司可以作为代理商；如果想要从英国进口，我公司也可以帮您咨询相应的英国商品。"③ 作为国民党的"党报"，允许英国公司刊登广告，为台湾商人提供贸易渠道，可以看出台湾当局对英台贸易的鼓励态度。从 1958 年到 1962 年，尽管英国政府在政治和外交层面上坚定地与台湾当局保持距离，但在经济层面上，英国政府不断放宽对台湾出口的贸易信贷政策，台湾当局也支持通过贸易来促进英台关系，并颁布一系列规定和措施，鼓励英国商人发展对台湾的贸易。在这一期间，英台贸易发展的基础已经具备，且初具规模。在双方政策的鼓舞下，英国与台湾的进出口贸易得到显著发展，具体表现在以下几个方面：

---

① United Kingdom Trade Commissioner to Tamsui, February 14, 1962, FCN1151/4, FO371/165119, p. 23.

② Tamsui to United Kingdom Trade Commissioner, February 23, 1962, FCN1151/4, FO371/165119, pp. 20 – 21.

③ Tamsui to Board of Trade, May 22, 1958, FCN1151/8, FO371/133520, p. 60.

其一，以物易物的新贸易形式。

在这个时期，台湾的外汇储备严重不足。1958 年 3 月 6 日，台湾"省政府"主席严家淦（C. K. Yen）向英国驻淡水领事馆副领事怀特表示，台湾长期缺少外汇，最近外汇储备跌到只剩下 3000 万美元。在这样的条件下要想促进英台贸易，严家淦建议借鉴台湾与日本贸易的方式——以物易物，通过易货信贷的方式来完成贸易。英国驻淡水领事馆表示，严家淦及他周围的官员十分重视贸易的桥梁作用，希望英国和台湾的贸易能够顺利发展。[1]

1958 年 8 月 6 日，台北物顺进出口贸易公司（Wu Shun，音译）向英国驻淡水领事馆表示，目前台湾当局从一个机构的客户那里得到一份合同申请，希望能从英国进口 100 辆 5 吨的柴油卡车（带有底盘和驾驶室）和 5 辆冷藏拖车。合同采用以物易物的支付方式，用台湾的出口产品来支付，分期运送茶叶、香茅油、菠萝等，支付期限为 3 年，同时得到了台湾银行的担保。对此，英国驻淡水领事馆联系了英国汽车制造商协会（the Society of Motor Manufacturers and Traders Ltd.）的海外代表埃尔德里奇（M. W. Eldridge）与台湾物顺公司进行洽谈，并且将这一情况汇报给英国外交部远东局。[2]

报告中指出，台湾物顺公司坦诚告知，由于台湾没有足够的外汇来进行采购，因此此次贸易将采用以物易物的方式。不仅台湾银行同意在交易中做担保，而且"外汇和贸易控制委员会"也基本同意了这一交易，台湾已经备好用于购买车辆的资金。其中所谓的"机构"是指国民党军队，车辆是用于军队的福利工程。至于为什么购买车辆不是通过常规的"中央信托局"，物顺公司解释道，军队认为通过一家商业公司可以获得更好、更高效的服务；而且随着美国对台湾援助的减少，无法为此保证国民党军队的福利。物顺公司还表示，尽管涉及"有关机构"，但是台湾提供的所有易货产品（如茶叶等）都没有源自台湾当局的企业。糖业的发展和销售是由台湾当局管理的台湾糖业公司来操作的，军队希望避免

---

[1] Tamsui to Far Eastern Department, March 7, 1958, FCN1151/4, FO371/133520, p. 48.

[2] Tamsui to Far Eastern Department, August 14, 1958, FCN1151/13, FO371/133520, pp. 78 – 80.

第三章 英国对台湾贸易信贷政策的逐步放宽(1958—1962) 153

参与到其他部门的项目中。军队不会直接同任何对此感兴趣的英国制造商进行贸易,这一贸易由物顺公司代表其"客户"(即军队)处理提供车辆的事宜。对于这一份合同,埃尔德里奇表示很感兴趣,而且援引了其他国家以物易物的交易范例——英国路特斯集团(Rootes Group)曾经与挪威用沙丁鱼换取卡车,表示欧洲其他国家已有先例,英国并非"第一个吃螃蟹的人"。如果这一贸易能够成功,会为以后的英台贸易提供参考,开辟更广阔的空间。①

其二,加强化工领域的合作。

台湾当局一直尝试与英国开展化工领域的合作。1958年1月18日,英国驻淡水领事馆提交给英国外交部远东局的报告中讲到,一段时间以来,台湾当局有意于让帝国化工公司(Imperial Chemical Industries)在台湾开设工厂或向其购买技术,帮助台湾正在起步的工业发展。比如,1957年3月英国信用局曾有两名官员访问台湾,在会见台湾"省政府"主席严家淦时,严先生特意提出建厂的可能性。1957年蒂林访台时,"中央信托局"再次询问建厂之事是否可行。对此,帝国化工公司驻台湾代表向英国驻淡水领事馆表示,这一建议已经被多次提及,是一个老生常谈的问题,但帝国化工公司伦敦总部对此并不感兴趣。据悉,帝国化工公司伦敦地区出口执行官比兹利(G. H. Beazley)1957年6月访美之后,让各分公司(包括台湾地区)给出可以获得更多美国合作署贸易订单的可能性建议。由于美国合作署可以对台湾的项目提供资金援助,因此帝国化工公司不想错过这一贸易机遇。此外,1958年3月,帝国化工公司将派出公司高层比兹利以及中国区经理哈克尼(Hackney)访问台湾,英国驻淡水领事馆据此猜测,这一访问可能表明帝国化工公司对台湾发展项目的态度有所缓和。②

对于帝国化工公司代表的这次访台行动,英国驻淡水领事馆给予高度关注,并及时汇报给英国外交部远东局。1958年3月8日到15日,帝国化工公司高层比兹利和哈克尼访问台湾。期间,比兹利想要充分了解,

---

① Tamsui to Far Eastern Department, August 14, 1958, FCN1151/13, FO371/133520, pp. 78–80.

② Tamsui to Far Eastern Department, January 18, 1958, FC1151/10, FO371/133520, p. 53.

帝国化工公司在台湾地区到底错过了多少由美国合作署所支持的贸易机会。两位公司高层拜见了"美援运用委员会"主任委员严家淦和秘书长李国鼎。李国鼎再次邀请帝国化工公司到台湾投资或建厂，但在具体操作上缺少创意。此外，他们还拜见了台湾地区对外事务顾问等官员，希望英国专家在技术上予以帮助，促进台湾的工业发展，并且建议派遣台湾专家去英国培训。帝国化工公司表现出了有保留的兴趣，从长远利益考虑，可以对台湾进行某些项目的合作。但是，英国驻淡水领事馆表示了一定的担心，最近通过类似的培训项目送了两个台湾专家出国培训已经让中国政府诟病，而且台湾地区的安全部门目前对于类似安排抱有偏见，因此不确定台湾当局是否支持这一想法。①

随后，帝国化工公司中国地区经理哈克尼于1958年5月15日访问了位于台中的山河橡胶厂（Messrs. Shan Ho），厂长吴玉松（Y. S. Wu，音译）将要在1959年6月到德国拜耳公司进行为期一年的培训，其中路费由个人支付，培训期间的生活费由拜耳公司承担。吴厂长询问帝国化工公司能否像拜耳公司这样，为他提供6个月的培训。这家橡胶厂每年从政府获得20万美元的外汇拨款，用于支付除了天然橡胶、合成橡胶、GRS类型的炭黑之外的进口原材料。帝国化工公司十分热衷于向台湾当地的橡胶工厂出口橡胶化工产品，因此强烈希望公司的燃料部门和塑料部门能为吴厂长提供培训机会，且训期限最好能超过6个月，以免吴厂长去西德培训并被拜耳的产品所影响。②

值得注意的是，培训技术人员是台湾进出口贸易的新兴内容，具有双向的特点。不仅仅是台湾派出人员到欧洲国家进行培训，还有包括欧洲国家向台湾派遣技工。1958年9月4日，英国一家公司（Major Snowdon of Platts）致电询问英国外交部，是否继续进行之前安排，向台湾派去技术人员，帮助台湾制造纺织机器。英国外交部表示没有理由改变计划。③

其三，深化农业领域的合作。

---

① Tamsui to Far Eastern Department, March 14, 1958, FCN1151/4, FO371/133520, p. 55.
② Tamsui to Far Eastern Department, May 28, 1958, FCN1151/9, FO371/133520, p. 63.
③ Minutes by Foreign Office, September 4, 1958, FCN1151/11, FO371/133520, p. 67.

第三章 英国对台湾贸易信贷政策的逐步放宽(1958—1962) ❖ 155

在台湾的"第二个四年计划"中，农业仍然是重中之重，其目标就是努力实现农业的现代化。英国不仅仅与台湾进行着传统的农产品进出口贸易，更希望深入参与台湾农业的发展，如劝说台湾购买英国生产的农业器械以及邀请台湾"机械农业访问团"访问英国。

1958年2月28日，英国驻淡水领事馆向英国贸易委员会发送电报，详细分析了台湾农业现代化情况以及目前的市场需求。报告表示，"中国农村复兴联合委员会"经常收到当地农民咨询如何使用机动旋耕机，这体现了台湾农民群众的兴趣所在。目前台湾的土地并未得到彻底的耕种，台湾的耕牛总数为40万头，还有10万头的缺口。如果能使用小型机动旋耕机，不仅可以更加高效彻底地完成农活，而且那些被机器替代下来的耕牛可以被卖到其他农民手中，以便提高整体的农田产量。此外，随着劳动力成本的不断提升，使用机动旋耕机效率更高，比使用耕牛更加省钱，而且机动旋耕机的发动机稍作修改，还可以成为水泵的原动力或者用于播撒杀虫剂、麦稻脱粒、红薯切片，这些都比耕牛更加节省劳动力和时间，更何况喂养耕牛还需购买饲料。总之，台湾当局认为，小型机动旋耕机可以提高农业效率，节约劳动力，符合世界农业发展的趋势，要不遗余力地促进机动旋耕机的使用。①

当然，报告同时指出，要想在台湾广泛使用机动旋耕机是有前提的。其一，从长远角度来看，机动旋耕机最好能由本土制造，这样购买耕耘机就不会受到外汇储备量的限制。每台的成本最好不超过1万新台币（或不超过3—4倍的耕牛价格）。希望卖掉耕牛的农民跟银行贷款6000或7000新台币之后，就能购买到一套机动旋耕机。农民希望贷款数额较小，以便他们在短时间内偿还贷款。其二，购置机动旋耕机的农民需要进行培训，内容包括机器的操作、保养、简单的维修等。在机动旋耕机推广的早期阶段，那些农场面积较大、金融状况较好、缺少耕牛、愿意尝试并拥有学习机械技能天赋的人，无疑会成为第一批接受机动旋耕机的群体。其三，为保证机器的持续工作，需要在农村开设维修点，提供

---

① Present Situation of Agricultural Mechanization in Taiwan, February 28, 1958, FCN1281/1, FO371/133553, pp. 4 – 8.

零件和维修服务。可以对摩托车维修店的人员进行培训，进而维修耕耘机。在农村建立耕耘机的维修服务网，是大规模推广耕耘机的前提。其四，耕耘机的燃料需要在台湾当地获得。由于燃油由当局掌握，所以需要分配一部分燃油给机动旋耕机的使用者。总之，在大规模推广机动旋耕机之前，还需要做的准备工作有：机器操作的研究、提高、演示、批量制造和培训，以及机器的维修和保养。目前，这些准备工作更为重要，需要进行仔细的规划。①

有鉴于此，台湾"省政府"农林部门及其下属机构需要仔细比较可能用于台湾的两种日本生产的机动旋耕机，同时继续测试进口的耕耘机，以及测试不同土地对耕耘机的适应程度。将来的一到两年，对耕地机的使用每年不会超过400—500台，但随后会快速增长并延伸到其他地区。最合适于台湾的动力耕地机类型是轻型的、牵引和旋转式的耕地机，范围在2.5—3.5马力，甚至5马力。原因有三：（1）小型和轻型的机器易于操作，便于收割，还能承担收割之后的后续工作；（2）成本较低，农民能接受的最高价格是1万新台币，其中包括基本配备的耕地机；（3）台湾的燃料供应比较紧张，没有大量额外的柴油汽油，因此小型的耕地机更合适。②

1958年3月28日，英国农业工程师协会（Agricultural Engineers Association）联系英国旋转锄公司（Rotary Hoes Ltd），告知台湾当局要给台湾农民贷款200万英镑用于购买农业器具，台湾方面希望购买2.5马力、单价为300英镑的耕地机，但数量不会很多。由此，4月1日，英国旋转锄公司向英国驻淡水领事馆咨询，其公司生产的罗塔瓦多旋耕机是为收割间种的甘蔗而设计的机器，用于拾捡甘蔗渣。自从罗塔瓦多旋耕机问世，该公司收到了来自全世界甘蔗种植地的订单，不知其是否符合台湾市场的需求。③

台湾希望购买耕地机，而英国公司也有向其出售农业器械的意向，

---

① Present Situation of Agricultural Mechanization in Taiwan, February 28, 1958, FCN1281/1, FO371/133553, pp. 4 – 8.

② Ibid.

③ Tamsui to Board of Trade, April 18, 1958, FCN1281/2, FO371/133553, pp. 13 – 14.

第三章　英国对台湾贸易信贷政策的逐步放宽(1958—1962)　　157

在这样的背景之下，1958年4月18日，英国驻淡水领事馆向英国贸易委员会表示，强烈建议英国公司参与到台湾的农业机械采购项目之中。驻淡水领事馆专门咨询了负责台湾土地银行总经理陈勉修（Chen Mien-hsu），得知"台湾省政府"于1957年提出计划预支资金给农民，以便购买机动旋耕机，最近已经开始实施。现在的贷款总额是1000万新台币，用完之后可能会重新补充。目前已有200个贷款申请，贷款的利息是每年15%，3年内完成分期付款。每笔申请贷款额为2万新台币，这表明台湾土地银行已经贷出了400万新台币。陈勉修表示，台湾当局忽然大力提倡农业机械化，主要是因为缺少耕牛。在耕地机进入大规模本土化生产之前，台湾都会进口外国的农业设备，这会持续1—2年。由于不清楚其他种类，目前台湾都使用日本生产的机动旋耕机。机动旋耕机经由银行进口，通过"中央信托局"，通过正常的限制条款，并使用外汇进行购买，最近一家西德公司已经对此表示关注。如果英国公司想进入台湾市场，应联系当地代理商，尽快把英国机器引进台湾。为了同日本竞争，陈勉修建议，英国的机器最好是小型的（2.5—5马力），价格范围为2万—2.5万新台币。[1]

因此，英国驻淡水领事馆得出如下结论：（1）台湾当地官员对农业机械的兴趣已经被调动起来；（2）如果不立即行动，英国公司就没有机会参与这一机械项目。一旦台湾看不到英国生产的机器，日本和西德的机器将横扫台湾。日本和台湾都知道机不可失，已经产生了必要的紧张感。一旦当地生产的机器用于大规模生产，代替外国机器，就会停止进口。英国驻淡水领事馆认为这个时间段为2—3年，这比陈勉修预计的时间要长一点。一旦机械化真正开始，台湾是不可能回到耕牛时代的。最后，英国驻淡水领事馆再次强调，如果英国公司想在台湾有所作为，那么必须现在行动。因此强烈希望英国贸易委员会能考虑上述情况，目前已经将这一情况通知了一些英国公司。[2]

由于台湾当局已经决定大力推广农业机械化，且需要从外国进口农

---

[1] Tamsui to Board of Trade, April 18, 1958, FCN1281/2, FO371/133553, pp. 11–12.
[2] Ibid.

业设备,因此,将于1958年5月中旬派出一个"机械农业访问团"赴欧洲"研究农耕机器和方法"。访问团的人员构成是一位主席、两名台湾土地银行的官员,以及台湾糖业公司和制造原型耕地机的钢铁厂代表。本来英国并不在访问团的行程之内,但为了吸引其前来,英国驻淡水领事馆积极联络英国公司,向该代表团发出邀请,同时咨询英国外交部,能否发放旅行证件、引导访问团到英国参观试验农场的建设,以及安排参观几家对台湾农业现代化项目感兴趣的公司。① 5月7日,英国外交部回复英国驻淡水领事馆,表示原则上不反对这次访问,将按照正常程序发放旅行证件。② 5月16日,英国驻淡水领事馆向英国外交部远东局汇报了台湾"机械农业访问团"的访问项目及成员名单。该团的目的是调查各国的农业机械进程、各种农业机械的数据、农场管理、山地机械的开发,以及农业机械的技术合作谈判。访问国家包括日本、美国、加拿大、法国、比利时、荷兰、英国、西德、瑞士等,大约耗时100天,于5月末启程。其中,将到英国访问一家轻型拖拉机厂,以及机械化的存储农场,共计7天。③

在"机械农业访问团"成员中,台湾最大的私人企业唐荣钢铁公司总经理唐传宗(Tang-Chan Chong)及其陪同翻译将访问英国。唐传宗希望与制造小型耕地机和小型汽车的英国厂商进行接触。由于唐荣钢铁公司是当地一家犁地机制造商,因此唐传宗对于进口犁地机器很感兴趣,也希望得到英国公司的生产许可,购买制造机器的设备,在高雄的工厂里生产。他对于英国旋转锄公司生产的旋耕机很感兴趣,将会参观这一公司。此外,唐传宗还想参观小型汽车的制造厂商,正在考虑与英国公司进行接洽,同台湾裕隆公司和美国威利斯汽车公司(Willys)合作(威利斯为裕隆公司提供零件,后者结合自己生产的零件进行组装成"台湾吉普车")。此外,唐传宗对邦德迷你车(Bond Minicar)也产生了浓厚的兴趣,愿意与英国的小型汽车制造商保持联系。④

---

① Tamsui to Foreign Office, April 30, 1958, FCN1281/3, FO371/133553, p. 16.
② Foreign Office to Tamsui, May 7, 1958, FCN1281/3, FO371/133553, p. 19.
③ Tamsui to Far Eastern Department, May 16, 1958, FCN1281/4, FO371/133553, pp. 21 – 22.
④ Tamsui to Board of Trade, May 30, 1958, FCN1281/5, FO371/133553, p. 29.

第三章　英国对台湾贸易信贷政策的逐步放宽(1958—1962)　159

其四,增进矿业领域的交流。

1959年3月14日,英国驻淡水领事馆向英国贸易委员会汇报称,受到英国维克托矿业用品公司(Messers. Victor Products Ltd)的邀请,台湾将组成20—30人的矿业考察团访问英国,参加7月份的康明斯矿业机械博览会(Cumm Mining Machinery Exhibition)。考察团原有17人,后增2人,共计19人,主要是台湾当地各家煤矿公司的负责人。展览会的门票由英国煤矿设备制造商协会(Federation of Associations of Colliery Equipment Manufacturers)提供。台湾商人对于能够参观英国的工业表示很感兴趣,比如采矿机械制造厂、采矿设施等等。台湾经济事务主管部门已经批准这一考察团访英,并且向英国驻淡水领事馆保证只从事商业事务。[①]对此,英国贸易委员会于5月8日表示,已经与英国煤矿设备制造商协会进行联系,告知并解释无法与台湾考察团进行任何的官方接触。同时指出,这是英国商人接触台湾潜在顾客的一个好机会,建议邀请他们访问英国的制造工厂和矿业设备。[②]

1959年5月19日,英国驻淡水领事馆回复,表示理解并认同英国贸易委员会的指示,只进行纯商业目的的行程安排。同时,英国驻淡水领事馆表示,尽管英国与台湾团体的接触会受到中国政府的关注,但就这一商业团体而言,英国会给予该考察团与其他商业来访者相同的待遇。[③]同时,英国外交部远东局指示其驻淡水领事馆,不能与这一团体有官方接触。英国外交部远东局表示,尽管英国政府不能有任何的官方安排,且这一团体同政府或机构有任何接触也是不明智的,但允许该团体接触合适的英国贸易协会或个人公司。英国外交部相信这一考察团会在英国业界引起良好的反响,已经有众多英国公司对此提出咨询和邀请。[④]

1959年9月12日,台湾矿业领域再次派出访问团访问英国,英国驻淡水领事馆于10月27日向贸易委员会汇报了这一情况。根据英国工业联

[①] Tamsui to Board of Trade, March 14, 1959, FCN1151/2, FO371/141386, p. 6; List of Visitors to Cumm Mining Machinery Exhibition, London, July 1959, April 15, 1959, FCN1151/3, FO371/141386, pp. 10 – 11.

[②] Board of Trade to Tamsui, May 8, 1959, FO371/141386, p. 18.

[③] Tamsui to Far Eastern Department, May 19, 1959, FCN1151/4, FO371/141386, p. 17.

[④] Far Eastern Department to Tamsui, June 9, 1959, FCN1151/4, FO371/141386, p. 21.

合会（Federation of British Industry）10月21日提供的信息，一个自称来自"台湾方面台湾矿业所"的考察团于9月访问了英国，在英国停留3天，由所长颜钦贤（Yen Chin-hsien）带队，参观了一家位于威尔士斯旺西（Swansea）的现代煤矿。经过这次矿业考察团的访问，台湾很有可能在新年期间派出三人到欧洲，购买煤矿开采的设备。同时，台湾煤矿业主可能继续访问英国，跟英国专家学习使用采煤设备，英国专家可以告知采矿设备的规格，从技术和价格方面帮助他们选择最适合的投标。当然，另一种可能的安排是请一些英国制造商来台湾，其产品涵盖了台湾所需的"购物清单"，从而为台湾煤矿业主购买设备提供建议。[1] 关于这些想法的可行性，英国工商业联合会经过再三考虑后认为，台湾当地的煤矿所需的设备有限，无论是想要代替日本机器，还是进行设备补充，都不值得让英国制造商访台。当然，还是要等考察团回来之后，再做决定。[2] 因此英国认为，台湾当局派三人小组到欧洲购买设备，或台湾煤矿厂商到英国学习，会是两个可能实行的措施。

除了在农业、化工、矿业等领域深入合作，开展以物易物的贸易形式，以及进行技术人员培训之外，英台之间的贸易联系也可以反映在双方的进出口数据上。1959年8月6日，根据台湾外事主管部门向"中央委员会"的报告，"台湾现与不列颠国协主要各国及英国属地，如英本国、澳、纽、加、南非、星马、亚丁、北婆罗洲、香港、科威特等地交易频繁。根据台湾海关上年统计，各该地输我方货物占我进口之第三位，仅逊于日本及美国，我方输往各该地区货物占我出口至第二位，仅逊于日本。"[3] 根据1962年3月8日英国驻淡水领事馆向英国外交部汇报的数据，1961年，除了美援支持的进口之外，英国向台湾出口总额达到173万英镑，比1960年增长了52%，并创下历史纪录。其中，增长明显的出口商品有：金属及其制成品、车辆和零部件、涂料和燃料、合成树脂、塑料和工具器械。台湾对英国的出口从1960年的100万英镑增长到1961

---

[1] Tamsui to Board of Trade, October 27, 1959, FCN1151/13, FO371/141387, p. 34.
[2] Tamsui to Board of Trade, November 7, 1959, FCN1151/13, FO371/141387, p. 41.
[3] 中英关系，1959年8月6日，"中研院"近代史所档案馆，档号：312/0002，第32—35页。

第三章　英国对台湾贸易信贷政策的逐步放宽(1958—1962)　　161

年的224万英镑,其中台湾向英国出口的纺织品增长了100万英镑,增速让人吃惊(1961年为133万英镑)。台湾对英国的出口额度有明显增加的商品有:茶叶、香茅油、罐装凤梨、纸张和纸浆、金属及其制成品、竹子、木藤和藤制品、罐装农产品。①

在英台持续发展的进出口贸易中,棉纺织品的进出口十分具有代表性,充分体现了政策对实际贸易的决定性影响。"第一个四年计划"开始后,台湾当局提倡大力发展制造业和加工业;到了"第二个四年计划",台湾当局将50%的投资计划用于加工业、矿业和发电领域。在这样的背景下,1961年台湾出口贸易继续转向制造业和加工业,其出口额是6700万美元,占总出口量的1/3,其中以纺织品的出口额最高,为2780万美元,比1960年增长了31.4%。②台湾棉纺织业迅速发展的趋势,从台湾公司所申请的进口机器贷款中可见端倪。根据台湾经济事务主管部门的档案记载,1959—1960年,台湾从英国进口了数批纺织设备。比如,1959年4月,远东纺织公司从英国采购纺织机器,价值7714.68英镑,合同金额的55%申请由台湾银行垫付,得到台湾经济事务主管部门的批准通过。③1959年5月,"中国"纺织建设公司向英国采购三种针布,价值873.92英镑,台湾经济事务主管部门批准如数结汇。④1960年11月,

---

① Tamsui to Foreign Office, March 8, 1962, FCN1101/2, FO371/165116, pp. 17－27. 关于这一报告的贸易数据,英国贸易委员会表示与其他机构(如Trade & Navigation)有所出入。对此英国驻淡水领事馆的解释如下:其一,其统计是根据台湾银行提供的外汇结算(不是货运实际到达之后)。正常情况下,从英国进口的商品需要2—3个月才能到达台湾。如果这些商品在1961年底进行结算,那要到1962年初才能到达台湾。因此台湾银行提供的1961年进口数据,可能包括了这一部分商品,而这些会被其他机构(如Trade & Navigation)计入1962年。同理,出口也是一样,台湾银行(即淡水方面提供的数据)已经计为1961年之内的出口,可能会被Trade & Navigation计入1962年。其二,台湾的进口按照国家和地区来划分,而不是根据运输的港口。因此,淡水方面给出的数据可能包括了英国在香港或新加坡进行转运的货物。其三,台湾的进口是按照到岸价格(c. i. f,即成本、保险加运费)来计算的。See from Tamsui to Board of Trade, April 12, 1962, FCN1101/3, FO371/165116, pp. 30－31.

② Tamsui to Foreign Office, March 8, 1962, FCN1101/2, FO371/165116, pp. 17－27.

③ 远东纺织公司为向西德及英国采购之机器,1959年4月,"中研院"近代史所档案馆,档号:50-207-018,第43—44页。

④ 关于"中国"纺织建设公司申请向英国针布采购三种计二十六套一案再提议核议,1959年5月,"中研院"近代史所档案馆,档号:50-205-015,第48页。

台湾一家纺织公司向英国进口精梳设备，总价值约2.7万英镑，订货时通过信用证付款10%，装船前两个月再付10%，其余部分则在4年内分期付款完成，也得到台湾当局的支持。① 在这些设备的支持下，1959年，台湾纺织品的产量从1959年的1.64亿米增长到1.81亿米，出口总额从1959年的1250万美元增长到1960年的2100万美元，增幅超过70%。② 到1961年上半年，纺织品在台湾成为仅次于蔗糖的主要出口商品。1961年上半年纺织品的出口比1960年同期增加了257万美元。③ 英国从台湾进口的纺织品数量1959年仍为零，到1961年前7个月就达到2600万平方码。如此迅猛的进口增长，使得英国纺织业被无限制涌入的台湾纺织品所影响，而变得难以驾驭。这引起了英国政府的极大关注，并考虑对台湾的纺织品实行数量限制。

1961年10月25日，英国外交部向英国驻淡水领事馆表示，需要限制从台湾进口的纺织品。在操作方法上，如果英国政府与台湾当局展开产业间的谈判，明显困难重重；如果请美国代表英国与台湾进行接洽，也不妥当。英国能够预见谈判过程中所面临的困难，即使与台湾"省政府"谈判，也很难避免与台湾当局产生更紧密的联系。因此，英国政府决定，不需要通过谈判的方式让台湾自愿进行限制，而是直接对英国进口台湾的纺织品进行数量限制。请英国驻淡水领事馆告知"台湾省"政府，进而转告台湾当局。④ 10月27日，英国驻淡水领事馆表示完全同意这一做法，并希望能在伦敦宣布这一决定之前通知台湾"省政府"。如果英国政府被指责不提供谈判机会、直接进行限制，那么英国驻淡水领事馆可以援引英联邦与其他生产国的情况进行辩护。⑤ 同日，英国驻北京代

---

① 申一纺织公司扩充设备拟以分期付款方式向英国订购精梳设备一案提请核议，1960年11月，"中研院"近代史所档案馆，档号：50-287-028，第106—110页。

② Formosa Economic Report for 1960, February 7, 1961, FCN1101, FO371/158468, pp. 35-41.

③ Formosa Economic Report for the Third Quarter of 1961, July 25, 1961, FCN1101, FO371/158468, pp. 5-12.

④ Foreign Office to Tamsui, October 25, 1961, No. 92, FCN1151/4, FO371/158471, pp. 17-18.

⑤ Tamsui to Foreign Office, October 27, 1961, FCN1151/4 (C), FO371/158471, p. 21.

办处回信,完全同意英国外交部的做法。①

除了询问英国驻淡水领事馆之外,由于担心如果先于美国限制香港出口纺织品,而单边强行对向台湾的纺织品数量设定限制,美国可能立刻决定报复香港,因此英国外交部还征求了英国驻美国大使的意见。1961年10月26日,英国驻美国大使表示支持这一决定并指出,自1959年起,台湾纺织品的出口数量猛增,台湾向英国出口的纺织品数量是向美国出口数量的一倍。当然,对于任何台湾认为是歧视的限制性措施,美国都有可能会在政治上反应强烈,指责英国武断的决定限制从台湾进口纺织品的数量,这不符合正在日内瓦召开的纺织贸易的国际会议精神。但是,美国此前也对香港采取了纺织品限额的措施,其原因与英国此次对台湾纺织品设定限额的原因是一样的,因此美国应该能够理解。希望最高限额敲定之后,在通知台湾"省政府"之前提前告知英国驻美大使馆,以免台湾当局立刻向美国报告此事。②

在征得各海外机构的支持和贸易大臣的批准之后,英国外交部向英国驻淡水领事馆和驻华盛顿大使馆发送第94号电报,决定于1961年11月16日宣布,对台湾生产的棉纺织品(包括纤维织物)进行进口许可证的控制,每年英国可以从台湾进口的最高限额是1256万平方码,第一批许可证的使用期限是从1961年11月15日至1962年6月30日。英国进口商可以根据自己的意愿,通过许可证进口任意类型的棉纺织品,合同将按照限额来计算。此限额只针对进口,以保护英国国内市场。此外,从台湾进口到英国、加工之后再出口的坯布,则不受这一限额的约束。在同一期间,用于再出口的进口商品(坯布),达到225万平方码。英国外交部告知台湾"省政府",进行这一限制的原因是:(1)从台湾的进口从1959年的零,到1961年前9月内猛增至2900万平方码,这样大批量地从价格低廉的产地进口棉纺织品,使英国的棉纺织业正面临着急速的衰退和严重的困难;(2)英国对于亚洲其他低成本的产区所进口的棉纺织品已经采取类似的许可证限制,比如日本和中国大陆,或者英联邦国

---

① Peking to Foreign Office, October 27, 1961, FCN1151/4 (B), FO371/158471, p. 20.

② Washington to Foreign Office, October 26, 1961, FCN1151/4 (A), FO371/158471, p. 19.

家进行自愿限制,如印度、巴基斯坦、香港。因此,限制从台湾进口棉纺织品,不仅可以避免进一步扰乱英国本国产业,保护英国国内纺织业,同时也会避免破坏其他供应地的限制措施,对其他被限制额度的国家或地区而言也相应公平。①

在1961年11月16日英国公开这一政策之后,台湾"省政府"先是沉默了一段时间,媒体得知此消息后,也没有过激言论。台湾外事主管部门沈昌焕表示在一定程度上理解英国的立场,并感谢提前告知。②但这一政策在台湾纺织业界引起了轩然大波,迫于经济的压力,台湾"省政府"和纺织业协会都对这一政策表达了关注和不满,希望能考虑到双方长期的友谊和英国秉持的自由贸易精神,取消这一限制,解决台湾纺织业面临的困境。③12月14日,台湾经济事务主管部门工业发展投资研究小组组长李国鼎向英国驻淡水领事馆表示不满。李国鼎在信中提到,英国准备对台湾的纺织品进口进行限额,额度为1250万平方码,而1961年前9个月的进口量实际上为3000万平方码,对于英国采取这一限额的原因实在无法理解,理由有二。

其一,与香港和日本相比,英国从台湾进口的纺织品数量十分有限。因此,对台湾进口的纺织品进行限额,并不足以保护英国国内的纺织产业,也不利于英台贸易的发展。如表3—1可知,台湾从英国的进口远大于出口。

表3—1　　　　1958—1959年英国与台湾地区的进出口情况　　（单位：美元）

年份	台湾地区从英国的进口	台湾地区对英国的出口
1958	4163000	914000
1959	4662000	1616000
1960	3918000	2786000

其二,英国在1960年7月的国际纺织品大会上,同意在12个月内持

---

① Foreign Office to Tamsui, November 10, 1961, No. 97, FCN1151/4, FO371/158471, pp. 28-29.
② Tamsui to Foreign Office, December 9, 1961, FCN1151/6, FO371/158471, p. 36.
③ Tamsui to Far Eastern Department, February 28, 1962, FCN1151/3, FO371/165119, p. 16.

续不变地保持目前从低成本原产地进口的状态。在目前举办的"关贸总协定"第19次大会上，英国也参与讨论如何为欠发达地区通过自由化和开发工业制成品市场，以促进世界贸易。

因此，李国鼎恳请英国再次考虑这一政策。对此，英国驻淡水领事杨格回复李国鼎，表示已经提前通知台湾"省政府"并解释了英国进行这一限制的必要性。英国将每年的限额设定为1256万平方码，等同于1961年7月30日之前英国进口纺织品用于国内需求的数量，这一限额是合情合理的。与香港和日本比，台湾对英国的纺织品出口额度很小，但最近从台湾进口数量的猛增是因为英国限制从其他地区进口的缘故。从1958年到1960年，台湾从英国的进口远大于出口，1961年前10个月的数据表明彼此进出口持平，但英台双方都希望尽力扩大本国的出口。更何况，在关贸总协定的体系下，英国对台湾没有任何义务。英国对可以再加工的坯布没有任何限制，这也为扩大英台贸易提供了很多机会。因此，英国政府不会更改这一政策，还请多加理解。①

除了台湾经济事务主管部门的质疑之外，作为直接受到这次限额政策影响的台湾工业界，由五家工业协会会长向英国驻淡水领事馆发出集体抗议信。信中表示，英国一直以"自由贸易"原则而引以为豪，但对台湾采取这一歧视性的政策，令人难以理解。为了维持良好的生活水平，台湾需要效仿其他岛屿（包括英国）发展工业。目前，台湾大部分产业还在起步阶段，其中纺织业的基础尤为薄弱。1961年的前9个月间，台湾向英国出口了3000万平方码的棉纺织品，预计全年的出口量将达到5000万平方码。在全球工业衰退的背景下，这一成就实属难得。同时，棉纺织业提供大量的工作岗位，超过1000名台湾工人（主要是女工）直接或间接依赖于纺织业来谋生，有利于台湾社会的稳定。但英国宣布对从台湾进口的纺织产品进行每年最多1250万平方码的限额，这一额度只有年出口量的1/4。如此大幅度的限额势必会影响到台湾纺织产业的生存，以及纺织工人的生活，甚至引起更严重的社会经济问题。信中最后表示，"英台人民

---

① Tamsui to Foreign Office, December 14, 1961, FCN1151/6（A）, FO371/158471, pp. 37 – 39.

有着深深根植的友谊,这种精神联系比任何一个协约都要稳固,同时双方正并肩站在反共战斗的统一阵线。由于上述原因,台湾工业协会认为英国对台湾棉纺织品进口的歧视是不公平的。"① 此外,1962 年 1 月 25 日,由"台湾中华工商协进会"(Chinese National Association of Industry and Commerce)写信给英国贸易委员会,表示收到这一消息表示震惊,代表台湾工商界,恳切希望解除这一限制。英国对台湾棉纺织进口的歧视性措施是不公平的,对台湾纺织产业的发展产生了严重的影响。②

对于台湾工业界的抗议信,英国贸易委员会于 1962 年 2 月的回复表示,考虑到 1959 年这一贸易几乎为零,而 1960 年英国从台湾进口的棉纺织品贸易额为 3000 万平方码,每年 1256 万平方码的限额已经十分宽松和慷慨。1961 年前 9 个月,台湾向英国出口了 3000 万平方码的棉纺织品,这对台湾工业来说是一项成就,但对英国制造业来说却是深深的担忧,英国制造业长期面临着严重的困难,主要是由于进口低成本的布料所致。香港、印度、巴基斯坦都表示认同和理解英国纺织业所面临的困境,在过去 3 年内自愿限制其向英国的棉纺织品出口数量。英国从日本和中国大陆的棉纺织品进口也已经限制了好几年。因此英国政府认为,应该对台湾这种类似来源地向英国的出口进行限制。③

英国对台棉纺织业的限额约束并未结束。到了 1962 年,英国国内棉纺织业形势恶化,面临着急剧衰落的紧急情况。很多纺织厂大量减产甚至倒闭,在伦敦和兰开夏郡已经出现了公开游行,抗议政府拒绝大幅度缩减从英联邦和其他国家的棉纺织品进口。因此,在 5 月 31 日的内阁会议上,英国贸易委员会主席弗雷德里克·艾罗尔(Frederick Erroll)就表示,英国棉纺织业正在面临一场危机,业界对于从世界其他地区的进口表示担忧,尤其是很多新兴的纺织品出口地区,此前与英国并无纺织贸易往来。④ 为了重建兰开夏郡的产业信心,确保政府改造和重组棉纺织业

---

① A Protest Against Discrimination on Cotton Textile Imports from Taiwan, December 20, 1961, FO371/165119, pp. 5 – 6.
② Board of Trade to Foreign Office, March 21, 1962, FCN1151/5, FO371/165119, p. 25.
③ Board of Trade to Foreign Office, February 21, 1962, FCN1151/2, FO371/165119, p. 11.
④ C. C. (62) 39th Conclusions, Minute 8, Cotton, May 31, 1962, CAB128/36, pp. 270 – 272.

第三章　英国对台湾贸易信贷政策的逐步放宽(1958—1962)　　167

的后续计划不被完全破坏，英国贸易委员会于6月6日在英国议会宣布，政府将采取一系列措施挽救棉纺织业。比如，对于未设定进口限额的地区，撤销对棉纺织品的公开一般许可证（Open General License），取而代之的是公开个别许可证体系（Open Individual Licensing）；亚洲的英联邦国家和地区自愿限制向英国出口的棉纺织品数量，这一政策将持续到1965年年底；对于与英国并无传统棉纺织品贸易的地区，不应该指望在英国开拓市场。英国纺织业界要求，对于那些英国不承认的地区以及那些没有义务的地区，根本就不应该进口任何棉纺织品。台湾当局不被英国承认，英国对台也没有任何义务，而且台湾的棉纺织业是最近两年才发展起来的，与英国并无传统联系。因此为了缓解英国的纺织业危机，台湾首当其冲。9月26日，英国外交部向英国驻淡水领事馆发送第117号电报，决定将1963年英国从台湾进口的棉纺织品限额进一步缩减至245万平方码。[①]9月29日，英国贸易委员会举行新闻发布会，宣布1963年从台湾进口的纺织品，包括全棉或以棉为主的布料在内，其进口限额为245万平方码。当然，从台湾进口原料、用于再出口的商品（如坯布）仍然可以自由发放许可证。[②]

值得注意的是，关于通知台湾"省政府"这一政策的时间，也破费思量。1962年9月25日，英国贸易委员会特意指示英国驻淡水领事馆，由于正在召开的日内瓦纺织品大会将于28日结束，因此希望台湾"省政府"在28日得到这一通知，以免台湾代表接到当局指示，在日内瓦与英国代表接触，从而产生麻烦。[③] 对此，9月29日，英国驻淡水领事麦基法（MaKeever）向英国外交部远东局表示，已将这一信息按要求告知台湾"省政府"，台湾外事主管部门表示感谢，也理解英国的处境。但1961年英国刚刚对棉纺织品的进口进行大规模限制，现在又将这一配额被削减了近80%，是对台湾纺织业的一次重创。[④]

总之，从1958年到1962年，英台贸易已经不仅仅是传统的农产品交

[①] Foreign Office to Tamsui, September 26, 1962, No. 117, FO371/165119, pp. 55–56.
[②] Board of Trade to Tamsui, October 10, 1962, FCN1151/9 (B), FO371/165119, p. 58.
[③] Board of Trade to Foreign Office, September 25, 1962, FCN1151/9, FO371/165119, p. 51.
[④] Tamsui to Foreign Office, September 29, 1962, FCN1151/10, FO371/165119, p. 61.

换，英国积极寻求与台湾的农业器械、采矿设备以及化工领域进行深入合作，也在贸易形式和内容上取得突破，而台湾当局鼓励外商投资，因此英台贸易呈现良好的发展势头。其中，英台纺织品贸易的崛起与衰落，充分体现了政治对经济的关键性影响。由于台湾当局鼓励纺织业的发展及英国不断放宽对台信贷政策，台湾棉纺织业可以使用英国的机器设备，进而将棉纺织品出口到世界各地，包括英国。但英国从保护本国纺织产业的角度，对迅速增长的台湾纺织品进口设定限额。从操作层面上看，尽管表面上是英国单方面对台湾强行实施纺织品进口限额，但考虑到台湾地位的特殊，以及英国与美国、中国大陆以及台湾地区之间四角关系的复杂性，这种快刀斩乱麻的做法反而最省时省力，更何况英国政府提前告知各方面，在充分的理由和周全的操作之下，台湾"省政府"只能接受。一年后，由于英国国内纺织业的进一步衰败，经济上的困难使得英国政府面临巨大的压力，1962年12月，英国议会已经就棉纺织进口政策进行了4次讨论。尤其是与英国无正式邦交的台湾，英国不仅无须承担任何义务，也没有进行长期的棉纺织贸易传统。在这紧要关头，英国不可能继续从台湾大量进口棉纺织品，让国内纺织业承受压力。因此，英国并未对其他国家的进口限额进行削减①，而是单独对台湾将原本为1256万平方码的限额大幅度缩减为245万平方码。这对于本就遭受限制的台湾棉纺织业来说，无疑是雪上加霜。但从另一个角度来看，英台的纺织品贸易经过自由发展的阶段，在影响到英国国内经济之后，才被遏制。在相对缓和的政治环境中，双边贸易的发展在一定程度上体现出了市场规律中的供求关系，甚至产生了贸易保护的萌芽。至此，冷战背景中的政治对抗因素已越来越少。

小　结

1957年英台关系得到缓和后，英国首次对台湾实行出口信贷政策。随后，双方之间的互动往来更加频繁，其中最引人注目的就是英国议员

---

① Board of Trade to Tamsui, October 22, 1962, FCN1151/9 (C), FO371/165119, p.59.

蒂林1958年的访台活动。蒂林此访本是英台扩大贸易的内在需要，核心目的是通过贸易促进双方的发展。但是，由于台湾这一地区仍属争议地带，也是东西方阵营的"桥头堡"，在敏感的国际形势和紧张的台海局势下，蒂林高调出访并出席一系列政治和经济活动，因此此访引起各方的极大关注且反应不一。其一，台湾当地媒体对此访大加赞扬，经过渲染的报道让蒂林俨然成为英国派遣的"非官方大使"。同时，台湾方面在夸赞英台贸易美好前景的同时，均有意无意地联系到国共对抗上，通过贸易的发展打击对方、证明自己。其二，中国大陆政府对于英台关系的升温保持警惕，向英国外交部施加压力的同时开动宣传机器，在党报刊登了数篇文章，犀利点明蒂林访台背后的各方心态，但同时对这种非官方或半官方的行为留有余地，区别英美。其三，对于英国政府本身来说，这样一个被国民党和共产党都解读出政治意义的访问，明显超过了自身的底线。作为一个坚持台海"中立"政策但秉持重商主义传统的国家，英国外交部和贸易委员会都明确表态，欢迎英台贸易的发展，但不能涉及政治讨论，因此对蒂林访台所引发的政治后果明显表示不满。

在第二次台海危机的背景下，为了更好地指导有关台湾的政治、外事及贸易问题，英国政府相继出台了《访台主要部门的政策通知》、如何应对国民党外事人员的政策通知、《英国商人访台指南》三份文件。从政治和外事角度出发，英国政府坚持自1950年就一直奉行的"中立原则"，尽力避免被卷入台海危机中，尤其注意保持与台湾的距离，禁止英国政府和殖民政府人员访问台湾，避免与国民党外事代表进行官方接触。从经济角度出发，英国政府愿意为本国商人提供信息，通过《商人指南》以便使其了解台湾，尽管由于政治压力而未能公开出版，但并不影响其提供信息的功能，《商人指南》成为英国商人与台湾进行贸易的官方参考文件，也是英国政府为本国商人获取贸易机会的一次大胆尝试。

蒂林访台后，英国在政治上不断约束本国政府人员和外交代表，与台湾保持距离，但此访却给英国带来一份潜在的贸易合同清单，涉及金额达到1000万美元，条件是希望英国能够放宽对台出口的支付期限，这将难题抛给了英国出口信用保证局。由于延期付款涉及对该地区的信用评估和风险评估，因此面对这样一个区域冲突不断、尚未解决归属问题的地区，对台湾出口贸易的信贷期限、年度最高支付额度以及其他信贷担保条件的设定已经不仅仅是经济问题，更取决于英国对台湾地区的政治估量。对此，英国贸易委员会、外交部、财政部、信用局、驻淡水领事馆、驻北京代办处、驻美大使馆以及英格兰银行等部门对这一问题先后进行了两次讨论。第一次讨论正值第二次台海危机之时，因此只是暗中将年度支付限额提高到75万英镑，但并未放宽对台4年的信贷期限。第二次讨论是在1960年局势缓和之后，此次不仅再次将年度支付额度提高到100万英镑，还将信贷期限放宽至5年，更将这一调整以部门通知的形式在政府内进行通告。与此同时，台湾当局也希望吸引更多的海外投资，颁布了"奖励投资条例"，同时放宽了访台旅行证件的限制，这两项政策为英国商人访台以及在台湾进行贸易提供了便利，也让台湾更具贸易吸引力。

基于上述有利政策，英台双方贸易往来更加频繁，同时呈现出新的特点：（1）台湾尝试将以货易货的贸易推广到英台贸易之中；（2）由于"第二个四年计划"重点发展工业，工业产品和设备在英台进出口贸易中的比重增加；（3）英国十分关注台湾进口收割机的动态，英台间的贸易产品涉及台湾社会最为根本的农业领域；（4）台湾不仅仅进口先进设备，更开始重视技术，派遣技术人员到外国培训。自此，英国和台湾地区的进出口贸易已经不仅仅是茶叶、蔗糖等初级农产品的交换，而发展到技术含量更高、商品价值更大、涉及领域更核心、贸易方式多样化的新阶段。在英台贸易中，纺织品进出口的增长尤为突出，以至于英国不得不采取贸易保护措施，对台湾棉纺织品的进口设定限额，并进一步压缩。至于英国逐步放宽对台信贷政策的原因，则分为内外两个方面。内在原因是台湾的自身经济动力和国际上的贷款支持，足以持续地吸引英国商人的目光，促使英国政府提供政策上的便利。外在原因是台湾局势相对稳定，英国政府可以相对较少地受到政治因素的约束，更多地从贸易需求的角度来制定相关政策。由于压制对台贸易所得的政治利益减少，而与台湾进行贸易的经济利益增加，使得经济利益的分量逐渐增大，从而促使英国政府于1958—1962年逐步放宽对台湾的贸易信贷政策。

第 四 章

英国对台湾贸易管制政策的质变
（1963—1965）

1952年10月20日，英国经济政策委员会决定，除了军用物资之外，其他各种战略物资只要数量合理并用于民用，均可以出口到台湾。但是，自朝鲜战争以来，美国及其他欧洲国家持续对台湾出售武器，这为英国政府提供了一定的参考。直到1965年，英国公司不断向政府咨询并申请对台出口军用商品，英国政府决定允许对台湾出口防御性的军事用品，这意味着英国对台出口军用物资的禁运政策发生了质变。1965年美国宣布停止对台湾实行经济援助，英国商人抓住机会抢占美援空余的市场份额。英国在对台湾出口的个案中，为了促成双边贸易，提供了7年的信贷期限。然而，总的来说，英国对台湾信贷政策并未改变。

第一节 英台贸易发展的有利条件

自从1960年英国全面放宽对台出口信贷政策之后，英台之间的进出口贸易得到了进一步发展。台湾获得英国商人更多的关注，希望增加双边贸易的呼声越来越高。1963—1965年，英台贸易的发展存在着三项有利条件：其一，英国驻淡水领事馆尚未被废除，为英台贸易提供了政治上的便利；其二，美援将被部分撤销，为英国进入台湾市场提供机会；其三，台湾自身的经济状况也有利于发展英台贸易。

一 对英国驻淡水领事馆的讨论

随着英国在台湾商业利益的逐渐增加，英国驻淡水领事馆也不断被提及，并被英国商业界所知晓。但中国政府指责英国实行"两个中国"的证据之一就是英国驻淡水领事馆的存在，因此英国政府曾考虑是否将其废除。根据1964年5月25日英国外交部向其驻北京代办处发送的备忘录记载，英国驻淡水领事馆始建于19世纪，领事馆设在淡水，在台北有一个办公室分支，台北办公室由副领事负责日常运行。领事馆内有7名英国籍工作人员，其中包括一名海军联络官。长期以来，英国驻淡水领事馆的存在不断地被中国大陆政府所诟病，指责英国与"两个中国"都保持关系。但英国政府认为，"驻淡水领事馆的存在并不意味着英国承认台湾当局。但驻淡水领事馆和工作人员与国民党没有任何联系，只与台湾'省政府'进行联系，以便处理相关事宜，海军联络官与美国驻台机构进行联系。"英国外交部表示，在6个月前英国政府曾考虑废除其驻淡水领事馆，以免与中国大陆政府产生摩擦，但最后决定不要做任何改变，原因有四：（1）法国承认了中国政府，英国不想在远东的不稳定局势上增加敏感因素；（2）废除英国驻淡水领事馆也不能从根本上改善英中关系。英国认为，最根本的障碍是，台湾并未指定给哪一个国家，英国不断地拒绝承认中国对台湾行使主权，认为台湾的地位仍然未定；（3）如果台湾最后成为独立当局，那么这一领事馆就会产生价值；（4）在台湾有着相当规模的英国和英联邦组织机构，双方还有一定的贸易、船运和航空往来。而最后一点，就足以成为保留英国驻淡水领事馆的理由。①

1964年4月24日《维也纳外交关系公约》生效，对主权国家的外交机构及外交关系进行了具体的界定。英国政府保留驻淡水领事馆的做法备受关注，成为英国政府的软肋。英国反对派经常在议会答辩中予以批评，而中国政府也通过外交方式表达抗议。因此，如何定位和解释英国驻淡水领事馆的存在，则成为正在准备换届大选的英国保守党政府必须回答的问题。

为此，英国外交部于1964年5月25日提前就这一问题准备了官方文本。英国外交部表示，"只有将派遣国颁发的委任证书转交给接收国政府或元首，这一外交团体的首长才能被称之为'委任'。一般来说，领事的

---

① Foreign Office to Peking, May 25, 1964, FCN1051/2, FO371/175988, pp. 15–20.

委任证书会转交给接收国政府,由其颁发领事证书。领事馆有英国女王所颁发的委任证书,但并不会提交给任何个人或政权。尽管英国会将继任领事的任命消息提前通知台湾省长,但英国驻淡水领事并不按照正常程序来操作。"由于英国外交大臣理查德·巴特勒(Richard Butler)曾重申英国驻台湾领事馆的地位,考虑到中国大陆对此的强烈不满,英国政府避免再次声明英方立场,以免中国大陆政府做出更加激烈的反应。同时,英国外交部还对一些可能在议会中被提到的问题进行预备问答。比如,如果有人提问:"领事馆与哪一方进行联系?"政府的官方回答是:"在正常事务中,领事馆的行为仅限于当地政府,即台湾"省政府",与所谓的台湾当局没有任何联系。"再若问及:"如果英国驻淡水领事馆与被台湾当局所任命的官员进行联系,这是否暗示着承认台湾当局?"对这一问题的回答是:"不。事实上,领事馆与"省政府"进行联系,并不意味着英国承认国民党是一个政府,或者在法律上对台湾行使主权。"如又问及"为何要继续保留在台湾的领事馆?"官方回答是:"英国和英联邦团体在台湾有超过2500人(后经更正为3000人),需要领事馆的工作人员保护英国公民和财产、促进贸易、履行其他的领事功能,主要是船运事宜、公证、出生死亡登记、发放旅行证件等。"①

1964年6月15日,工党议员威廉·沃比(William Warbey)在议会提问中表示,一个月前议员蒂林在议会中作了关于香港移民的演讲,敦促台湾当局和港英当局进行更加密切的合作,并称英国在台湾保留了总领事馆,尽管不与台湾当局联系,但负责处理那些与台湾当局有全面外事关系的英联邦政府事务。对此,沃比提出了三个问题:其一,"如果蒂林所说属实,这一做法是否侵害了中英关系?'英国驻台湾总领事馆'是向哪一个政权委派的?"英国外交部政务次官马修(Mathew)表示,英国在台湾并未设立总领事馆,在台湾的高级领事工作人员位列领事级别,英国并未将其委派给任何政府。其二,"由于英国不承认蒋介石台湾政局,英国在台湾的领事馆只是单纯地促进商业联系吗?"马修给出了肯定的回答。其三,"既然英国与台湾的贸易得到了大幅度的增加,为什么不

---

① Foreign Office to Peking, May 25, 1964, FCN1051/2, FO371/175988, pp. 15-20.

接受一个等同于英国驻淡水领事馆级别的、台湾当局向英国的派驻机构?"马修回答:"由于不承认台湾的任何政权,因此英国不能接受这些政权所任命的领事人员。"[①]

从英国外交部回答有关英国驻淡水领事馆的问题中可以看出,英国政府强调了英国驻淡水领事馆的特殊性。其不同于一般意义的领事馆之处在于,由于英国并不承认台湾当局,因此英国驻淡水领事只有英国女王的委任证书,而没有当局颁发的领事证书。在解释英国驻淡水领事馆的功能问题时,其言辞表述也尽力温和,以免直接使用"促进英台贸易"的表述,引起中国政府的指责。尽管受到不少质疑,英国驻淡水领事馆仍然正常运转,作为英国设在台湾的一个信息集散地,为英国与台湾的贸易提供政治上的便利条件。

二 美国结束对台湾的经济援助

除了继续保留英国驻淡水领事馆这一政治便利条件之外,美援的逐步取消,也为英台贸易的发展提供了契机。自朝鲜战争爆发后,美国予以台湾当局大量的军事和经济援助,成为台湾经济起步和发展中不可或缺的力量。但美援并非永无尽头,1960年美国就不断暗示,将逐渐减少对台的经济援助。[②] 1963年,美国政府和位于台北的国际开发署(Agency for International Development)官员告知台湾当局,对台美援将在3—5年内"逐步取消"。1964年5月,美国国务院宣布,美国对台湾的经济援助将在1965财政年度末(即1965年6月30日)结束,但仍将继续对台湾提供军事援助和出口剩余农产品。美国国务院表示,停止

[①] Taiwan (Consul - General), June 15, 1964, FCN1051/3, FO371/175988, p. 24.

[②] 关于1950—1965年美国对台湾援助产生的历史背景、影响以及美援机构间的互动,可参见余彩霞《美国对台湾经济援助研究(1950—1965)——以经援机构及其运作模式为中心的考察》,硕士学位论文,上海外国语大学,2013年;赵洪磊《美国对台湾的经济援助及其运用——以共同安全法时期为个案》,硕士学位论文,河北师范大学,2005年。美国对台湾实施了大量的经济援助,其中技术援助是美援的重要组成部分,关于1951—1965年技术援助的论文,可参见张文鲜《美国对台技术援助研究》,硕士学位论文,福建师范大学,2012年。重要的单篇文章可参见张健《美援与台湾经济发展》,《美国研究》1991年第1期;牛可《美援与战后台湾的经济改造》,《美国研究》2002年第3期等。

第四章 英国对台湾贸易管制政策的质变(1963—1965) ❖ 175

经济援助是考虑到台湾的经济已经稳步健康发展,1962 年台湾的出口额增长了 11%,1963 年出口额增长了 50%。据国际开发署的预测,与 1963 年的 3.57 亿美元相比,1964 年台湾的出口仍将有明显的增加,预计达到 4.5 亿美元。这会为台湾带来 1.5 亿美元或 2 亿美元的贸易顺差。在这种情况下,台湾在国际上已经达到自立程度,不再需要美国的经济援助。①

1964 年 6 月 6 日,英国驻淡水领事馆向英国外交部汇报称,由于国民党官员已经多次被告知美援将会停止,因此等到美国宣布这一决定时,台湾当局的反应比想象中更加安静。仅有的几声批评只是为了挽回面子,而非指望美国重估台湾的地位。当地媒体的反应稍微激烈一点,指出尽管台湾的经济良好,但军事负担太重,美国应该帮助老朋友。英国驻淡水领事馆认为,美国停止经济援助,并不会在很大程度上影响台湾的财政支持水平,也不会威胁到台湾经济,台湾可以从国际复兴开发银行、国际进出口银行进行大规模的项目贷款。更重要的是,根据《公法第 480 号》第一条规定,美国农产品的对台出口并不会在 1965 年 6 月停止。比如,1962 年美国对台经济援助总计达 6740 万美元,其中 5910 万美元是来自剩余农产品的出口,而在 1963 年中,这一数字是 6560 万美元(援助总金额为 8770 万美元)。销售这些农产品所得台币的 75%,将被再次贷款给台湾当局,用于岛内防御和各项发展项目。这一出口是美国对台经援的主要部分,对于台湾经济至关重要。因此,1965 年停止美援意味着,用于发展的贷款和赠予将会停止,而这一部分在美援中所占的比例并不大。由此可得,美国与台湾当局之间达成了令彼此满意的妥协,美国政府可以宣称,已经帮助台湾实现了经济自立,而台湾会继续得到军事和设备援助、美国农产品销售等援助,尤其是美国农产品销售所得仍然用于台湾市场,同时影响台湾的货币流通。② 从另一个意义上说,正是由于部分美援将在 1965 年 6 月 30 日结束,才会为其他国家提供进入台湾市场的机会,因为大部分美援直接从美国采购,外国公司没有竞争机会。此

---

① Tamsui to Foreign Office, June 6, 1964, FCN113145/3, FO371/175991, pp. 3 – 5.
② Ibid.

次美援部分停止，美国在台湾所占的市场份额也相应减少，为英国等国提供更大的市场空间。

三 台湾经济自身的有利条件

对于英国和台湾而言，双方的贸易也有诸多有利条件。根据1965年3月9日，英国驻淡水领事馆向英国外交部提供的一篇名为《台湾经济形势》(*The Economic Situation in Formosa*) 的报告中详细分析了与台湾进行贸易的诸多有利条件。其一，也是最重要的一点，台湾自身的经济能力较强，从世界银行和其他金融机构提供的贷款程度，可以看出其良好的国际金融信誉。1965年，台湾开始实行"第四个四年计划"（1965—1968），其资金主要依赖于世界银行的贷款，用于购买铁路设备（1900万美元）、改善基隆高雄港口（3600万美元）、人造丝工厂以及建造可以生产尼龙、涤纶、腈纶、丙纶等的设备。发展石油化工产业，利用天然气和石油提炼的产品，作为合成纤维和塑料产业的中间材料。其二，台湾经济自身有着与国际贸易的内在需求，"第四个四年计划"的主要目标是发展出口产业，包括食品制造、羊毛纺织，以及劳动密集型产业，建造重工业，最大程度地利用自然资源和人力以增加就业机会，提高生活水平。由于台湾缺少自然资源，出口的大量增长，意味着对生产资料的进口需求增大，日本、美国、西德、英国等都增加了对台湾的出口。比如，从1964年1月到9月，台湾纺织产品的出口增长了1470万美元，而进口纺织品原材料（包括生棉花、羊毛制品，人造丝及其产品）同时增长了1540万美元。除了增加对原材料的进口之外，还将进口一定数量的生产机器及精密设备，用于加工原材料以供出口。其三，台湾当局表示可以自由提供外汇，帮助台湾企业购买任何产业的机器设备，以促进经济的发展，增加岛内外市场的消费产品。而且，台湾有着充足的外汇储备，可以保证许可清单商品的所有进口申请，包括大部分的资本商品、原材料、机器等，都能得到外汇支持。对英国来说，这将在人造纤维、石油化工、钢铁冶炼领域提供大量的贸易机会。其四，台湾并没有明显地歧视英国商品，当地商人也只希望找到最适合的产品。英国制造商完全可以调查自身产品在这一快速发展的市场中的潜力。很多英国公司将台湾

第四章 英国对台湾贸易管制政策的质变(1963—1965) 177

看作是被美国和日本所支配的经济体，而将这一市场忽略掉，这种观点有待斟酌。事实上，已经有一些英国公司与日本等国家直接竞争，向台湾销售药品、奶制品、化工产品、燃料、纺织机器、金属设备等工业产品，在台湾有着稳定的市场份额。很多英国出口商与台湾代理机构合作，获得贸易信息，或者自己竞标"中央信托局"的项目。其五，台湾的投资环境得到改善，为发展重工业，当局已经立法通过减税和提供各种服务来吸引外资。31家美国公司已经利用这些优惠政策，对台投资了5100万美元，很多日本和海外华人也进行了类似的投资，建立了独资和合资企业，台湾正逐渐融入国际市场。此外，台北位于香港到东京的航线上，英国商人无需旅行证件即可在台湾停留72小时。因此，报告认为，台湾地区正在跟随着日本、香港地区的脚步，成为远东一个制造物美价廉产品的地区。在这样一个保持了15年高速、稳定增长的经济体中，英国的机器和设备没有理由不发挥作用。①

这篇报告得到了英国外交部的高度评价，认为其观点值得总结和借鉴，但由于台湾的敏感局势，并不适宜在英国贸易委员会的期刊上发表，英国政府为免被中国所指责，最终将其发表于1965年4月23日的《英国工业联合会》（*Federation of British Industires*）海外版。但是，英国外交部对于英台贸易仍清醒并冷静，在1965年5月5日的外交部远东局备忘录中写道，台湾现在可以自给自足，其经济前景也是十分光明，但英国需要正确认识台湾的繁荣和发展。一方面，英国在台湾的市场仍十分有限，从贸易额度来看，根据1964年的统计数据，英国对台湾的出口每年约为100万英镑，而向大陆的出口约为1700万英镑。尽管对台湾的出口仍然有增长空间，但英国并非台湾贸易的主要伙伴，英国贸易委员会认为这一数字不会超过200万英镑。另一方面，日本是英国的前车之鉴，中国大陆政府并不满意于日台之间所保持的贸易关系，于是取消了好几个与日本的大额订单，包括除苏联之外最大的单机设备。这表明，任何尝试增加与台湾贸易的行为，都会带来风险。② 可

---

① Tamsui to Board of Trade, March 9, 1965, FCN1151/1, FO371/181061, pp. 7–14.
② Memo by Foreign Office, May 5, 1965, FCN1151/1, FO371/181061, pp. 2–6.

见，无论台湾经济发展到何种程度，英国政府始终秉持的原则是，台湾经济的未来最终取决于其政治的未来，而后者仍然不确定。对于台湾局势的评估，英国外交部认同澳大利亚驻香港贸易专员第二秘书杰拉德（S. A. FitzGerald）向澳大利亚外交部所提交报告中的观点。在杰拉德访问台湾之后，对台湾的看法如下："其一，除了政治特权阶层，大部分台湾人认为，与当下相比，日本殖民时期所受压迫和经济剥削的程度更加严重。其二，尽管台湾本地的领导者被替换成国民党官员，但有政治意识的台湾人希望得到最终的独立。其三，在目前局势下，台湾人无法进行活跃的政治反抗，但希望能在国际上改变自身利益不被重视的国际地位。其四，国民党过去15年的成就，无法掩盖这个当局的效率低下、腐败和专制。其五，台湾的未来受到三方态度的影响：（1）大陆来客保持其对台湾的支配地位，但如果自身利益受损严重，最后可能与共产党妥协；（2）蒋介石死后，国民党军队可能会叛乱，尝试入侵大陆；（3）如果台湾人无法达到其政治愿望，可能会诉诸武力。"[1] 英国外交部远东局认为，这一报告对台湾的描述十分有趣，获取了台湾人真正的想法。远东局表示，"毫无疑问，国民党对台湾本地人同样进行压迫，台湾本地人也对此心怀愤恨。直至现在，台湾民众和社会中依然保持着这种怀疑、恐惧、谨慎的氛围。此外，在中国的所有领土争端中，台湾最靠近其心脏，所以中国政府不可能放弃台湾，台湾要成为一个独立国家的想法只是白日梦。"[2] 对台湾未来至关重要的另一个决定性因素是美国的态度，但美国对台湾的长期政策仍很模糊，直到1965年也并未针对台湾的未来给出一个解决方案。

总之，从1963年到1965年，台湾经济得到了蓬勃发展，所取得的经济成就和光明的市场前景均让英国政府印象深刻，也愿意在这样一个日益增长的市场中分一杯羹。因此，英国政府继续保留其驻淡水领事馆，为英台贸易提供便利，也抓住美国对台经援即将停止的机会，仔细分析

---

[1] Office of the High Commissioner for Australia to Foreign Office, September 30, 1964, FCN1631/6, FO371/175996, pp. 7 – 8.

[2] Memo by Far Eastern Department, October 26, 1964, FCN1631/6, FO371/175996, pp. 4 – 5.

了双方进一步开展贸易的有利条件。但是，考虑到台湾是国际问题的焦点，中国政府不会放弃台湾，美国一直未能给出建设性的解决方案，蒋介石一直有着重返大陆的诉求，直至1965年三方也未能达成一致。台湾的政治前景并不明确，这让英国政府又颇为踌躇。其实，从1950年台湾政治上悬而未决但经济上保持快速发展开始，英国政府就一直存在着这种矛盾的态度——既希望发展对台贸易，又被政治因素所限制，只是在1963到1965年，台湾的经济成就尤为显著，使得这一矛盾更加突出而已。这种矛盾的心态，在1964年讨论对台湾信贷政策的过程以及实施结果上，得到了充分的体现。

第二节　英国允许对台湾出口防御性的军用商品

由于台湾经济快速发展，进出口贸易有着良好的表现，让英国商人对于促进英台贸易的需求更为强烈，因而不断向本国政府提出放宽对台信贷期限的要求。1964年9月16日，英国信用局向英国财政部发送电报表示，目前英国对台出口的信贷期限为5年，希望提供具有国际竞争力的信贷担保期限。英国普氏兄弟公司正在与中国（台湾）人造纤维有限公司（China Man-Made Fiber Corporation）进行洽谈，希望销售3万只纺锤装备，价值100万英镑，额外利息是19.2万英镑。台方公司提出的支付条件是：总金额的5%为订货付现（cash with order），10%为货到付款，剩余85%分成14个阶段，每个阶段为期半年，进行分期付款，从最后装船日期算起信贷期限超过7年。电报还指出，前不久，英国信用局已经同意为普氏兄弟公司与台元纺织公司（Tai Yuen Textile Corporation）的合同提供信贷担保，向其销售纺锤设备，其合同价值和条款与现今讨论的合同完全一样。由于英国驻淡水领事馆告知，日本守谷有限公司（Moritani & Co. Ltd）决定向台元纺织公司提供10年的信贷期限，因此信用局决定同意这一合同的要求。此外，日本金融机构还表示，愿意为日本公司的任何设备都提供10年的信贷担保。因此，在这一笔贸易谈判中，尽管没有明确的证据表明，日本在与英国公司竞争这一合同，但台湾买家完全可以接受日本机器，以及10年的支付期限。在此情况下，英国信用局咨询英国财政部,是否可以为普氏兄弟公司提供 7 年的信贷期限。①

英国财政部表示反对,于 1964 年 9 月 25 日回复英国信用局,认为这一案例中所提供的理由并不充分,因此不同意普氏兄弟公司提出的请求。财政部认为,日本金融机构虽然声称愿意为任何销往台湾的设备提供 10 年的信贷担保,但没有具体的证据表明,他们愿意为普氏兄弟公司正在谈判的这笔交易提供此项条款。也就是说,日本公司所提供的 10 年信贷担保,并没有直接指向普氏兄弟公司正在进行谈判的这一合同。如果英国仅仅因为这一个并不实际的条件就为普氏兄弟公司延长信贷期限,那么在将来可能要为所有的对台合同都延长信贷担保期限,这是不可能的。因此,英国财政部表示,尽管英国贸易委员会支持这一申请,但并不恳求给工业产品以特殊优待。如果能通过事实证明,日本公司正在同时竞争这一合同,那么英国财政部就会同意其建议的 7 年信贷担保期限,否则就不予批准。②

英国外交部则从政治角度出发反对此提议。根据英国外交部远东局的备忘录以及未能发出的电报草稿,可以看出其考虑因素如下。其一,根据外交部远东局 1964 年 9 月 21 日的备忘录,此前汉弗莱—格拉斯公司(Humphreys and Glasgow)有一笔向中国大陆出口的贸易,申请提供超过 5 年的信贷担保,但外交部考虑到政治因素,拒绝了这一申请。如果英国准备对台出口提供长期的信贷担保、而不对中国大陆提供,这会让英国政府难以解释,且十分尴尬。因此,如果英国支持对台出口,毫无疑问会被中国大陆和对中国大陆市场感兴趣的人拿来进行比较,英国政府会被指责更加急于与台湾建立贸易,而非与中国大陆。其二,对于英国来说,必须坚持的首要目标是促进与中国大陆的贸易,这两个申请案例正在让英国远离这一目标。更何况,由于日本与台湾地区进行着密切的贸易往来,已在一定程度上阻碍了其在中国大陆市场的发展,这反而构成了英国的优势,而且英国不希望被同一阻碍影响对华贸易,尽力避免步

---

① Matching Overseas Credit Competition-Taiwan, September 16, 1964, FCN1151/11, FO371/175992, p. 9.

② Matching Overseas Credit Competition-Taiwan (Draft), September 25, 1964, FCN1151/11 (A), FO371/175992, p. 10.

日本的后尘。因此，英国不需要为了与日本竞争、而太过明显地鼓励英国公司与台湾发展贸易。其三，这个合同的金额太小，不足以为之冒险去延长信贷担保期限。因此，英国外交部认为，英国最主要的利益仍然是发展与中国政府的关系，包括商贸关系。为了与日本竞争对台贸易，反对为汉弗莱—格拉斯公司向中国大陆的出口提供担保，而同意为普氏兄弟公司向台湾的出口提供7年的信贷担保，那么这种做法是不明智的。①

基于上述考虑，英国外交部于1964年9月29日回复英国信用局，认为申请延长信贷的理由并不充分，同意英国信用局要求提供具体证据。英国外交部还指出，对于延长向台湾出口的信贷担保，哪怕是真正的"匹配"案例，也要给出警告。日本与台湾地区的贸易已经阻碍了其在中国大陆的发展，因此，如果英国公司与日本竞争对台贸易，那么英国政府不应该给出哪怕是谨慎鼓励的信号，英国不想被这样的阻碍影响其增加对大陆出口的努力。总之，尽管没有必要禁止所有超过5年信贷担保的匹配申请，但以后遇到希望延长对台的信贷期限时，希望能考虑到上述因素。②

英国驻淡水领事馆与英国贸易委员会的观点不同于英国财政部和英国外交部。淡水方面从促进贸易的角度，希望能够向普氏兄弟公司提供7年的信贷期限。1964年10月7日，英国驻淡水领事馆向英国信用局发送电报，表示信用局所提出的银行担保要求太过严格，会让英国公司失去这一贸易以及将来可能的贸易合同，从而严重影响普氏兄弟公司在台湾的贸易地位。考虑到如下几点：其一，根据英国经济部的规定，在延长信贷期限之前，英国公司要有足够的资本，对此普氏兄弟公司已具备了雄厚的资金支持；其二，1964年普氏兄弟公司的配额已经被削减到不足80万英镑，从日本和其他国家的购买量将低于预期，与台湾的这笔贸易

---

① Minute by Foreign Office: Long Term Credits for Formosa, September 21, 1964, FCN1151/11, FO371/175992, p. 3; Draft Telegram by Foreign Office, September 25, 1964, FCN1151/11, FO371/175992, pp. 11 – 12; Matching Overseas Credit Competition-Taiwan (Draft), September 25, 1964, FCN1151/11, FO371/175992, pp. 13 – 14.

② Foreign Office to Export Credits Guarantee Department, September 29, 1964, FCN1151/11, FO371/175992, p. 17.

额度并不大；其三，他国竞争者只需要提供相关人员的私人担保、或是台方公司的会签即可，英国驻淡水领事馆由此建议英国信用局取消对本国公司严格的支付担保要求。①

英国贸易委员会也支持这一贸易，并于1964年10月15日向英国财政部表示，不同意财政部在9月29日来信中的观点，理由如下："其一，如果正在增长的日本对华贸易真的受影响的话，那么影响这一贸易的主要因素，不是日本与台湾地区进行贸易，而是日本承认台湾当局、拒绝承认中华人民共和国政府；其二，即使英国向本国公司提供完全匹配竞争者的信贷担保期限，英国与台湾的贸易额仍然很小，不足以对中英贸易产生足够的影响。其中真正涉及利害关系的关键问题是：中国大陆政府对于任何明显的歧视所做出的反应，即如果中国大陆政府认为对中国大陆贸易的信贷担保与对台湾的条件存在差别，将会如何反应，当然这是另一个问题。"②

关于是否延长对台信贷的问题，虽然英国外交部和英国财政部表示反对，而英国贸易委员会和英国驻淡水领事馆表示支持，但由于电报公文的滞后性等原因，英国信用局在未能参考英国外交部的意见情况下，已经同意为普氏兄弟公司提供7年的信贷期限。由于无法撤销这一决定，再去质疑已经没有意义。尽管根据英国驻淡水领事的报告，信用局对银行担保的要求很高，可能会让英国银行拒绝提供担保而导致普氏兄弟公司无法完成合同，但英国外交部仍然对这一决定表示无奈，并且担忧对台信贷担保期限比对大陆的更长，会引起麻烦。因此，1964年10月26日，英国外交部要求英国信用局，对于任何对台信贷期限超过5年的合同，都需要事先征求英国外交部的建议。③

从1964年9月到10月，英国政府各部门讨论是否为普氏兄弟公司提供7年信贷的过程充分体现了英国政府内部面对台湾良好的经济形势、

---

① Tamsui to Export Credits Guarantee Department, October 7, 1964, No. EXCED 22, FO371/175992, p. 22.

② Board of Trade to Treasury, October 15, 1964, FCN1151/11 (B), FO371/175992, pp. 18 - 19.

③ Foreign Office to Export Credits Guarantee Department, October 26, 1964, FCN1151/11, FO371/175992, p. 21.

模糊的政治前景所表现出的矛盾心态。英国财政部表示，只要普氏兄弟公司能够证明国际竞争者对台湾提供了更长期的信贷期限，那么就同意对台信贷延长到7年。可以看出，如果在以后的贸易中存在这样的竞争条件，英国贸易委员会并不反对延长信贷期限。真正持反对意见的是英国外交部，后者认为英国对中国大陆的贸易更为重要，促进对大陆贸易是英国政府的首要目的。如果发展对台贸易阻碍了对大陆贸易的发展，那么英国可以牺牲对台贸易，来维护对大陆的贸易，并且认为日本就是一个反例。这种判断的原因有二：其一，台湾的政治前景不明，需要等尘埃落定之日；其二，中国大陆市场远比台湾市场重要。在这样的定位下，英国政府在政策上仍然维持1960年规定的对台5年信贷期限不变。但是，面对吸引力逐渐增加的台湾市场，英国公司有着更加强烈的贸易需求，这使得英国信用局在实际操作中，对个别案例准许了7年的信贷担保期限。政策上保持不变而操作中灵活处理，让英国政府实现了自身利益的最大化，同时也体现了传统的政治约束与新兴的贸易需求之间的平衡和博弈，而新兴的贸易需求不仅仅要求放宽对台的贸易信贷政策，还希望放宽出口商品的种类，如军用商品。

1964年9月，英国贸易委员会向英国外交部远东局转发了一份贸易申请，英格兰利维汽车零件公司（Levy Auto Parts of England Limited）希望向台湾出口价值2000英镑的备用零件，用于履带式登陆车。目前，还没有任何向台湾出口军事物品的参考案例，由于这一贸易申请涉及英国对台湾出口武器的政策，这让英国外交部远东局感觉到，需要仔细考虑对台出售武器是否有利于英国。对此，9月29日，英国外交部远东局向贸易委员会表示，外交部对于英台贸易的基本态度是，在不影响到英国与中国大陆（额度更大）贸易的前提下，完全支持与台湾的贸易。根据这一标准，外交部远东局无法支持向台湾销售武器，原因是中国大陆政府很有可能会察觉，并且对这一贸易表示愤怒。当然，这一案例所涉及的金额很小，大陆可能不会发现，这可能是引起是否准许出口之争的原因，但这些商品是登陆车辆的重要部件，而登陆车辆又是台湾当局"反攻大陆"的重要装备。因此，如果允许出口这一商品，会成为中国大陆政府指责英国的证据，批评英国是两面派，即一面宣称英中友谊并承认中国政府，一面又向其敌人（指台湾）销售武器。因此，英国外交部反对颁发许可证。① 对于外交部的这一观点，英国贸易委员会于10月7日回复，尽管不同意外交部所顾虑的原因，但考虑到英国并不承认台湾当局，这一理由就已经足够，因此贸易委员会同意，拒绝这一出口许可证的申请。②

到了1964年12月4日，英国贸易委员会再次向各部门表示，英国汤普森—多克西有限公司（Thompson-Doxey Ltd.）前来咨询，是否能向台湾万得公司（Messrs. Wonder Enterprises，音译）出售107辆美军曾使用的通用水陆两栖车，用于近海轮船装载和卸载，以及一般意义上的交通运输。由于这一商品仍在对台贸易管制的范围，因此英国贸易委员会特此征求各部门意见。③

英国外交部根据1964年9月29日电报中的原则，于12月22日回复英国贸易委员会，认为不应向台湾出口水陆两栖车辆和零部件。④ 英国国防部也于12月23日也表示，应该拒绝这一申请，理由是："尽管这些卡车没有任何军事意义，从军事角度来说并不反对其出口，但从更重要的政治因素来考虑，允许出口对英国并无好处。"⑤ 在收到上述反馈意见后，英国贸易委员会接受这一意见并决定拒绝向其颁发许可证，但这遭到了汤普森—多克西公司及其合作伙伴英国出口商有限公司（English Exporters Ltd.）的反驳和抗议。汤普森—多克西公司表示，台湾正在议定从美国一家公司进口65辆跟踪登陆艇，其作用与水陆两栖车类似，如果无法从英国购买，台方将直接从美国进口，而这笔贸易对英方公司和英国社会都十分重要。对于汤普森—多克西公司来说，这批卡车是美国军队的剩余库存，公司在7月从法国进口了104辆这一类型的卡车，并且支付了

---

① Foreign Office to Board of Trade, September 29, 1964, FCN1191/1, FO371/175993, p. 57.

② Ministry of Defence to Foreign Office, October 7, 1964, FCN1191/1 (A), FO371/175993, p. 58.

③ Ex-US DUKW Amphibian Trucks - Taiwan, December 9, 1965, FCN1191/2, FO371/175993, pp. 8–9.

④ Foreign Office to Board of Trade, December 22, 1964, FCN1191/2, FO371/175993, p. 13.

⑤ Ministry of Defence to Board of Trade, December 23, 1964, FCN1191/2 (A), FO371/175993, p. 15.

2.2万英镑的运费。这一笔贸易的金额为14.45万英镑,若能成交即可获得一大笔外汇。对于英国社会来说,在向台湾出口之前,需要将这107辆卡车运往利物浦,雇佣60—70个工人,花费12—15个月进行修理和重装,这会为绍斯波特/利物浦地区提供大量的工作机会。更重要的是,台湾公司购买这批水陆两栖车,其用途是将货物从轮船转运到岸边,而非军事目的,而且在重装要求上也完全没有军事方面的描述,如安装枪支、雷达等。台湾买家也愿意出具证明,保证这些车辆不会被用于军事用途。英国出口商有限公司还表示,"从严格意义上来说,任何物品都可以被当作战略物资,甚至一颗纽扣也能被用于战争。因此,英国贸易委员会禁止向台湾出售107辆卡车,对本公司的贸易产生了严重影响,希望英国贸易委员会能再次考虑这一申请。"[①] 同时,汤普森—多克西公司还积极游说议员,如蒂林等其他持有相同观点的人,在议会中进行提问,这让英国贸易委员会和英国国防部的意见均产生了松动。

1965年1月29日,英国贸易委员会向英国外交部再次重申贸易的理由后表示,"中国大陆早就知道英国与台湾存在贸易往来,而且英国与很多中国的'敌人'进行贸易往来,因此英台贸易本身并不影响英中关系。真正让中国气愤的是英国政府公然宣称'两个中国'政策。"英国贸易委员会表示,这些车辆被重装之后已经没有任何军事意义,从贸易角度来说,没有理由拒绝颁发许可证。[②] 英国国防部于2月17日向英国外交部表示,台湾的港口设施并不高级,在各个岛屿之间所进行的贸易,可能确实需要这批车辆的帮助;此外,台湾的沿海公路很容易被山体滑坡所阻断,经常通过船运来维持交通运转,水陆两栖车明显有很大的优势,可能台湾对水陆两栖车存在着切实的民用需求。尽管卖方表示这批货物将从利物浦通过蒸汽轮船直接运往台湾,但英国国防部仍然担心其最终用途。基于此,英国国防部建议英国驻淡水领事馆对台湾买家万得公司进行调查,如能确定买方诚意,且能确定其民用目的,则同意英国贸易

---

① Board of Trade to Foreign Office, January 7, 1965, FCN1191/2 (B), FO371/175993, p.16.
② Board of Trade to Foreign Office, January 29, 1965, FCN1191/2 (C), FO371/175993, pp.29-30.

委员会的观点。①

尽管现在英国贸易委员会和英国国防部都同意了此项申请,但英国外交部远东局仍然坚持原有观点,并在其1965年2月3日回复英国贸易委员会的信中表示,尽管这批卡车没有装备武器,但由于曾经是军用卡车,仍然可以被再次用于军队。对于蒋介石长期坚持的"反攻大陆"计划,英国国防部认为其可能性微乎其微,对此英国外交部深表赞同。但关键的问题是,无论蒋介石能否"反攻大陆",英国向一个没有正式外交关系的地区出售美国军用卡车,肯定会增加台湾的军事潜力,这在中国大陆政府看来,毫无疑问是针对中国大陆的敌对行为。中国大陆政府可能会认为,自身从英国进口的商品受到英国政府长期的禁运和限制,但英国却向台湾出口军用商品,这可能会激发中国大陆政府的抗议并采取报复性措施,这不利于正在蓬勃发展的中英贸易。对于英国政府来说,1964年英国对中国大陆的出口额度约为1773万英镑,而对台湾的出口额度只有约105万英镑,前者的贸易前景十分光明,后者则前途未卜。面对这样相差悬殊的差距,英国外交部仍然要求禁止对台出口这一批水陆两栖车。② 但是,面对英国议会的不断提问,英国外交部也很难继续坚持原来的政策,因此同意英国国防部的建议,并于3月1日写信征求英国驻北京代办处和英国驻淡水领事馆的意见。③ 3月20日,英国驻北京代办贾维(Terence Garvey)向英国外交部表示,尽管这些即将报废的水陆两栖船(车)的军事意义不大,与台湾"反攻大陆"或登陆行为也没什么关系,但一经曝光,中英两国媒体及英国议会将认为"英国向台湾出售登陆艇",这一标题将影响深远。④

为这一讨论提供关键信息的是英国驻淡水领事馆1965年3月31日和4月3日的报告。英国驻淡水领事馆就调查结果向英国外交部发送了三封电报表示,台湾万得公司更像一家假冒公司。尽管1962年该公司在"省

---

① Ministry of Defence to Foreign Office, February 17, 1965, FCN1191/2 (D), FO371/175993, p. 31.

② Foreign Office to Board of Trade (Draft), February 3, 1965, FCN1191/2, FO371/175993, p. 28.

③ Foreign Office to Tamsui, March 1, 1965, FCN1191/2, FO371/175993, p. 34.

④ Peking to Foreign Office, March 20, 1965, FCN1191/2 (H), FO371/175993, p. 43.

第四章 英国对台湾贸易管制政策的质变(1963—1965) ❖ 187

政府"注册过,但注册资本只有 400 英镑,在任何的贸易或电话指南上无法查到其联系方式。该公司只有一个房间,并且还与另一家公司共用。此外,万得公司在 3 个月前从美国公司预订了 60 辆"二战"时使用的履带式登陆车,同时准备与不列颠远东有限公司(Britannia Far East Ltd.)进行联络,购买左轮手枪。可以断定,台湾万得公司是国民党军队的一个委托机构,希望购买水陆两栖车,对这批车辆也没有此前宣称的民用需求和必要性。① 最终,英国外交部于 4 月 12 日向英国国防部表示,根据英国驻淡水领事馆的最近调查,就汤普森—多克西公司出口申请一事,各政府部门可以达成一致意见,拒绝对其颁发许可证。②

可见,上述两个案例都表明,对于带有军事性质商品的对台出口,英国政府的原则是支持与台湾的贸易,但前提是不能影响与中国大陆的贸易。最初,英国外交部在中国大陆和台湾的市场对比之下,从政治和贸易角度进行考虑,决定禁止对台出口军用商品,且英国政府各部门均同意禁止颁发许可证。但是,在英国公司、议会议员和英国贸易委员会的坚持和推动下,英国外交部也很难坚持其决定。尽管最后台方公司被查出问题,但如果对台出口的商品真的用于民用,那么英国极有可能向台湾出口水陆两栖车。这两个案例也为英国出台相关的军用商品出口的指导原则奠定基础。

此后,对台湾军用商品的讨论并未停止,面对越来越多的贸易咨询,英国外交部放松了对台军用商品的管制程度,并给出三项原则。按照军用商品的功能,英国外交部将其划分为攻击和防御两类。允许防御性军用商品的对台出口,如自动跟踪雷达;禁止对台出口攻击型的军用商品,如炸药和大批量的钢盔。

1965 年 7 月 8 日,英国航空部向国防部表示,最近收到了英国 APT 电子实业有限公司(APT Electronic Industries Ltd.,音译)的申请,希望向台湾"航空航天研究中心"出口自动跟踪雷达,但由于这一设备仍然

---

① Tamsui to Foreign Office, March 18, 1965, No. 6, FCN1191/2 (E), FO371/175993, p. 35; Tamsui to Foreign Office, March 31, 1965, No. 8, FCN1191/2 (J), FO371/175993, p. 45; Tamsui to Far Eastern Department, April 3, 1965, FCN1191/2 (K), FO371/175993, p. 46.

② Foreign Office to Ministry of Defence, April 12, 1965, FCN1191/2, FO371/175993, p. 48.

位于被"限制"(restricted)出口之列,因此征求英国政府各部门意见。①7月19日,英国国防部向英国外交部表示,这一自动跟踪雷达仍处于原型阶段,可用于监督和跟踪遥控飞机。目前仅生产出4台,英国公司有2台,另外2台在德国。同时希望英国外交部告知台湾"航空航天研究中心"的情况。② 7月27日,英国外交部回复航空部,表示台湾"航空航天研究中心"是一个官方组织。对于这一自动跟踪雷达,英国外交部认为它具有监督功能,可以用于跟踪飞机,一般是在陆地上使用,而无法在飞机或轮船上使用。因此,即使该雷达被用于军事用途,也完全只是防御功能。鉴于此,只要供应部门从安全或操作角度上都不反对,那么英国外交部也不反对向台湾出售这一雷达。③ 此外,英国贸易委员会、帝国空军、英国陆军部(Army Department)也支持这一出口。④ 8月3日,英国国防部就这一问题回复航空部,表示不反对将自动跟踪雷达设备提供给台湾"航空航天研究中心"。若后续出现此类交易,均不反对。⑤

但是,英国政府仍然坚持禁止对台湾出口具有攻击性的军事用品。1965年9月15日,英国国防部向英国外交部表示,英国不列颠远东有限公司前来咨询是否可以向台湾出售炸药。台方公司希望购买用于炸药包的塑胶炸药,同时希望购买其他类型的炸药包和燃烧弹。目前还不知购买数量,但想知道英国外交部对于向台湾出口炸药的总体原则。⑥ 英国外交部于10月13日的回复表示,对于向台湾出口军用设备的总体原则是:不允许提供任何可以被用于周期性袭击大陆的武器。根据这一原则,军

---

① Ministry of Aviation to Ministry of Defence, July 8, 1965, FCN1192/2, FO371/181063, p. 5. 其中雷达型号为 FA No. 13 MK。

② Ministry of Defence to Foreign Office, July 19, 1965, FCN1192/2 (C), FO371/181063, p. 9.

③ Foreign Office to Ministry of Aviation, July 27, 1965, FCN1192/2, FO371/181063, p. 11.

④ Board of Trade to Ministry of Aviation, July 14, 1965, FCN1192/2 (A), FO371/181063, p. 6; Ministry of Defence to Ministry of Aviation, July 27, 1965, FCN1192/2 (D), FO371/181063, p. 12; Ministry of Defence to Ministry of Aviation, July 29, 1965, FCN1192/2 (E), FO371/181063, p. 13.

⑤ Ministry of Defence to Ministry of Aviation, August 3, 1965, FCN1192/2 (F), FO371/181063, p. 14.

⑥ Ministry of Defence to Foreign Office, September 15, 1965, FCN1192/6, FO371/181063, p. 17. 其中炸药类型为 Milk-type C4。

第四章 英国对台湾贸易管制政策的质变(1963—1965)　　189

用炸药和燃烧弹属于这一类别,因此反对向台湾出口。①

在这两次出口案例的咨询中,英国政府给出了一个初步的军事商品出口原则。但是随着此类咨询的增加,商品类型也愈加难以划分和界定,比如1965年10月26日,英国国防部向外交部表示,不列颠远东有限公司咨询是否可以向台湾出口大批量的NATO类型钢盔。英国国防部原本认为,考虑到10月13日所提的对台出口军用设备的原则,应该不会拒绝这一出口。②但是,英国外交部经过慎重考虑,反对这一出口。考虑到最近从英国国防部和英国贸易委员会收到各种向台湾出口军用商品的咨询,且各部门意见不同,因此英国外交部在重新审视相关政策后,认为有必要进一步细化对台出口军用商品的原则,作为以后出口案例的参考。

于是,英国外交部于1965年11月23日专门准备了一份关于对台军事出口的报告。报告称,英国的长期利益在于尽可能与中华人民共和国保持最友好的关系。虽然台湾当局宣称将"反攻大陆",但实现这一目标的可能性已经十分渺小。尽管如此,如果英国政府允许英国公司向台湾出口任何军用物资,用于国民党的军队,不仅很容易被中国大陆知晓,更会让大陆政府为此指责英国政府明明表示不承认台湾当局,又暗中帮助与中华人民共和国为敌的政权,这会让英国政府难以自圆其说而陷入尴尬的境地,也会让本就脆弱的英中关系雪上加霜。如果中国政府决定对英国进行贸易报复,将会严重损害英国对华日益增长的出口贸易,而这一额度在1964年约为英国对台出口额度的17倍(1964年的额度为1773万英镑,而向台湾的出口额度只有105万英镑),因此英国不应该鼓励对台出口军用商品。鉴于未来也可能收到类似的咨询,在此给出对于对台出口军用商品的指导原则:(1)允许其对台出口那些尽管可以用于军事目的,但显然不会用于此目的商品,如民用飞机的零部件;(2)完全禁止任何可用于攻击大陆(包括游击式的小型进攻)的军用商品;(3)对于其他的军用设备需要仔细审查。若无充分证据,禁止向台湾出口任何用于或可能用于国民党军队的军用商品。③ 这三项原则在1965年12月

① Foreign Office to Ministry of Defence, October 13, 1965, FCN1192/6, FO371/181063, p. 19.
② Ministry of Defence to Foreign Office, October 26, 1965, FCN1192/8, FO371/181063, p. 30.
③ Military Supplies for Formosa, November 23, 1965, FCN1192/9, FO371/181063, pp. 36 – 37.

14日的英国国防部武器工作小组会议（Arms Working Party Meeting）上讨论通过。至此，英国对台湾出口的最后一个堡垒——军用商品的管制程度也逐渐开始放松。

在这三项原则的指导下，英国外交部近期又收到了三个咨询案例，一个是向台湾出售登陆艇，用于装载和卸载海上轮船的货物，另一个是向台湾出口炸药包所用的塑料炸药，而台湾买家信息不明。由于这两种商品均可用于对大陆的攻击，因此英国外交部均给予拒绝。至于第三个案例中涉及的对台大量出口NATO类型的钢盔，则稍有争议。支持这一出口的观点认为，钢盔与登陆艇和炸药不同，可以用于防爆警察，与国民党军队的潜在进攻无关，也不应禁止英国公司的一笔大宗贸易，应允许其对台出口。但英国外交部表示，由于采购数量较大，很有可能直接用于国民党军队，因此必须当作军用物资来看待。因此，1965年11月25日，英国外交部向英国国防部表示，根据上述三项指导原则，钢盔属于第三类商品，从政治角度考虑决定拒绝对台出口。[①]

英国政府拒绝不列颠远东有限公司所提出的对台出口炸药和钢盔的申请，让后者很不满意，并于1966年2月14日写信给英国国防部，表示根据此前的对台出口贸易情况，英国政府已经放松了对台湾的贸易禁运程度。在国际竞争中，美国和德国的公司表示，只要台湾当局付钱，随时都可以向台湾出口任何商品，英国公司不希望让出这一宝贵的贸易机会。因此不列颠远东有限公司表示，"毕竟国民党与英国同处反共阵营之中，公司将联系当地议员，尽力将此问题申诉到英国外交部，希望英国政府能够撤销这一决定，支持英国公司的出口贸易。"[②] 英国外交部建议英国国防部，在详细解释政府禁止对台出口军用商品之前，先指出决定这一政策的重要因素是，英国与中国大陆政府保持外交关系，而台湾当局并不被英国政府所承认。国民党的重要目标之一就是"反攻大陆、颠覆大陆政权"，为了实现这一目标（成功的可能性微乎其微），多年来经

[①] Foreign Office to Ministry of Defence, November 25, 1965, FCN1192/9, FO371/181063, pp. 38 – 39.

[②] Britannia Far East Co. Ltd to Ministry of Defence, February 14, 1966, FCN1192/9（B）, FO371/181063, pp. 42 – 43.

第四章　英国对台湾贸易管制政策的质变(1963—1965)　　191

常对中国大陆进行武装袭击。英国的长期利益以及目前的贸易顺差主要依赖于与中国大陆政府建立良好的关系，尤其是建立英中贸易关系。如果英国向台湾当局提供军事装备，中国政府一定会知晓。这会不利于英国与大陆的贸易，其额度远远超过与台湾的额度。当然，非军用商品并不会引起此类麻烦，英国政府也十分支持英国公司向台湾出口非军用商品。①

对于英国对台军事出口三项指导原则，最典型的讨论就是关于向台湾出口两种类型的雷达。

1966年5月5日，英国航空部写信询问英国外交部，现有一家英国公司（A. E. I. 有限公司）申请向台湾出口雷达，希望为台湾提供一台40系列雷达，或者提供数台短程海岸监测雷达（Coast Watching Radar）。第一种40系列雷达属于"限制"类别，用于满足最现代的空军防护体系。这一雷达使用12个独立的电波，具有30度仰角，提供从地面到10万英尺高度的覆盖范围，可同时获得每个目标的高度、范围、方位。使用压缩脉冲和圆形极化，释放出10厘米的40系列波长，下雨时也可以表现良好。为了区分静止物体和杂物的不同回音，雷达还装入了先进的移动目标指示系统（MTI）。第二种海岸监测雷达，是在商业基础上的海岸雷达，同时配备了高增益天线。这一雷达使用X频带，最大监测范围是40英里，主要是民用设备，用于监控港口、海上巡逻，同时可以用于侦测海面上低空飞行的飞机。英国公司表示，这笔贸易的额度较大，一台40系列雷达价值50万—75万英镑，一台海岸监测雷达价值5万英镑，但目前存在两个困难：（1）根据1965年11月25日英国外交部所提出的三项原则，这一雷达用于军事目的，属于第三类。可是该雷达本身属于完全防御的性质，但其军事意义在于可以有助于维持并提高台湾的安全。（2）美国政府曾拒绝美国雷神公司（Raytheon）向台湾出口类似雷达，英国政府可能需要事先咨询美国。②

1966年5月23日，英国外交部回复英国航空部表示，海岸监测雷达

---

① Foreign Office to Ministry of Defence, March 14, 1966, FCN1192/9, FO371/181063, p. 46.
② Ministry of Aviation to Foreign Office, May 5, 1966, FCN1192/3, FO371/187070, p. 6.

的覆盖范围只有 40 英里，无法达到大陆沿海，因此将完全发挥防御功能，不反对向台湾出口，但对 40 系列雷达能否出口抱有疑问。这一贸易当然有利于增加出口，但在此之前，需要事先更加充分地了解这一雷达系统的性能。如果这只是用于地面管制拦截，那就可以颁发出口许可证，准许出口；如果其覆盖范围足以监视到大陆，那就可以被用于国民党对大陆可能发动的空袭或者对大陆的反击进行预警，如此无疑会帮助国民党攻击大陆，则禁止出口。① 同一天，英国国防部向英国航空部表示，由于英国空军部表示同意，因此并不反对向台湾提供这一设备。② 同时，英国外交部向英国驻华盛顿大使馆发送电报，表示美国雷神公司曾主动提出向台湾销售类似的雷达系统，但美国政府拒绝颁发出口许可证，希望能了解其背景和原因。③ 6 月 6 日，英国驻华盛顿大使馆向英国外交部表示，经过咨询美国国务院东南亚事务办公室主任鲍勃·费里尔（Bob Fearey）之后得知，美国认为国民党不需要购买雷达系统，无须浪费没有意义的开支，可以将该笔款项用于购买更具价值的商品。英国驻华盛顿大使馆表示，美国可能不太乐于见到英国向台湾出口雷达设备，但英国不必太过看重美国的想法和感觉。同时需要确认，英国外交部远东局和英国驻北京代办处是否支持对台出售雷达这一"军事物资"，以及英方公司是否能确保收到款项。④

关于英国外交部希望详细了解 40 系列雷达的性能一事，英国国防部于 1966 年 6 月 8 日回复，40 系列雷达的有效监控范围是 250 英里。在台湾选址合适的话，可以监测到中国东南部的大片地区，包括一些重要的空军基地。尽管这一雷达的设计用意是用于空中防卫，包括提前预警并识别来袭飞机、引导飞机进行拦截，但同时也可以用于引导国民党飞机攻击中国大陆、侦测并预警有"干扰"作用的大陆飞机。此外，英国空

---

① Foreign Office to Ministry of Aviation, May 23, 1966, FCN1192/3, FO371/187070, p. 13.
② Ministry of Defence to Ministry of Aviation, May 23, 1966, FCN1192/3（B）, FO371/187070, p. 15.
③ Foreign Office to Washington, May 23, 1966, FCN1192/3, FO371/187070, p. 10.
④ Washington to Foreign Office, June 6, 1966, FCN1192/5, FO371/187070, p. 21.

第四章　英国对台湾贸易管制政策的质变(1963—1965) ❖ 193

军部担心这一雷达可能会落入"共产党"手中。①

值得注意的是，一直积极促进出口贸易的英国贸易委员会，在此次讨论中，则希望更为严格地控制对台军事出口。1966年5月24日，英国贸易委员会写信给英国外交部，表示对向台湾出口军用商品的三项原则的合理性表示怀疑，但仍会执行这一政策。近期，由于越南冲突的升级，以及数项对华"禁运"措施，让英中关系恶化。尽管还没有影响到对华出口，但如果英国向台湾当局出售军用设备，那么大陆政府完全有可能对英国进行贸易报复。因此，贸易委员会并不支持对台出口雷达，也不鼓励英国公司与台湾当局进行军用商品的贸易。② 贸易委员会一改此前的积极态度，其原因是在对大陆和对台贸易中进行了选择，担心对台出口军用商品，会影响到英国对大陆贸易，后者明显更为重要。对于贸易委员会的这一观点，英国航空部表示并不赞同。6月20日，英国航空部向英国外交部表示，贸易委员会担心中国对英国的贸易进行报复的观点太过悲观。在对华禁运物资的几个出口案例中，英国政府都做出了可以自圆其说的机敏决定，也未看到大陆从此灰心，不再尝试从英国或其他巴统成员国进口禁运物资。因此，航空部认为，在考虑向台湾出口40系列雷达的案例中，没有必要担心被中国大陆进行贸易制裁的风险。至于英国外交部的观点，英国航空部表示认同，政府各部门都不反对向台湾出口海岸监测雷达，但40系列雷达则需仔细衡量。③

在综合英国驻华盛顿大使馆和英国国防部的回复之后，英国外交部于1966年6月17日和7月1日向英国航空部表示，尽管英国对华出口的战略物资实行禁运，也并未引起任何中国报复与英国贸易的行为，但仍然有被报复的可能性。更重要的是，与英国拒绝向中国大陆出口战略物资相比，中国大陆更看重英国向台湾出售军用物资。因此，虽然不用担心美国的想法，但40系列雷达可以被直接用于攻击大陆，英国不能向台

---

① Ministry of Defence to Foreign Office, June 8, 1966, FCN1192/3（C）, FO371/187070, p. 16.
② Board of Trade to Foreign Office, May 24, 1966, FCN1192/3（A）, FO371/187070, p. 14.
③ Ministry of Aviation to Foreign Office, June 20, 1966, FCN1192/5（A）, FO371/187070, p. 25.

湾出口这一雷达。至于海岸监测雷达，其最大监控范围只有40英里，英国外交部允许其出口。① 7月6日，英国经济事务部（Department of Economic Affairs）写信给英国航空部，表示认同英国外交部和贸易委员会对于40系列雷达的观点，不同意颁发许可证。同时，并不反对向台湾出售海岸监测雷达。②

总之，1963年至1965年，英国对台湾的出口信贷政策依然经历了一番讨论。尽管从国际竞争等角度，英国在实际的出口案例中给予了7年信贷期限的特例，但在英国政府的部门通知中，仍然保持原本的信贷政策不变，即仍为5年。同时，英国改变了1952年规定禁止对台湾出口武器的政策，于1965年公布对台出口军用商品的三项原则，允许对台湾出口防御性的军用商品。这是英国政府综合考虑各方反应之后给出的选择。自朝鲜战争以来，美国每年都对台湾实行巨额的军事援助，出售大量的武器并派兵协防，欧洲其他各国也不禁止对台出口军用商品。面对武器贸易所带来的经济利益，英国政府一直表示心向往之，唯一需要面临的就是来自中国大陆政府的阻碍。因此，英国政府采取折中的方案，允许对台出口防御性的军用商品，缓和中国大陆政府的抗议，同时兼顾经济利益。可以说，1965年英国改变对台湾的出口管制政策，打破了保持十多年的对台武器禁运政策，充分体现了经济利益的巨大驱动力。

第三节 英台贸易的全面发展

1964年是台湾"第三个四年计划"的最后一年，也是上个十年中经济发展最好的一年。台湾工业增长率预计将达到20.3%。台湾的总出口额达到4.646亿美元，预计比1963年的最高纪录还要高出1.07亿美元。台湾进口的商品主要是机械和原材料，也有不同程度的增加，因此台湾的贸易顺差仍然很大。1964年，国际复兴开发银行向台湾批准了一批贷

---

① Foreign Office to Ministry of Aviation, June 17, 1966, FCN1192/5, FO371/187070, p.24; Foreign Office to Ministry of Aviation, July 1, 1966, FCN1192/5, FO371/187070, p.28.

② Department of Economic Affairs to Ministry of Aviation, July 6, 1966, FCN1192/3（D）, FO371/187070, p.18.

第四章 英国对台湾贸易管制政策的质变(1963—1965) ❖ 195

款,也同时积极考虑其他的项目。可靠的国际信誉以及外资的涌入,让台湾对于1965年6月30日美援终止的担忧有所减轻,而其他形式的美援仍将继续。① 1965年,台湾的经济继续迅速发展,出口增长了6%,达到4.88亿美元,工业和农业产量各自增加了14%和6%。由于大量进口生产资料和原材料,年底有小额的贸易逆差。台湾地区的外汇储备达到2亿美元,现在已经是一个可以独立发展的经济体。②

随着英国对台湾贸易政策的逐渐放宽,比如允许防御功能的军用商品出口到台湾,在实际操作中允许个别公司给出7年的信贷期限,英国与台湾地区的贸易也得到了全面的发展。英国从台湾进口的份额从1.63%(1962)增长到2.2%(1963)。英国向台湾出口的主要商品是机械和工具,主要是高瓦数的电力设备、内燃机、纺织机器、筑路和煤矿开采设备、办公设备、轮船车辆及零部件、钢铁制造设备、无线电装置、各种化工和药品、有机合成染料、合成树脂和塑料制品、科学仪器、鞣制染料、羊毛、钢铁铂合金等。表4—1为1962—1965年英台的进出口贸易情况,与1962年相比,1965年英国向台湾的出口额度增长了一倍,其增长速度十分迅猛。③

表4—1　　1962—1965年英国与台湾的贸易（以英镑为单位）

年份	从台湾的进口	向台湾的出口
1962	981473	655186
1963	975709	909755
1964	1956337	1049281
1965	1329000	1730000

其中,英国在1965年向台湾出口的主要商品是机械和交通设备,价值为97万英镑,其次是化工产品。除了机械设备的进出口贸易得到迅速

---

① Annual Review for Formosa for 1964, January 14, 1965, FCN1011/1, FO371/181050, pp. 4 - 7.
② Formosa: Annual Review for 1965, March 22, 1966, FCN1011/1, FO371/187058, pp. 11 - 17.
③ Memo by Foreign Office, March 25, 1966, FCN1011/1, FO371/187058, p. 4.

发展之外，鉴于英国对台湾的信贷政策和管制政策均已放松，英国甚至还与台湾讨论建立核电站的问题。

1966年4月6日，英国驻淡水领事馆向英国外交部远东局报告，台湾电力公司经理陈兰皋（L. K. Chen）表示正在考虑建造一个核能发电站。国际原子能机构的4位专家（其中一位是英国人）已经完成了对核电站选址地的调查，同时正在向世界银行申请贷款，后者会根据国际原子能机构专家的总结报告来评估其可行性。由于英国原子能产业可能会参与竞争这一核电站的最终设计和建造，因此需要事先咨询英国外交部，如果英国公司涉及这一项目，是否具有政治阻碍。[①]

英国外交部于1966年5月5日回复英国驻淡水领事馆，如果台湾的政治环境保持不变，则不反对英国公司参与竞争修建核电站，同时要保证核材料不被用于军事目的。[②] 8月5日，英国驻淡水领事馆向英国贸易委员会表示，此前曾向英国外交部汇报过参与台湾电力公司建造核电站的问题。经过世界银行专家组（包括英国专家欣顿勋爵，Lord Hinton）的评估，认为核电站的产能较低，经济上并不合适，建议台湾建立传统能源的发电站。但台湾当局则更倾向于核电站，认为这会为和平使用原子能的科学研究提供便利条件，也有利于台湾长期的科学发展。因此，台湾当局可能自行寻求贷款，建造一个"不经济"的400/450兆瓦的核电站，而不是300兆瓦的燃油发电站。欣顿勋爵鼓励台湾公司先向英国派出工程师和财务人员，学习英国的相关经验，再来决定是否继续推行这一项目。[③] 英国驻淡水领事馆于12月6日又向英国贸易委员会表示，在好友欣顿勋爵的鼓励下，英国肯尼迪＆唐金工程咨询公司（Kennedy & Donkin）的资深合伙人肯尼迪（G. Kennedy）到访台北，英国驻淡水领事馆帮忙引荐台湾电力公司的官员，肯尼迪还向台湾电力公司提交了一份建造核电站的初步建议。因此，台湾电力公司原本决定自己调查研究建造核电站的可行性，现在考虑聘请海外专家，已有一家英国公司主动参

---

① Tamsui to Far Eastern Department, April 6, 1966, FCN1241/1, FO371/187072, p. 8.
② Foreign Office to Tamsui, May 5, 1966, FCN1241/1, FO371/187072, p. 10.
③ Tamsui to Board of Trade, August 5, 1966, FCN1241/1 (A), FO371/187072, pp. 6-7.

第四章　英国对台湾贸易管制政策的质变(1963—1965)　◈　197

与其中。① 尽管最后这一项目并未谈成，台湾第一核能发电站于1972年开建，反应堆和涡轮机的供应商都是美国公司，但至少可以看出，英国公司十分积极主动地参与台湾市场竞争，而且英国外交部也并不反对与台湾电力公司合作建造核电站。

此后，英国与台湾的贸易得到了更加广泛的关注。在1966年12月1日的议会辩论中，议员蒂林公开向英国贸易委员会主席罗伊·梅森（Roy Mason）提问："为何今年上半年英国对台的出口增长放缓？英国计划向远东派出贸易代表团，为何不包括台湾？"对此，梅森回答，"1965年1月至10月英国对台出口额度为154.8万英镑，1966年同期的数额为172.8万英镑，可见对台出口仍然继续增长。官方的贸易代表团无法访问台湾，这是因为英国政府并不承认台湾当局。至于非官方的代表团，由其主办单位来安排行程。"② 这涉及全英出口理事会（British National Export Council）内的亚洲出口委员会，该机构只负责促进对亚洲出口（除了中国大陆）。1966年6月10日，亚洲出口委员会决定于10月到11月间向菲律宾、台湾地区、韩国派出考察团，同时咨询英国外交部远东局，台湾能否成为代表团的目的地之一。③ 英国外交部反对贸易代表团访问台湾，在后来向英国贸易委员会的总结中陈述了反对的理由：（1）中国大陆政府会把英国全国出口理事会代表团看作是"官方"性质，如果英国代表团访问台湾会让中国大陆政府心生不满，甚至影响对华贸易。相较于英国与台湾的贸易（双边贸易约300万—400万英镑），中国大陆市场明显更加重要（双边贸易今年都达到了6000万英镑）；（2）如果英国贸易代表团访问台湾，台湾当局会让英国同意其向英国派出类似的代表团，而英国政府明确表态不接受台湾"官方"代表团，况且此事会被英台媒体大肆报道，给英国政府带来政治困境；（3）严格来说，英国在淡水的领事馆与台湾当局没有关系，因此只能有限地帮助英国的访问代表团。因此，英国外交部建议派出私人考察团访台，不要声称代表全英出口理

---

① Tamsui to Board of Trade, December 6, 1966, FCN1241/1（B）, FO371/187072, p. 12.

② Exports to Formosa, Extract from Parliamentary Debates, December 1, 1966, FCN1151/2, FO371/187069, p. 9.

③ BNEC to Far Eastern Department, June 10, 1966, FCN1151/2, FO371/187069, pp. 4 – 5.

事会的任何组织。①

碍于英台没有外事关系的约束,英国无法向台湾派遣官方贸易代表团,但仍然希望与台湾进行贸易。在英国外交部1966年12月19日的备忘录中表示,台湾是一个正在发展的市场,英国对台湾的出口额度较低,本年度约为200万英镑。发展英台贸易委员会的困难在于,大部分英国商人对台湾市场并不熟悉。英国政府应该尽可能并且妥当地鼓励英国商人访问台湾。尽管与台湾的贸易存在着政治风险,但英国愿意接受这种冒险。英国外交部甚至建议英国全国出口理事会对访台的私人考察团进行秘密资助,而且明知道违背"关税与贸易总协定"中反对政府对任何个体商人的私访进行资金支持的原则。② 最后,亚洲出口委员会决定,不向台湾派遣全英出口理事会考察团,至于代表团成员私下是否会单独去台北访问,则不受限制。③ 由此可见,英国外交部认为访台的代表团不可以是官方派出,但台湾市场的吸引力又不容忽视,因此宁愿违背国际惯例,也希望能够派出私人团体,以便更好地了解台湾市场。

小　结

台湾的经济发展取得了显著的成就,根据美国驻台北大使馆发布的《台湾经济:1956—1965年的基本数据》可以看出,1957年台湾的出口收入比1956年增加了20%。这一额度在1957—1960年保持稳定。到了1961年,出口额度再次增加20%,1962年增加了11%,1963年增加了52%,1964年增加了31%,1965年增加了4%,1965年总出口额度为4.51亿美元(1965年增长幅度较小,主要是因为出口蔗糖的价格出现大幅度下降)。1956年至1965年,台湾非农业产品的出口额度从2000万美

---

① Far Eastern Department to Board of Trade, January 3, 1967, FCN1151/2, FO371/187069, pp. 26 - 27.

② Memo by Foreign Office, December 19, 1966, FCN1151/2, FO371/187069, p. 10.

③ BNEC to Far Eastern Department, July 7, 1966, FCN1151/2 (B), FO371/187069, p. 22.

第四章 英国对台湾贸易管制政策的质变(1963—1965) ❖ 199

元增长到1.94亿美元,出口额增长了9倍。同一时期,台湾农业产品的出口额度从1.04亿美元上升到2.57亿美元,增长了145%。1965年,台湾的总进口(C.I.F.,到岸价格)额度是5.74亿美元,其中资本商品占39%,原材料占41%,消费品约占20%。其中52%的消费品进口项目为食品。1965年台湾的出口(F.O.B.,离岸价格)总额为4.51亿美元。①

  这样令人印象深刻的经济发展,让有着重商主义传统的英国十分希望参与其中。因此,从1963年到1965年,英国政府将对台贸易信贷政策和管制政策都进行了不同程度的调整。对于信贷政策,英国政府在面对国际竞争时,大部分政府部门都同意在具体操作中,给予个别公司7年的信贷期限,但英国外交部在权衡中国大陆和台湾的利益之后,仍然决定保持现有的5年信贷期限不变。对于管制政策,英国政府则一改此前禁止对台出口军用商品的政策,于1965年决定允许对台出口防御性的军事用品,以及用于民用但具有军事性质的商品。这一政策让英国对台禁运的最后一个堡垒——军事用品得以部分放开,是英国调整对台贸易管制政策的根本性改变。

  但是,在冷战的国际背景下,英国与台湾的经济贸易仍然摆脱不了双方政治关系的束缚。英国对台湾的政治前景并不乐观。英国外交部很早就察觉到,台湾是中国的核心利益,中国不可能放弃台湾,无论采用什么方式最终总要解决这一问题,因此在台湾未来尘埃落定之前,英国想要发展与台湾贸易之时总是有所顾虑。此外,英国在对中国大陆和台湾的定位中,明显将与大陆的利益放在首位,这是在评估双方的政局和经济形势之后所做出的判断,这种判断与1950年以来英国对于中国大陆和台湾的权衡是一脉相承的。有趣的是,随着台湾的经济形势愈发好转,这一传统观点正不断地面临冲击和挑战。既想发展对台贸易,又因政治因素而顾虑重重。这种矛盾的心态,一直贯穿着英国对台湾的贸易政策。这一矛盾也同样体现在1962年至1965年,比如英国虽然不能向台湾派遣官方贸易代表团,但明知道违反国际规则,政府也同意暗中支持私人访

---

① The Taiwan Economy, 1956 – 1965 Basic Data, October 1966, RG0306, US Information Agency, Entry #P46, National Archives, College Park, MD.

台，获得台湾的贸易信息。这体现了英国作为一个精通外交的国家，如何尽最大可能地既避免得罪中国大陆，又能与台湾开展贸易，其中的分寸掌握可谓恰到好处。

结　　语

从1949年至1965年的英国对台湾贸易政策来看，1957年是个分水岭。1949年至1957年，英国对台湾的贸易政策体现为贸易管制；1957至1965年间，英国对台湾的贸易政策则是贸易管制和贸易信贷兼而有之。

在1949年至1957年，英国对台湾的贸易政策起源于英国对整个中国的贸易管制政策。1949年新中国成立之后，英国在"中立原则"的指导下，对中国大陆和台湾采取同等程度的贸易管制。随着朝鲜战争的爆发以及中国的参战，英国决定强化对华贸易管制的程度，但如果对属于同一阵营的台湾也采取与中国大陆一视同仁的政策，将会使英国政府陷入尴尬。基于此，英国于1951年开始讨论台湾的特殊性，在贸易政策上将中国大陆和台湾区别对待，对中国大陆的管制程度逐步加强，对台湾则逐步放宽，除了军用物资外，其余商品均允许向台湾出口。

在1957年至1965年，英国于1957年废除"中国差别"并放宽对中国大陆的贸易管制程度，在其一贯坚持的"中立原则"指导下，首次对台湾实行贸易信贷政策，为英台贸易提供了政策上的便利条件。此后，英国商人与台湾的贸易额度不断增加，在逐渐增多的贸易机会面前，英国也随之考虑放宽对台湾的贸易信贷政策。由于1958年的第二次台海危机，英国政府只是在暗中将年度支付额度提升至75万英镑，4年的信贷期限依旧保持不变。随着第二次台海危机的缓和，英国政府再次对这一政策进行讨论，并决定全面放宽对台湾的贸易信贷条件，将年度支付额度提升至100万英镑，信贷期限也延长至5年。除了两次放宽对台湾的贸易信贷政策外，英国对台湾的贸易管制政策也有了质的变化。此前英国政府一直禁止对台湾出口军用商品，但自1965年开始，英国政府将军用商品分为防御型和攻击型两类,对防御型军用商品允许对台出口。

1949年至1965年,台湾地区先后受到朝鲜战争和两次台海危机的影响,在复杂的国际局势下,通过英国内阁、外交部等政府部门、驻海外代表机构以及贸易公司之间的频繁沟通,英国政府对台湾的贸易政策经历了诸多变化。而英国之所以不断调整贸易政策,大致可以从下述两个方面寻求解释。

从冷战结构和同盟关系的角度来看,同属西方阵营的英美两国,在"二战"之后始终保持着特殊伙伴关系。随着冷战格局的逐渐形成,美国决定通过经济手段遏制东方阵营。英国作为西方阵营的第二号强国,也对整个中国(包括台湾)采取了贸易管制政策。但是,朝鲜战争的爆发又在一定程度上改变了冷战的结构。本已是弃子的台湾当局,在这次区域性的热战中,其战略地位陡然增加。美国将台湾纳入西方阵营,并提供军事和经济上的支持。台湾所处阵营的变化,是导致英国改变贸易政策的根本原因。

从经济利益和实际贸易的角度来看,英国对台湾的贸易政策很大程度上取决于中国大陆。英国在中国大陆有着长期经营的贸易基础,中国大陆市场对英国的经济运行有着不可忽视的分量。自1949年中国共产党执政后,英国从自身利益考虑,超越了冷战格局的约束,率先与中华人民共和国建交。英国的这一选择体现了中国对英国的影响力,而这种影响力也体现在放宽对台贸易政策的过程中,因此,需不断考虑中国大陆的反应成为英国改变对台贸易政策的主要顾虑之一。

总之,在1949年至1965年的英国对台湾贸易政策中,政治因素和经济政策是息息相关、不可分割的。在全球冷战的背景下,英国对台湾的贸易已经不仅仅是经济问题,更是一个国际政治问题。事实上,从美国决定采用经济手段来制裁东方阵营之日起,政治和经济之间就有着千丝万缕的关系。而在英国与台湾的贸易关系中,最具代表性的案例就是1958年蒂林访台时曾向台湾当局表示,发展英台贸易,除了获得经济上的利益外,还能提高台湾当局的国际声望,更能够打击英中贸易。此时,发展贸易已经被赋予了政治含义,成为打击和威慑敌方阵营的一种方式。那么在经济冷战中,政治利益和经济利益的关系到底如何?哪一方处于决定性地位？哪一方属于从属地位？笔者认为，根据不同的国际局势，政治利益和经济利益的主从地位处于动态变化之中，呈现出此消彼长的特征。具体来说，在区域危机或紧张局势下，毋庸置疑政治利益决定经济利益。如朝鲜战争中，英中两国互为交战方，无论英国多想保全其在中国的经济利益，也需要壮士断腕，不断强化贸易管制政策约束中国。再如第二次台海危机中，英国本已同意放宽对台湾的贸易信贷政策，但为免增加局势的动荡，决定等到局势缓和后再择机宣布调整政策。以上两个例子均体现了在危机模式下，英国政府各部门将政治利益置于首位，而英国公司的经济利益只能暂时被忽略。此时，政治因素起着决定性的作用，对经济利益存在着自上而下的压顶之势。但到了局势缓和与放松时期，原本处于剑拔弩张状态的双方均有着互通有无的贸易需求，以实现彼此的经济互补。无论是英国放宽对台湾的贸易管制政策，还是贸易信贷政策，都是由英国公司率先提交出口申请，由驻海外各代表机构和政府各部门进行商议，再制定有利于进出口的贸易政策。在这十多年的时间内，这种自下而上表达发展贸易的诉求，是英国调整对台湾贸易政策的经济动力。

因此，在冷战的背景下，根据不断变化的国际环境和地区局势，政治利益和经济利益的重要性处于此消彼长的状态中。从短时段来看，在危机模式下经济利益只能给政治利益让路，政治利益有着绝对的优势和重要性；但从长时段来看，阻碍贸易发展的政治因素只是暂时的，经济利益更显得持续和长久。在历经朝战和两次台海危机后，1949—1965年英国对台湾的贸易政策仍能得到不断的放宽，正体现了经济利益的持久性。这正好印证了那句经典："世界上没有永远的敌人，也没有永远的朋友，只有永远的利益。"

参考文献

一 档案

Foreign Office（hereafter FO），英国外交部档案，中国国家图书馆藏。

FO371：China, 1949 – 1966.

British Archival Material：Public Record Office（简写为 PRO）Cabinet（hereafter CAB），英国内阁文件，中国国家图书馆藏，网上也可下载利用：http：//www. nationalarchives. gov. uk/cabinetpapers/cabinet-gov/CAB128，Post-war Conclusions, 1949 – 1966.

CAB129, Post-war Memoranda, 1949 – 1966.

Foreign Relations of The United States（hereafter FRUS），美国对外关系文件集，美国威斯康星大学图书馆，网上提供下载：http：//digicoll. library. wisc. edu/cgi-bin/FRUS/FRUS-idx? scope = FRUS. FRUS1&type = browse FRUS, 1948, Volume（Vol.）Ⅳ, Eastern Europe：The Soviet Union.

FRUS, 1949, Vol. Ⅳ, West Europe.

FRUS, 1949, Vol. Ⅴ, Eastern Europe; the Soviet Union.

FRUS, 1949, Vol. Ⅸ, the Far East：China.

FRUS, 1950, Vol. Ⅲ, West Europe.

FRUS, 1950, Vol. Ⅳ, Central and Eastern Europe; the Soviet Union.

FRUS, 1950, Vol. Ⅴ, the Near East, South Asia, and Africa.

FRUS, 1950, Vol. Ⅵ, East Asia and the Pacific.

FRUS, 1951, Vol. Ⅰ, National Security Affairs-Foreign Economic Policy.

FRUS, 1951, Vol. Ⅶ, Korea and China（in two parts）, Part 2.

FRUS, 1952 – 54, Vol. ⅩⅣ, China and Japan（in two parts）, Part 1.

FRUS, 1955 – 1957, Vol. Ⅲ, China.

FRUS, 1955 – 1957, Vol. Ⅹ, Foreign Aid and Economic Defense Policy.

FRUS, 1958 – 1960, Vol. Ⅳ, Foreign Economic Policy.

FRUS, 1961 – 1963, Vol. Ⅸ, Foreign Economic Policy.

FRUS, 1964 – 1968, Vol. Ⅸ, International Development and Econmoic Defense Policy; Commodities.

Documents of the National Security Council (hereafter NSC) [Microform], Washington D. C.: University Publications of America, 1980. 美国国家安全委员会解密文件,华东师范大学冷战史研究中心资料室藏。

Declassified Documents Reference System (hereafter DDRS) Farmington Hills, Mich.: Gale Group, 2010, Gale 公司解密档案参考系统,华东师范大学图书馆藏。

National Archives (College Park, MD), RG0306, US Information Agency, Entry #P46, Master File Copies of Field Publications; 1951 – 1979, Container # 313.

中华人民共和国外交部档案馆 (1949—1965),外交部档案馆。

《人民日报》,《人民日报》数据库 (1946—2012)。

台北"国史馆"的相关档案,台北:"国史馆"。

"中央研究院"近代史研究所的相关档案,台北:"中央研究院"。

二 英文著作

Adler-Karlsson, Gunnar, *Western Economic Warfare*, 1947 – 1967: *A Case Study in Foreign Economic Policy*, Stockholm: Almqvist & Wiksell, 1968.

Boardman, Robert, *Britain and the People's Republic of China*, 1949 – 1974, California: University of California Press, 1976.

Cain, Frank, *Economic Statecraft during the Cold War: European Responses to the US Trade Embargo*, New York: Routledge, 2007.

Geiger, Till, *Britain and the Economic Problem of the Cold War*, AshgatePublishing Ltd, 2004.

Hanson, Philip, *Western Economic Statecraft in East-West Relations: Embar-*

goes, *Sanctions*, *Linkage*, *Economic Warfare*, *and Détente*, New York: Routledge & Kegan Paul Ltd, 1988.

Jackson, Ian, *the Economic Cold War: America, Britain and East-West Trade*, 1948 – 1963, New York: Palgrave, 2001.

Leffler, Melvyn P. and Westad, Odd Arne, *the Cambridge History of the Cold War*, London: Cambridge University Press, 2010.

Mastanduno, Michael, *Economic Containment: COCOM and the Politics of East-West trade*, New York: Cornel University Press, 1992.

Shai, Aron, *Britain and China*, 1941 – 1947: *Imperial Momentum*, London: St. Antony's College, 1984.

Schulzinger, Robert D., *U. S. Diplomacy Since* 1900, *Fifth Edition*, Oxford University Press, 2002.

Schulzinger, Robert D., *A Companion to American Foreign Relations*, Blackwell Publishing, 2003.

Shao, Wenguang, *China, Britain, and Businessmen: Political and Commercial Relations*, 1949 – 1957, London: Macmillan Academic and Professional LTD, 1991.

Westad, Odd Arne, *the Global Cold War: Third World Internationals and the Making of Our Times*, New York: Cambridge University, 2007.

Zhai, Qiang, *the Dragon, the Lion, and the Eagle Chinese-British-American Relations*, 1949 – 1958, Kent, OH: The Kent State University Press, 1994.

Zhang, Shuguang, *Economic Cold War: America's Embargo against China and the Sino-Soviet Alliance*, 1949 – 1963, California: Stanford University Press, 2001.

三 英文论文

Ashton, S. R., Keeping a Foot in the Door: Britain's China Policy, 1945 – 1950, *Diplomacy and Statecraft* 15, 2004.

Cumings, Bruse, The Political Economy of Chinese Foreign Policy, *Modern China*, Vol. 5, No. 4 (Oct., 1979).

Clayton, David, British Foreign Economic Policy towards China 1949 – 1960, Doctoral Dissertation, Department of History, University of York, 2011.

Cain, Frank, Computers and the Cold War: United States Restrictions on the Export of Computers to the Soviet Union and Communist China, *Journal of Contemporary History*, Vol. 40, No. 1 (Jan., 2005).

Cain, Frank, Exporting the Cold War: British Responses to the USA's Establishment of COCOM, 1947 – 1951, *Journal of Contemporary History*, Vol. 29, No. 3 (Jul., 1994).

Clark, Joseph S., An American Policy Toward Communist China, Annals of the American Academy of Political and Social Science, Vol. 330, *Whither American Foreign Policy* (Jul., 1960).

Chai, Winberg, Relations between the Chinese Mainland and Taiwan: Overview and Chronology, *Asian Affairs*, Vol. 26, No. 2 (Summer, 1999).

Eisel, Reinhard, Britain's China Policy from 1949 to 2005: From an Idealistic Approach to Return to a Focus on the Economic Factor, *EU-China European Studies CentresProgramme*, May 2007.

Foot, Rosemary, The Eisenhower Administration's Fear of Empowering the Chinese, *Political Science Quarterly*, Vol. 111, No. 3 (Autumn, 1996).

Howe, Christopher, Taiwan in the 20th Century: Model or Victim? Development Problems in a Small Asian Economy, *the China Quarterly*, No. 165 (Mar., 2001).

Ken, C. Y. Lin, Industrial Development and Changes in the Structure of Foreign Trade – The Experience of the Republic of China in Taiwan, 1946 – 1966, *Staff Papers – International Monetary Fund*, Vol. 15, No. 2 (Jul. 1968).

Kaneko, Minoru, Trade Policy and International Economy (From the Viewpoint of Economic Development), *National Graduate Institute for Policy Studies*, April, 2006.

Kennedy, Paul M., Strategy versus Finance in Twentieth-Century Great Britain, *the International History Review*, Vol. 3, No. 1 (Jan., 1981).

Kastner, Scott L., When do Conflicting Political Relations Affect International Trade, *The Journal of Conflict Resolution*, Vol. 51, No. 4 (Aug., 2007).

Kaufman, Victor S., The United States, Britain and the CAT Controversy, *Journal of Contemporary History*, Vol. 40, No. 1 (Jan., 2005).

Kaufman, Victor S., "Chirep": The Anglo-American Dispute over Chinese Representation in the United Nations, 1950–1971, *the English Historical Review*, Vol. 115, No. 461 (Apr., 2000).

Lowe, Peter, Change and Stability in Eastern Asia: Nationalism, Communism, and British Policy, 1948–1955, *Diplomacy and Statecraft* 15, 2004.

Lau Siu-Kai, The Hong Kong Policy of the People's Republic of China, 1949–1997, *Journal of Contemporary*, (Sep., 2000).

Lu, Soo Chun, "Trade with the Devil": Rubber, Cold War Embargo, and US-Indonesian Relations, 1951–1956, *Diplomacy and Statecraft*, Vol. 19, 2008.

Mark, Chi-Kwan, A Reward for Good Behavior in the Cold War: Bargaining over the Defense of Hong Kong, 1949–1957, *the International History Review*, Vol. 22, No. 4 (Dec., 2000).

Mark, Chi-Kwan, Defence or Decolonisation? Britain, the United States, and the Hong Kong Question in 1957, *the Journal of Imperial and Commonwealth History*, Vol. 33, No. 1, January 2005.

Martel, Dordon, the Meaning of Power: Rethinking the Decline and Fall of Great Britain, *the International History Review*, Vol. 13, No. 4 (Nov., 1991).

Mitchell, Kate, Revitalizing British Interests in China, *Far Eastern Survey*, Vol. 6, No. 13 (Jun. 23, 1937).

Pearson, Frederick S., The Question of Control in British Defence Sales Policy, *International Affairs*, Vol. 59, No. 2 (Spring, 1983).

Shai, Aron, Imperialism Imprisoned: The Closure of British Firms in the People's Republic of China, *The English Historical Review*, Vol. 104, No. 410 (Jan., 1989).

Schenk, Catherine R., Closing the Hong Kong Gap: The Hong Kong Free Dollar Market in the 1950s, *the Economic History Review*, New Series, Vol. 47, No. 2 (May, 1994).

Stuart, Douglas T. and Tow, William T., Chinese Military Modernization: the Western Arms Connection, *the China Quarterly* (Cambridge University Press on Behalf of the School of Oriental and African Studies), No. 90 (Jun., 1982).

Stueck, William, the Limits of Influence: British Policy and American Expansion of the War in Korea, *Pacific Historical Review*, Vol. 55, No. 1 (Feb., 1986).

Tucker, Nancy Bernkopf, American Policy toward Sino-Japanese Trade in the Postwar Years: Politics and Prosperity, *Diplomatic History*, Summer 1984.

Xiang, Lanxin, The Recognition Controversy: Anglo-American Relations in China, 1949, *Journal of Contemporary History*, Vol. 27, No. 2 (Apr., 1992).

Xia, Liping, The Korean Factor in China's Policy toward East Asia and the United States, *American Foreign Policy Interests*, Vol. 27, 2005.

Zhai, Qiang, China and the Geneva Conference of 1954, *the China Quarterly*, No. 129 (Mar., 1992).

Zhou, Zhongfei, the British Decision to Recognize the People's Republic of China and its Aftermath, *American Asian Review*, Vol. XXI, No. 1, Spring 2003.

四 中文译著及著作

[美] 爱德温·W. 马丁:《抉择与分歧:英美对共产党在中国胜利的反映》,姜中才等译,中共党史资料出版社1990年版。

陈乐民、王振华、胡国成:《战后英国外交史》,世界知识出版社1994年版。

崔丕:《冷战时期美国对外政策史探微》,中华书局2002年版。

崔丕:《美国的冷战战略与巴黎统筹委员会、中国统筹委员会(1945—

1994）》，中华书局 2005 年版。

戴超武：《敌对与危机的年代——1954—1958 年的中美关系》，中国社会科学文献出版社 2003 年版。

顾维钧：《顾维钧回忆录》，中国社会科学院近代史研究所译，中华书局 1983—1994 年版。

［美］哈里·哈丁主编：《中美关系史上沉重的一页》，北京大学出版社 1989 年版。

黄志平：《美国和巴统是怎样进行出口管制的》，中国对外经济贸易出版社 1992 年版。

［苏］加里宁：《现阶段的英美矛盾》，吕世伦译，世界知识出版社 1960 年版。

李世安：《太平洋战争时期的中英关系》，中国社会科学出版社 1994 年版。

［美］罗斯·凯恩：《美国政治中的"院外援华集团"》，张晓贝译，商务印书馆 1984 年版。

萨本仁、潘兴明：《20 世纪的中英关系》，上海人民出版社 1996 年版。

石俊杰：《分歧与协调：英国对华政策比较研究，1949—1969》，浙江大学出版社 2011 年版。

沈志华：《毛泽东、斯大林与朝鲜战争》，广东人民出版社 2007 年版。

王为民：《百年中英关系》，世界知识出版社 2006 年版。

汪浩：《冷战中两面派：英国的台湾政策 1946—1958》，林添贵协译，台湾有鹿文化事业有限公司 2014 年版。

徐友珍：《分歧与协议：美英关系中的承认新中国问题（1949—1951 年）》，武汉大学出版社 2007 年版。

杨冬燕：《苏伊士运河危机与英美关系》，南京大学出版社 2003 年版。

中共中央文献研究室编：《周恩来年谱》（1898—1976），中央文献出版社 2007 年版。

张曙光：《经济制裁研究》，上海人民出版社 2010 年版。

郑伊雍：《冷战一页：建国初期西方对我封锁禁运揭秘》，中国青年出版社 2000 年版。

资中筠：《美国对华政策的起源与发展》（修订本），上海人民出版社

2001 年版。

五 中文论文

崔丕：《艾森豪威尔政府的东西方贸易管制政策》，《东北师范大学学报》（哲学社会科学版）1999 年第 2 期。

崔丕：《美国对日经济复兴政策与中国》，《美国研究》1993 年第 4 期。

陈谦平：《上海解放前后英国对中共的政策》，《南京大学学报》（哲学·人文科学·社会科学）2000 年第 2 期。

邓峰：《艰难的博弈：美国、中国与朝鲜战争的结束》，《世界历史》2010 年第 4 期。

顾云深：《沃勒斯坦与"世界体系理论"》，《复旦学报》（社会科学版）1989 年第 6 期。

郭又新：《盟友间的争执——冷战初期美英在对华管制上的分歧》，《东南亚研究》2003 年第 2 期。

郭又新：《艾森豪威尔政府的对华禁运政策》，《东南亚研究》2003 年第 4 期。

贾庆国：《五十年代中期美国内部在对华贸易政策问题上的讨论》，《美国研究》1990 年第 1 期。

江武芽：《试析美国对新中国经济禁运政策的确立及其影响》，《佳木斯大学社会科学学报》2005 年第 1 期。

林利民：《试析朝鲜战争期间美国对华全面经济战》，《世界历史》1998 年第 5 期。

李世安：《战后英国在中国台湾问题上的两面政策》，《世界历史》1994 年第 6 期。

李世安：《评朝鲜战争初期英国艾德礼政府的对台湾政策》，《中国人民大学学报》1995 年第 2 期。

刘蜀永：《英国对香港的政策与中国的态度（1948—1952）》，《中国社会科学》1995 年第 2 期；

梁志：《经济增长阶段与美国对外开发援助政策》，《美国研究》2009 年第 1 期。

刘早荣：《20世纪50年代初期日本与美国在对华贸易禁运上的分歧》，《理论月刊》2008年第4期。

孟庆龙：《论英国在冷战中对亚洲的政策》，《世界历史》1988年第1期。

宋德星：《试论美国对华全面贸易禁运政策对五十年代中日四次民间贸易协定的冲击》，《日本问题研究》1998年第1期。

石俊杰：《论新中国成立初年美英对华贸易管制的政策分歧与协调》，《重庆大学学报》（社会科学版）2010年第2期。

陶文钊：《禁运与反禁运：五十年代中美关系中的一场严重斗争》，《中国社会科学》1997年第3期。

王永华：《1950—1954年美英对香港禁运的历史考察》，《延安大学学报》（社科版）2006年第2期。

肖立辉：《朝鲜战争期间美国对华经济制裁》，本书编委会《现代化进程中的政治与行政》下册，北京大学出版社1998年版。

于群：《美国国家安全委员会152号文件的形成》，《历史研究》1996年第1期。

于群：《论美国对华经济遏制战略的制订与实施》，《东北师范大学学报》（哲学社会科学版）1996年第2期。

于群、程舒伟：《美国的香港政策（1942—1960）》，《历史研究》1997年第3期。

叶张瑜：《中共第一代中央领导集体解决香港问题战略决策的历史考察》，《当代中国史研究》2007年第3期。

余伟民：《世界历史视野中的"冷战终结"》，《文化复兴：人文学科的前沿思考——上海市社会科学界第十届学术年会论文集》，上海人民出版社2012年版。

郑启荣、孙洁琬：《试论1949—1954年英国对华政策的演变及其动因》，《世界历史》1995年第6期。

翟强：《新中国成立初期英国对华政策（1949—1954）》，《世界历史》1990年第6期。

赵学功：《朝鲜战争初期的英美关系（1950.6—1951.6）》，《美国研究》1994年第1期。

张淑华:《试论建国前夕英国的对华政策》,《泰山学院学报》2003年第1期。

赵学功:《朝鲜战争与英美关系》,《史学集刊》2004年第2期。

六 硕士论文

李继高:《英国废除"中国差别"政策的原因、过程及其影响》,硕士学位论文,华东师范大学,2012年。

苏芳:《冷战初期美国对华经济遏制政策的确立》,硕士学位论文,南开大学,2007年。

宿春娣:《从有限贸易禁运到全面贸易禁运——美国对华贸易禁运政策初探(1949—1952)》,硕士学位论文,北京师范大学,2008年。

田建刚:《20世纪50年代英国对台湾政策研究》,硕士学位论文,湖南师范大学,2012年。

原喜云:《建国初期美英对华贸易政策探析(1949—1954)》,硕士学位论文,山西大学,2006年。

附录一

"朝鲜清单"[1]

进行紧急管制的商品名单

（不包括国际清单 I 和国际清单 II 上的商品）

商品编号　　　描述

建筑及输送机械

1. 混凝土搅拌车

2. 筑路机械——
   （1）道路压土机
   （2）混凝土混合机
   （3）沥青分布机
   （4）破碎筛分装置

3. 挖掘机，包括电铲

4. 自行式平土机

5. 自载铲运机（自动式，不包括手动式）

---

[1] C. P. (50) 201, Restriction of Exports to Eastern Europe and China, Memorandum by the Minister of Defence, August 31, 1950, CAB129/42, p. 12.

6. （1）推土机、侧铲推土机和斜推式推土机

   （2）履带式拖拉机（40 及以上马力）

7. 起重机

精密仪器

8. 无线电发射管

9. 无线电发射装置

10. 无线电接收阀

11. 无线电接收装置（通讯类型）

12. 所有的电子阀

运输设备

13. 无缝铜镍合金冷凝管

14. 300 马力及以上发动机的给水加热器

15. 船舶蒸汽机的阀门和轴承

16. 火车头

17. 铁路货运车

18. 铁路制动装置

19. 铁路自动信号灯

20. 除小游船之外的船舶螺旋桨和桨叶（青铜和黄铜）

21. 载重能力超过 5 吨的所有机动车辆

22. 5 吨以上的拖车

23. 排水量超过 1500 吨的船只

24. 汽车零部件和汽油发动机（除了电池、蓄电池箱、滚珠和滚柱轴承及部件、轮胎、内胎、石棉制动衬带、离合器衬片或风扇传送皮带）

化学制品

25. 所有等级的硝化纤维

26. 丙三醇

27. 甲醇

28. 硝酸

钢厂产品

29. 所有型号的钢轨

30. 无缝或焊接的碳钼合金钢锅炉管

31. 铁丝网

32. 钢绞线、电缆、钢丝绳

33. 铁道机车和货车车轮、轮胎和轮轴

有色金属及产品

34. 铜线、铜缆、铜管

35. 黄铜、青铜铜管

36. 镁制品：合金、粉末和废料

发电与配电装置

37. 独立的照明装备

38. 所有的轮胎外壳

39. 所有的内胎

其他

40. 低于65马力的柴油发动机

41. 石油冶炼催化剂

42. 滚珠、滚珠轴承及配件

43. 制图及地图复制专用仪器

44. 混凝土高速块浇制机

45. 光学测量仪器

附录二

《访台主要部门的政策通知》[*]

英国政府承认中华人民共和国，不承认在台湾的国民党当局为中国的合法政府，与后者也未保持任何外交关系。

英国政府认为台湾的地位仍然未定。《开罗宣言》表示，"所有被日本窃取的中国领土，比如满洲、台湾、澎湖列岛，都应该归还给台湾方面"，这是一个声明，本身并不意味着将主权从日本交还给中国。1951年，在旧金山与日本签订的《和平协定》中，日本放弃了台湾和澎湖列岛的所有权利、头衔和要求，但这一协定并未将台湾和澎湖列岛指派给任何其他国家。因此台湾和澎湖列岛不再被日本占领，但在法律上仍然处于未定状态。在英国看来，台湾被一个不能代表中国的政权所占领，因此也不能对台湾行使主权。另一方面，英国认为可以代表中国的政权又未能占领台湾，因此也不能由此获得相关权利。

英国政府在台湾继续保留一个办事处（位于淡水，在台北设有办公室），其功能与任何一个领事馆一样，与台湾当局保持联系，以保护英国的利益。考虑到英国承认中华人民共和国的政策以及后者对于任何与台湾当局的联系都极度敏感，会被理解为暗示着"承认"或实践"两个中国"政策，以及就此类问题与中国进行了极度激烈却无果的沟通（还有被台湾当局或美国等对此感兴趣的国家所误解或歪曲的可能性），因此英国政府及殖民政府的工作人员在与台湾当局进行任何接触时，都需要十分小心。总之，任何政府官员想要访问台湾，甚至在休假中，都需要事

---

[*] Colonial Office to Far Eastern Department, May 17, 1960, FCN1631/5（A）, FO371/150553, p. 38.

先得到英国政府的批准。英国政府会考虑到具体情况及其好处，但总体来说是不支持访台的。

由于在联合国等机构中，中国的席位被台湾当局占领，英国代表不可避免地需要与之进行接触，在此类情况下会进行特殊考虑。如果仅仅是技术层面的联系，比如气象和民用航空领域，则可以进行彼此的接触。除了上述两种情况之外，其他案例必须事先得到英国政府的许可，才可访台。

附录三

1958年台湾糖业公司与英国公司正在洽谈的贸易项目[*]

	A	B	C	D	备注
买方	台湾糖业公司	台湾糖业公司	"中央信托局"（为台湾糖业公司代购）	"中央信托局"（为台湾糖业公司代购）	A与B是竞争对手
卖方	英国艾略特公司	托马斯·布罗班特父子公司	巴布科特·威尔克斯公司	英国电气有限公司	
商品	6套砂糖干燥机和冷却器	6套砂糖干燥机和冷却器	13个锅炉	6个反压蒸汽涡轮交立电机和互换机	
价值	40万英镑	31.58万英镑	122万英镑	35万英镑	
交货期	合同签约日起9个月发货，18个月内送达	合同签约日起9个月发货，18个月内送达	合同签约日起12个月发货，24个月内送达	24个月内完成	
预计的支付条款	20%由英国公司付款交单 20%到达台湾后付款 60%由订单确定之后第25个月开始，分成6段时间进行分期付款，每段为期半年				

---

[*] Export Credits Guarantee Department to Tamsui, August 28, 1958, O. D. 206, FCN1151/15, FO371/133520, pp. 90–91.

续表

	A	B	C	D	备注
	10% 订货付款 10% 由英国公司付款交单 20% 到达台湾后付款 60% 和利息由 6 个半年的分期付款来完成，即合同确立之后的第 25、31、37、43、49、55 个月				

附录四

英国政府第 50/60 号
《对台政策的部门通知》[*]

第一部分

1. 各部门同意,迄今对台湾的出口信贷期限是合同生效日之后的 4 年,以后的信贷条件改成正常状态,即信贷期限是装船之后的 5 年。

2. 考虑到覆盖的贸易额度有限,所有的政策条款在实施之前,均需要共同讨论。

3. G. D. P No. 60/58 自此作废。

第二部分

1. 政府提供的信贷担保:依据是《出口担保法》的第二条款(Export Guarantee Act, Section 2)。

2. 地区等级:D 等

3. 综合担保类别的信贷条件

(a) 短期信贷(最长信贷期限不超过 6 个月)

(1) 对于未能得到国际合作署资金支持的进口采购贸易

对支付条件没有特殊的限制,可以随意进行担保。

相较于信用证而言,这一条款对买方(即台湾)更有利。英国银行在装船运输之前确认信用证(L/C)、以保证在装船之后能凭单据付款。

---

[*] General Departmental Policy Notice-Taiwan, August 2, 1960, G. D. P. No. 50/60, FCN1151/9, FO371/150542, pp. 65 - 66.《通知》中的进口均指台湾从英国公司的进口。

除了资本货物、准资本货物或者价值在 2000 美元以上的工业原材料之外，提供担保时需要向海外部门（即欧洲投资银行，European Investment Bank）征求意见，确认台湾地区有关规定是否允许上述条件。

（2）对于由国际合作署提供资金支持的进口采购贸易

只对正常的交易进行担保。对买家而言，此类担保不如信用证有利。信用证是在装船运输之前，由美国银行开具或由美英银行确认，凭单据使用美元或英镑付款。如果买家未能获得国际合作署的财政支持，英国信用局不承担由此产生的任何损失。

（b）对外贸易（External Trade）

对来自台湾的货物，在装船运输之前的时间内不进行任何担保。

（c）中长期信贷（6 个月—5 年）

（1）对于未得到国际合作署资金支持的进口贸易，参考 4（a）（i）（ii）（iii）

（2）对于由国际合作署提供资金的进口贸易，参考 3（a）（ii）

4. 具体担保类别的信贷条件（最长的信贷期限为 5 年）

（a）对于未得到国际合作署资金支持的进口贸易

（1）提供信贷担保，且在支付条件上没有特殊限制。

（2）同时需要提供台湾银行的担保，保证在合同规定的日期内可从台湾银行获得相应的英镑用于支付。

（3）每年的最高限额（适用于中长期、具体和特殊担保类别），为 50 万英镑。在有证据表明交易即将开始的前提下，才会提供信贷担保。

（b）对于由国际合作署提供资金的进口贸易，参考 3（a）（ii）。

5、特殊担保类别的信贷条件（最长为 5 年的信贷期限）

（a）对于未得到国际合作署资金支持的进口贸易

（1）提供信贷担保，且在支付方式上没有任何限制。

（2）需要台湾银行提供担保，保证在规定的支付期限内，有足够的英镑储备用于支付合同。

（3）同时每年的最高限额为 50 万英镑（适用于中长期、具体和特殊担保类别）。在有证据表明交易即将开始的前提下，才会提供信贷担保。

（b）对于由国际合作署提供资金支持的进口贸易，参考 3（a）（ii）。

6. 其他的特殊条件和步骤

由国际合作署（或其后续机构）提供资金、进行支付的合同，可能不需要海外部门（即欧洲投资银行）的意见，直接提供担保。

附录五

英国政府第 68/60 号《对台政策的部门通知》[①]

第一部分

1. 英国驻海外机构建议信用局，如果台湾"外汇贸易审议委员会"（简称"外贸会"，Taiwan Foreign Exchange and Trade Control Commission）颁发了进口许可证，且信贷条件被批准，则不再对那些未得到国际合作署资金支持的进口采购交易进行单独监督。

2. G. D. P. No. 50/60 就此作废。

第二部分

1. 政府提供的信贷担保：依据是《出口担保法》（Export Guarantee Act）的第二部分。

2. 地区等级：D 等

3. 综合担保类别：担保的特殊条件和条款

（a）短期信贷条件（最长为 6 个月的信贷期限）

提供信贷担保，在支付条件上没有任何特殊限制。

（b）对外贸易（External Trade）

对来自台湾的货物，在装船运输之前，不提供担保。

（c）中长期信贷条件（6 个月—5 年的信贷期限）参考 4。

---

① General Departmental Policy Notice-Taiwan, November 1, 1960, G. D. P. No. 68/60, FCN1151/11, FO371/150542, pp. 75 – 76.《通知》中的进口均指台湾从英国公司的进口。

4. 具体担保类别的信贷条件

（a）在支付条件上，没有任何特殊的限制。

（b）对于未得到国际合作署资金支持的交易，需要台湾银行提供担保，保证在支付期限内有足够的英镑储备。

（c）对于未得到国际合作署资金支持的交易，年度最高额度为100万英镑（适用于长期信贷、具体和特殊担保类别）。

（d）只有在交易即将开始并且有所证明的前提下，才进行担保。

5. 特殊担保类别的信贷条件

（a）参考4（a）（b）（d）

（b）在为建筑工程和服务贸易进行担保之前，需要征求海外部门（即欧洲投资银行）的意见。

（c）对于未得到国际合作署资金支持的贸易，如果进行为期1年的特殊担保，需要计入4（c）的年度限额之内。

6. 其他的特殊条件和步骤

由国际合作署提供资金支持的贸易，可以不征求海外机构（欧洲投资银行）的意见。如果买方未能获得国际合作署的资金支持，信用局不承担任何风险。

注意：最高限额不能向政府部门之外泄露。

后　　记

时光如白驹过隙，从进入华东师大历史系学习算起，现如今已经过去十三个年头。

还记得2005年夏天，我怀着雀跃而又期待的心情来到闵行新校区报道，漆黑安静的夜晚，时不时几声犬吠，不由得让我怀疑这是否是在繁华的上海。一个月后，浮躁的心也随着几次精疲力竭的"进城"体验之后，逐渐安静下来。学校开设了全面而丰富的专业课程，授课老师们有的白发苍苍，有的朝气蓬勃，学识渊博，涵养深厚，风格各异，极具魅力，带领着我进入历史专业的殿堂。还记得每次下课之后，手里拿着老师列出的书单，第一时间跑去图书馆借阅拜读，那种劲头犹如饥饿了很久的人奔向食堂一样迫不及待。本科期间，我过着相对规律的"后高中时代"，还辅修了英语第二学位，为研究生阶段的学习打下了一定的基础。

到了大三确定直升资格后，我开始根据兴趣选择研究方向。当时，冷战史作为刚刚兴起的研究领域，还并不像现在那样广为人知。但沈志华老师通过几次令人折服的讲座，就让我产生深入研究冷战史的想法。还记得自己怀着惴惴不安的心情，向沈老师表达跟随其攻读硕士学位意向时，沈老师对我说，"我们的队伍在壮大，欢迎你"，自此开始了对国际冷战史的学习。冷战中心的学术氛围浓厚，不仅有名师开设专题授课，还有轮番举办学术讲座、学术沙龙、高水平的国际会议等活动，极大地拓宽了自己的学术视野，也了解到了自身的差距和不足。还记得崔丕老师在课堂上提及，关于冷战期间的英台贸易政策仍有较大的研究空间，让正在考虑博士论文选题的我眼前一亮。课后向崔老师多次请教，不仅在思路上得到启发和扩展，还有幸得到了日本方面的重要资料，这坚定了我继续研究这一问题的决心。博导戴超武老师以身作则,言传身教,为我提供了自由宽松的学术环境,其学术教诲令人终生难忘,受益无穷。还记得戴老师在第一次见面时对我的叮嘱:"学生现在只要做两件事:好好学习和锻炼身体。"回头想来,真是肺腑之言。

在此书的撰写过程中,我有幸得到华东师大海外研究基金的资助,到美国威尔逊中心进行访学。访学期间,得到了夏亚峰老师和马千里老师的热心帮助,夏老师在学术上予以鞭策,马老师在生活上给予关怀,为我的访学生活提供了诸多便利。同时,为了获得一手材料,我还到台湾当地的档案馆搜集相关材料,以便佐证。在博士论文答辩的过程中,顾云深老师、叶江老师、沈志华老师、余伟民老师、邓峰老师、徐显芬老师提出了宝贵意见,为本书的修改提供重要参考。当然,由于个人能力有限,书中仍有太多不足和纰漏,还请学界同人不吝批评指教。

读书期间,一直受到冷战中心诸多师友的关心和照顾,在此感谢梁志师兄、陈波师兄、韩长青师兄、崔海志师兄、赵继科师兄、周娜师姐等老师们的指点和帮助。感谢陶亮师兄、刘磊师兄、高艳杰师兄、陈弢师兄、段斌师弟等同门对我的关心和鼓励。感谢罗振宇、王萌、裘陈江、徐之凯、刘莉、何兢、张建伟、刘本森、邓广、宋其洪、罗操、王雁、余之伟、马瑶等同学好友在读博道路上的陪伴,大家苦乐共享,共同成长。感谢父母的全力支持、姐姐的爱护,让我可以心无旁骛地完成书稿。

2015年,我来到大连大学历史学院任教,在工作和生活上得到学院老师们的关心和提携。在学院的大力支持下,此书得以出版。感谢中国社会科学出版社编辑孔继萍老师为书稿进行细致耐心的修改,在编排及出版过程中付出的诸多辛劳。2018年,我有幸获得国家社科基金青年项目(18CSS034),谨将此书列为项目研究的阶段性成果。

从樱桃河畔到黑山脚下,这本书见证了我从学生到青年教师的转变,谨以此书纪念我的学生时代。"及时当勉励,岁月不待人"。愿自己能够在安静的岁月中,不慌不忙的坚强。

宋 良

2018 年 11 月 8 日